智能汽车的个性化控制

金 辉 著

科学出版社

北 京

内 容 简 介

个性化的汽车控制系统既能充分满足驾驶员的个性需求，也能提高驾驶员对新型汽车控制系统的接受程度，是未来汽车控制系统的发展方向。这是一本系统介绍智能汽车个性化控制研究的专著，本书由四个部分组成。第一部分为驾驶员风格和意图的研究，主要进行不同驾驶员风格和意图的识别方法研究，这是实现智能汽车个性化控制的基础；第二部分为发动机瞬态油耗模型的研究，着眼于建立高精度的发动机瞬态油耗模型，这是提高燃油车和混合动力车燃油经济性的基础；第三部分为高实时性动态规划方法的研究，各种新方法在保持计算精度基本不变的前提下，计算时间只有常规动态规划的10%左右，为动态规划的实时应用提供了可能；第四部分为不同的汽车个性化控制系统的实现，既有车辆坡道行驶的个性化驾驶系统，也有基于驾驶风格的紧急制动系统以及基于驾驶风格和意图的预测巡航控制系统。希望本书的出版，对国内这一领域的发展有所帮助。

本书可供从事智能车辆控制、车辆个性化控制、发动机瞬态油耗研究以及混合动力车辆能量管理策略开发的科研人员参考。

图书在版编目（CIP）数据

智能汽车的个性化控制 / 金辉著. --北京：科学出版社，2024.6.
ISBN 978-7-03-078694-4

Ⅰ．U46

中国国家版本馆 CIP 数据核字第 2024N83Y58 号

责任编辑：闫　悦 ／ 责任校对：胡小洁
责任印制：师艳茹 ／ 封面设计：蓝正设计

科学出版社 出版
北京东黄城根北街 16 号
邮政编码：100717
http://www.sciencep.com

北京富资园科技发展有限公司印刷
科学出版社发行　各地新华书店经销

*

2024 年 6 月第　一　版　　开本：720×1000　B5
2024 年 6 月第一次印刷　　印张：15 1/4　插页：3
字数：306 000

定价：**139.00 元**

（如有印装质量问题，我社负责调换）

前　　言

　　智能汽车的研究是当前科技领域的一个热点。智能汽车除了能实现无人驾驶，还应该具有更高的智能，能根据不同行驶环境和驾驶员的个性需要，采用不同的控制策略和控制参数，不再像传统汽车，其控制系统的策略和控制参数对不同的行驶环境和驾驶者永远相同。实现智能汽车的个性化控制，是本项研究的努力方向。

　　本书是国内较早系统地进行智能汽车个性化控制研究的专著，也是作者本人的国家自然基金面上项目"人机共驾智能车的个性化控制"的研究结晶；本书也是科学出版社 2019 年出版的专著《智能汽车坡道和弯道的控制》的姊妹篇和延续，是本人和研究生在智能汽车基于环境的控制之后，在基于驾驶员的控制方面的探索。本书共分四个部分，分别是驾驶员风格和驾驶意图的研究、发动机瞬态油耗模型的研究、高实时性的动态规划方法研究，以及智能车辆的个性化控制研究。第一部分驾驶员风格和驾驶意图的研究主要介绍了不同的驾驶员风格和意图的识别方法，这是实现智能车个性化控制的基础。第二部分发动机瞬态油耗模型是提高燃油车和混合动力车经济性研究的基础，只有具有高精度的发动机瞬态油耗模型，车辆经济性的研究才有可靠保证。第三部分是高实时性动态规划方法的研究，动态规划可以获得优秀的规划结果，但通常计算时间偏长，难以应用于实时控制。为了解决这一难题，我们从迭代动态规划、动态规划和群体智能优化算法的融合，以及自适应动态规划等多方面进行了研究，在保持计算精度大体不变的前提下，计算时间只有常规动态规划的 10%左右，为动态规划的在线应用提供了可能。第四部分介绍不同的个性化控制系统，既有车辆坡道行驶的个性化控制系统，也有基于驾驶风格的紧急制动控制系统以及基于驾驶风格和意图的预测巡航控制系统。这样的个性化汽车控制系统既能充分满足驾驶员的个性化需求，也能提高驾驶员对汽车控制系统的接受程度，推动汽车智能控制技术的进一步发展。

　　在以上四个方面，我们进行了较为系统的探索。本书是我和我的学生张俊、张子豪、李昊天、赵延杰、光昊、丁锐、刘新宇等的研究成果的结集。在高实时性动态规划和个性化控制方面，我们已经在智能汽车国际顶级期刊 *IEEE Transactions on Intelligent Transportation System* 上发表了两篇论文，在 *IEEE Transactions on Vehicular Technology* 上发表了一篇论文，在瞬态油耗方面我们在

国际顶级期刊 *Energy*、*Fuel* 上发表了三篇论文，在国外知名期刊 *Transportation Research Part D: Transport and Environment* 上发表的瞬态油耗论文成为高被引论文。此外，还有投稿国际著名期刊的论文在评审中。也有多篇相关论文发表在国内汽车行业重点期刊《汽车工程》上，有一篇还被选为了封面推荐论文。本书依托项目是我作为项目负责人获得的第三个国家自然基金面上项目，衷心感谢国家自然基金委对我学术生涯的大力支持。

  由于我们的研究还在进行中，书中难免存在不足，恳请读者斧正，并真诚欢迎相关的学术探讨与交流，作者邮箱为 jinhui_jut@263.net。

作 者
2023 年 10 月

目 录

前言

第一篇　驾驶员风格和驾驶意图的研究

第 1 章　基于自监督对比学习的驾驶风格识别 ················· 3
- 1.1　数据来源 ··· 3
- 1.2　自监督对比学习模型 ······························ 4
  - 1.2.1　基于 SimCLR 算法的高维特征变量生成 ········ 4
  - 1.2.2　基于 SCAN 算法的驾驶风格分类 ·············· 7
- 1.3　风格识别结果及分析 ······························ 9
  - 1.3.1　数据预处理及模型训练 ······················ 9
  - 1.3.2　自监督对比学习算法的结果验证 ············· 11
- 1.4　多时间段驾驶风格数据融合 ······················· 18
  - 1.4.1　在线识别测试条件 ·························· 18
  - 1.4.2　风格数据融合模型 ·························· 19
  - 1.4.3　融合结果 ·································· 22

第 2 章　基于逆强化学习的驾驶风格识别 ···················· 24
- 2.1　最大熵逆强化学习 ································ 24
- 2.2　轨迹生成和特征选取 ······························ 26
- 2.3　远近距离跟车模式 ································ 28
- 2.4　激进因子与结果分析 ······························ 30
- 2.5　综合自监督对比学习和逆强化学习的风格识别 ······· 33

第 3 章　基于 BILSTM-CNN 的驾驶意图识别 ················· 36
- 3.1　换道及跟车行为分析 ······························ 36
  - 3.1.1　换道过程分析 ······························ 36
  - 3.1.2　换道行为分类 ······························ 37
  - 3.1.3　跟车行为分析 ······························ 38
- 3.2　基于 BILSTM-CNN 的识别模型 ···················· 38
  - 3.2.1　长短期记忆网络 ···························· 38

        3.2.2 双向长短期记忆网络 40
        3.2.3 卷积神经网络 41
        3.2.4 模型框架 42
   3.3 试验分析验证 43
        3.3.1 数据准备 43
        3.3.2 试验设置与模型训练 46
        3.3.3 试验结果分析 49

第二篇 发动机瞬态油耗模型的研究

第 4 章 车辆瞬态油耗模型优化 57
   4.1 建模数据来源及模型结构 57
        4.1.1 建模数据来源 57
        4.1.2 数据预处理 58
   4.2 待优化模型结构及分析 59
        4.2.1 BIT-TFCM-1 瞬态油耗模型 59
        4.2.2 BIT-TFCM-2 瞬态油耗模型 60
        4.2.3 模型的预测及不足 60
   4.3 模型的优化 61
        4.3.1 运算速度优化 61
        4.3.2 运算精度优化 63
   4.4 优化模型的验证 64
        4.4.1 分块插值算法的验证 65
        4.4.2 整体模型运算速度验证 67
        4.4.3 整体模型运算精度验证 67

第 5 章 基于相关性分析的高精度瞬态油耗模型 70
   5.1 建模数据与建模方法 70
        5.1.1 建模数据 70
        5.1.2 建模数据预处理 72
        5.1.3 建模方法 75
        5.1.4 建模数据分析 75
   5.2 稳态模块的建立 79
        5.2.1 稳态模块基础结构 79
        5.2.2 稳态模块结构优化 80
        5.2.3 稳态模块检验 81

5.3 瞬态修正模块的建立 ·············· 81
5.3.1 瞬态修正模块数据分析 ·············· 82
5.3.2 瞬态修正模块结构及简构优化 ·············· 83
5.4 瞬态油耗模型的检验 ·············· 85
5.4.1 模型性能表现 ·············· 85
5.4.2 模型性能对比 ·············· 86

第 6 章 基于 BP 神经网络的瞬态油耗模型 ·············· 90
6.1 油耗模型数据及数据预处理 ·············· 90
6.2 基于 BP 神经网络的油耗模型建模 ·············· 92
6.2.1 稳态估计模块的构建 ·············· 92
6.2.2 新的瞬态修正模块 ·············· 92
6.3 新油耗模型的验证 ·············· 95
6.3.1 瞬态修正模块作用的验证 ·············· 95
6.3.2 新油耗模型精度的验证 ·············· 96

第 7 章 基于支持向量回归的瞬态油耗模型 ·············· 98
7.1 数据驱动型油耗模型介绍 ·············· 98
7.2 建模数据与数据预处理 ·············· 99
7.2.1 建模数据 ·············· 99
7.2.2 数据预处理 ·············· 99
7.3 瞬态油耗模型 ·············· 99
7.3.1 SVR 模型 ·············· 100
7.3.2 稳态初估模块 ·············· 101
7.3.3 瞬态修正模块 ·············· 102
7.4 模型性能验证及对比 ·············· 107
7.4.1 模型性能验证 ·············· 107
7.4.2 模型性能对比 ·············· 108

第三篇 高实时性的动态规划方法研究

第 8 章 迭代动态规划算法与计算效率 ·············· 113
8.1 经典动态规划算法 ·············· 113
8.1.1 车辆起步经济性驾驶策略 ·············· 114
8.1.2 车辆坡道行驶经济性驾驶策略 ·············· 116
8.1.3 计算复杂度分析 ·············· 122
8.2 迭代动态规划算法 ·············· 124

8.3 改进迭代动态规划算法 128
8.4 计算效率验证 129

第9章 动态规划和群体智能优化算法融合的规划方法 132
9.1 坡道行驶经济性车速轨迹研究问题描述 132
9.2 基于动态规划的坡道行驶经济性车速轨迹规划 135
9.3 动态规划和人工蜂群算法融合的规划方法 137
    9.3.1 人工蜂群算法原理 137
    9.3.2 动态规划和人工蜂群算法融合 138
9.4 动态规划和粒子群算法融合的规划方法 139
    9.4.1 粒子群算法原理 139
    9.4.2 动态规划和粒子群算法融合 141
9.5 融合方法规划效果验证 141
    9.5.1 平直道路行驶时的最优经济车速 141
    9.5.2 规划效果验证 143

第10章 基于自适应动态规划的坡道行驶经济性车速轨迹规划 151
10.1 自适应动态规划 151
10.2 基于ADP的坡道行驶经济性车速轨迹规划 154
    10.2.1 ADHDP评价网及权值更新 154
    10.2.2 ADHDP动作网及权值更新 156
    10.2.3 坡道行驶经济性车速轨迹规划 157
10.3 基于改进ADP的坡道行驶经济性车速轨迹规划 159
10.4 规划效果验证 160
    10.4.1 基于ADP的坡道行驶经济性车速轨迹规划效果验证 160
    10.4.2 基于改进ADP的坡道行驶经济性车速轨迹规划效果验证 161
    10.4.3 多种规划方法综合比较 163
    10.4.4 多坡道规划方法效果验证 165

第四篇 智能车辆的个性化控制

第11章 车辆坡道个性化驾驶策略研究 171
11.1 个性化特征研究 171
    11.1.1 驾驶数据采集 171
    11.1.2 个性化特征提取 172
    11.1.3 主成分的数学原理 173
    11.1.4 基于第一主成分的驾驶员划分 176

11.2 行驶性能指标函数 …………………………………………………… 180
11.3 权重因子设计 ………………………………………………………… 181
　　11.3.1 主客观权重设计 ……………………………………………… 182
　　11.3.2 主客观权重融合 ……………………………………………… 184
11.4 基于动态规划的个性化驾驶策略 …………………………………… 187
11.5 个性化驾驶策略验证 ………………………………………………… 191
　　11.5.1 1km 虚拟道路仿真验证 ……………………………………… 191
　　11.5.2 真实道路仿真验证 …………………………………………… 195

第12章 基于驾驶风格的 AEB 策略优化 ……………………………… 198
12.1 紧急制动开始时刻数据的提取 ……………………………………… 198
12.2 个性化的 AEB 策略 ………………………………………………… 199
　　12.2.1 基准策略线 …………………………………………………… 200
　　12.2.2 长短期记忆模型 ……………………………………………… 201
　　12.2.3 纵向相对速度预测模型 ……………………………………… 201
　　12.2.4 三种驾驶员的 AEB 策略 …………………………………… 206
12.3 个性化的 AEB 实验 ………………………………………………… 207
　　12.3.1 仿真测试模型 ………………………………………………… 208
　　12.3.2 个性化 AEB 策略在自然驾驶数据试验中的验证 ………… 209
　　12.3.3 个性化 AEB 策略在 Euro-NCAP 试验中的验证 ………… 214

第13章 基于个性化的纵向预测巡航控制研究 ………………………… 219
13.1 基于驾驶风格的安全车距策略 ……………………………………… 219
13.2 基于 BILSTM 的车辆速度预测 …………………………………… 220
13.3 基于模型预测的巡航控制器设计 …………………………………… 222
13.4 瞬态油耗模型设计 …………………………………………………… 224
13.5 仿真研究 ……………………………………………………………… 225
　　13.5.1 联合仿真模型 ………………………………………………… 225
　　13.5.2 仿真结果分析 ………………………………………………… 226

参考文献 …………………………………………………………………… 231

彩图

第一篇　驾驶员风格和驾驶意图的研究

驾驶风格和驾驶意图的识别是实现车辆个性化控制的基础，而基于驾驶风格和驾驶意图的车辆个性化控制能够显著提升车辆的行驶性能和驾驶员对车辆的接受度和满意度。本篇由三章组成。

第 1 章利用自监督对比学习模型进行驾驶风格识别。SimCLR(simple framework for contrastive learning of representations)算法可以减小正样本间的相似距离，增大负样本间的相似距离；网络结构聚类算法(structural clustering algorithm for networks, SCAN)可以增强每个样本与其 6 个近邻间的相似性。利用置信概率超过自定义阈值的样本，进行多轮自标签(SelfLabel)算法训练，可以得到各段驾驶过程的分类结果。对一个驾驶员来说，根据冷静型、中等型和激进型驾驶过程所占的比例，可以得到对应该驾驶员的风格因子，风格因子越大，则该驾驶员越激进。最后为了提高驾驶风格识别的稳定性，设计了多时间段驾驶风格数据的融合模型。

第 2 章进行基于逆强化学习的驾驶风格分类研究，设计了激进因子体现驾驶风格的激进程度。为了更充分表示驾驶特性，分别训练得到了远、近距离跟车模式下的逆强化学习模型，将结果结合为综合激进因子，并将多时间段的驾驶风格数据进行了融合。为了提高风格识别的有效性、真实性，降低不同方法在风格分类上的差异性，权重法结合了自监督对比学习和逆强化学习的结果，得到了综合两种算法的风格值。

第 3 章是基于双向长短期记忆(bi-directional long short-term memory, BILSTM)-CNN 的意图识别，可以分别对横向换道意图和纵向跟车意图进行识别。将换道行为的意图分为保持直行、左换道和右换道，跟车行为的意图分为急减速、减速、巡航、加速和急加速。在 BILSTM-CNN 模型中增加了驾驶员风格特征和相邻车辆的行驶轨迹信息，提高了模型性能，并对预测时长进行了研究。

第 1 章　基于自监督对比学习的驾驶风格识别

相当多驾驶风格方面的文献采用人为构造的统计变量作为模型输入，如制动踏板的最大值、速度的标准差等。虽然这些统计量都可以在一定程度上反映驾驶员的驾驶特性，但因为个人的行为风格是复杂的，这些统计量会导致描述驾驶员特性的驾驶信息的丢失。本章将利用自监督对比学习方法进行驾驶风格的识别，这种方法不需要人为构造统计变量，只需要输入三个原始变量对应的时序矩阵。SimCLR 算法和 SCAN 算法都属于自监督对比学习算法，SimCLR 算法和 SCAN 算法不需要为存储大量编码负样本而专门设置记忆库，节省了计算空间，提高了运算效率。SimCLR 利用对正负样本的区分，将原始数据转化为高维特征变量，SCAN 算法基于 SimCLR 的预训练模型，利用对近邻、非近邻的区分，将高维特征变量转化为驾驶风格分类。利用 SelfLabel 算法可以降低近邻噪声对分类的影响。与当前普遍采用的驾驶员分类一样，本书也将驾驶员风格分为激进型、中等型、冷静型三类。

1.1　数　据　来　源

驾驶数据来源为 SPDM 数据库，数据采集于美国密歇根州安阿伯市，采集频率为 10Hz，本章选取该数据库中的 DAS2 DATASET。DAS2 数据库存储了 64 辆车的自然驾驶数据，每辆车都装配有集成安全设备和数据采集系统。驾驶员日常驾驶不受任何限制，且数据收集处理设备被隐藏，以免对驾驶员行为产生影响。本章选取 30 辆车，研究跟车工况下的驾驶风格分类，并对其自然驾驶数据进行分析。车辆编号（数据库中车辆编号非完全连续）为：36, 71, 11, 14, 15, 16, 17, 21, 30, 33, 50, 55, 57, 62, 64, 66, 70, 73, 74, 76, 22, 23, 24, 25, 26, 27, 32, 61, 67, 75。

选取满足跟车工况的数据条件如下：

①各车车头与前车车尾距离在 4～100m 之间；

②跟随同一车辆时长在 10s 以上。

其中，每辆车的各段跟车时长之和超过 3h，每辆车的数据都分布在多天范围内。

1.2 自监督对比学习模型

1.2.1 基于 SimCLR 算法的高维特征变量生成

SimCLR 算法可以将两种事物的差异特征进行编码并构建表示，不需要大量的数据标签，也可以不用人为构造统计变量，对于某些分类任务来说，其训练结果甚至超过了有监督深度学习，SimCLR 算法目前主要应用于图片分类。

对比学习的关键思想是缩小与正样本间的相似距离，扩大与负样本间的相似距离，使正样本与原样本的相似度远远大于负样本与原样本的相似度，即式(1.1)，x 表示原样本，x^+ 表示正样本，x^- 表示负样本，$f(\cdot)$ 表示特征构建函数，$s(\cdot,\cdot)$ 表示相似度函数。

$$s(f(x),f(x^+)) \gg s(f(x),f(x^-)) \tag{1.1}$$

同一样本在不同的数据增强方式下可得到对应的增强结果，SimCLR 通过最大化不同增强结果之间的相似度来训练模型，算法如图 1.1 所示。原样本 x 首先需要经过数据增强，得到 $\tilde{x}_i$、$\tilde{x}_j$ 两个增强后的结果，为一对正样本。在图片预处理中数据增强是提高模型泛化能力的方法，其可以减少模型过拟合问题且不会改变样本的分类结果，如旋转、裁剪、灰度化、增加噪声等。如图 1.2 所示，车辆图片经过旋转和裁剪后，增强后结果仍能看出与原样本属于同类，与飞机图片属于异类。图 1.1 中的 $t \sim T$ 和 $t' \sim T$ 表示两个增强方式属于同一类但不同值。

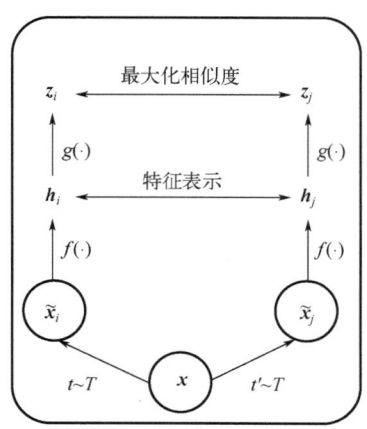

图 1.1　SimCLR 算法

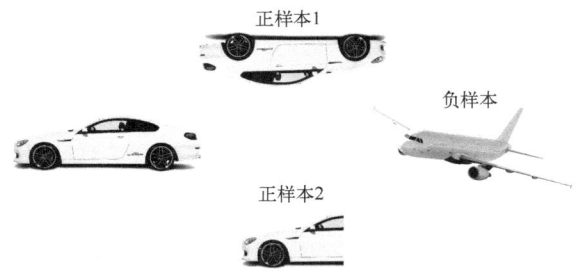

图 1.2 数据增强对比图

$f(\cdot)$ 是卷积神经网络（convolutional neural network，CNN）网络结构，负责从增强数据中提取出高维特征变量，本文选择残差网络 ResNet18 为 $f(\cdot)$，网络结构如图 1.3(a)所示，主要包含 5 个卷积层部分和 1 个输出层部分，图中 3×3 为卷积矩阵大小，卷积矩阵后的偶数数字为输出维度，stride 后面的数字表示窗口滑动步长。卷积神经网络包括卷积层 conv、池化层 pool、全连接层 FC。卷积运算用一个称为卷积核的矩阵从上到下、从左到右在输入矩阵上滑动，将卷积核矩阵的各个元素与它在图像上覆盖的对应位置的元素相乘，然后求和，得到输出值[1]，如式(1.2)所示，式中 input 为输入矩阵，kernel 为卷积核。

$$\begin{aligned}\text{conv}(\text{input},\text{kernel}) &= \text{conv}\left(\begin{bmatrix} v_{11} & v_{12} & v_{13} \\ v_{21} & v_{22} & v_{23} \\ v_{31} & v_{32} & v_{33} \end{bmatrix}, \begin{bmatrix} k_{11} & k_{12} & k_{13} \\ k_{21} & k_{22} & k_{23} \\ k_{31} & k_{32} & k_{33} \end{bmatrix}\right) \\ &= v_{11}k_{11} + v_{12}k_{12} + v_{13}k_{13} + v_{21}k_{21} + v_{22}k_{22} + v_{23}k_{23} \\ &\quad + v_{31}k_{31} + v_{32}k_{32} + v_{33}k_{33}\end{aligned} \quad (1.2)$$

通过卷积操作，完成了对输入图像的降维和特征抽取，但特征图像的维数还是较高，维数高不仅计算耗时，而且容易导致过拟合。为此需要使用下采样技术，也称为池化操作。最基本的池化操作是对图像的某一区域用一个值来代替，如最大值或平均值，如果采用最大值，称为最大池化；如果采用平均值，称为均值池化。除了降低输入矩阵尺寸之外，池化带来的另一个好处是输出值具有一定程度的平移旋转不变性，因为输出值由图像的一片区域计算得到，对于小幅度的平移和旋转不敏感，如式(1.3)所示，此处进行无折叠的 2×2 最大池化。

$$\begin{aligned}\text{max\_pool}(\text{input}) &= \text{max\_pool}\left(\begin{bmatrix} v_{11} & v_{12} & v_{13} & v_{14} \\ v_{21} & v_{22} & v_{23} & v_{24} \\ v_{31} & v_{32} & v_{33} & v_{34} \\ v_{41} & v_{42} & v_{43} & v_{44} \end{bmatrix}\right) \\ &= \begin{bmatrix} \max(v_{11},v_{12},v_{21},v_{22}) & \max(v_{13},v_{14},v_{23},v_{24}) \\ \max(v_{31},v_{32},v_{41},v_{42}) & \max(v_{33},v_{34},v_{43},v_{44}) \end{bmatrix}\end{aligned} \quad (1.3)$$

一般来说，网络层数越多，模型的性能也越高，但后来研究人员发现网络层数增长到一定数量后，识别的准确率反而下降，其被称为退化。为了解决这种问题，He 等[2]提出了残差网络，使得通过进一步加深网络层数来提高识别效果成为可能。残差网络由残差块构成，如图 1.3(b) 为 conv3 层对应的残差块。

网络层名称	网络层参数
conv1	$7 \times 7, 64, \text{stride}2$
conv2	$\begin{bmatrix} 3 \times 3 & 64 \\ 3 \times 3 & 64 \end{bmatrix} \times 2$
conv3	$\begin{bmatrix} 3 \times 3 & 128 \\ 3 \times 3 & 128 \end{bmatrix} \times 2$
conv4	$\begin{bmatrix} 3 \times 3 & 256 \\ 3 \times 3 & 256 \end{bmatrix} \times 2$
conv5	$\begin{bmatrix} 3 \times 3 & 512 \\ 3 \times 3 & 512 \end{bmatrix} \times 2$
输出层	平均池化，FC

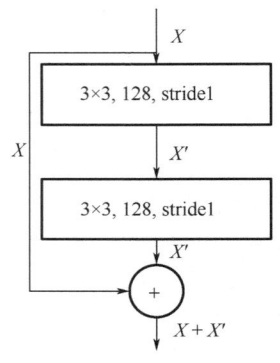

(a) ResNet18网络结构　　(b) conv3残差块

图 1.3　ResNet18 网络图

SimCLR 的第三部分 $g(\cdot)$ 是一个映射部分，它可以将残差网络得到的语义向量映射到损失计算空间，$g(\cdot)$ 采用全连接神经网络来实现该功能，$z_i = g(h_i) = W^{(2)}\sigma(W^{(1)}h_i)$，其中，$\sigma$ 为 RELU 激活层；向量 z_i 的维度为自定义损失空间的维度大小。

SimCLR 算法使用余弦相似度来衡量两张增强后图像的相似性：

$$\text{sim}(\boldsymbol{a}, \boldsymbol{b}) = \frac{\boldsymbol{a}^\text{T} \boldsymbol{b}}{\|\boldsymbol{a}\| \|\boldsymbol{b}\|} \tag{1.4}$$

式中，$\boldsymbol{a}$、$\boldsymbol{b}$ 为映射部分输出向量。

对正样本对 (i, j) 来说，其损失函数为

$$\text{loss}(i, j) = -\log \frac{e^{\text{sim}(z_i, z_j)/\tau}}{\sum_{k=1}^{2N} l_{(k \neq i)} e^{\text{sim}(z_i, z_k)/\tau}} \tag{1.5}$$

式中，$l_{(k \neq i)} \in \{0, 1\}$ 且当 $k \neq i$ 时，$l_{(k \neq i)} = 1$，τ 是温度超参数，N 是输入样本数据量，因为每个样本都会经过两次同类不同值的数据增强，所以总共产生 $2N$ 个样本。因此上述分式中，分子描述的是样本 i 与其对应的唯一正样本 j 之间的相似度，分母描述的是样本 i 与除自身外所有样本之间的总相似度，分式值越大，则原样本与正样本间相似度越大，原样本与负样本间相似度越小。

总样本的损失函数值为

$$L = \frac{1}{2N}\sum_{k=1}^{N}[\text{loss}(2k-1,2k) + \text{loss}(2k,2k-1)] \tag{1.6}$$

1.2.2 基于 SCAN 算法的驾驶风格分类

利用 SimCLR 模型，我们已经可以获得驾驶员一段驾驶过程信息在高维空间上的语义表示，本节我们基于 SimCLR 的预训练模型，实现深度学习下的高维特征聚类，以实现初步风格分类。

同一类的样本数据彼此间相似距离应该比较小，不同类样本数据间相似距离应该更大。从相似距离上讲，每个样本都会对应几个距离最近的样本。Van Gansbeke 等[3]发现，对每个样本来说，其对应的 k 近邻往往与其类别相同。如图 1.4 所示，我们可以基于预训练模型获得高维特征变量 h，使用新映射网络 $g'(\cdot)$ 进行三种驾驶风格分类，降低样本与 k 近邻间的相似距离，以训练 SCAN 模型，实现驾驶风格初步分类。

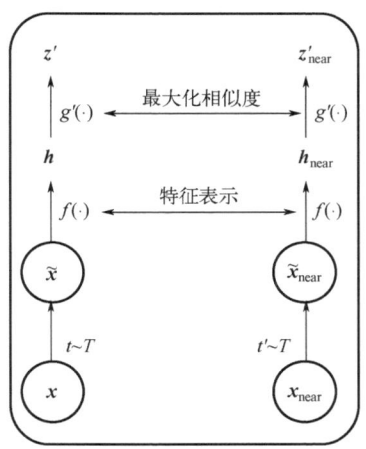

图 1.4 SCAN 算法

设总样本集合为 D，对于任意样本 X，其 k 近邻为 N_X，η 代表模型参数，类别数量为 C，$\boldsymbol{\Phi}_\eta(X)$ 是 Softmax 输出的概率向量，长度也为 C，$\boldsymbol{\Phi}_\eta^c(X)$ 是样本 X 被分配到类别 c 的概率，则 SCAN 算法的损失函数为

$$\Lambda = -\frac{1}{|D|}\sum_{X\in D}\sum_{k\in N_X}\log<\boldsymbol{\Phi}_\eta(X),\boldsymbol{\Phi}_\eta(k)> + \lambda\sum_{c\in C}\boldsymbol{\Phi}_\eta^{\prime c}\log\boldsymbol{\Phi}_\eta^{\prime c} \tag{1.7}$$

式中，$|D|$ 表示总样本数量，$<\cdot>$ 表示点积，$\boldsymbol{\Phi}_\eta^{\prime c} = \frac{1}{|D|}\sum_{X\in D}\boldsymbol{\Phi}_\eta^c(X)$。

第一项描述的是样本与其 k 近邻的相似度，当概率向量表示为 one-hot，且样本与 k 近邻同属于一类时，该项值最大。为了避免所有样本都被分配到同一类，在损失函数中加入第二项信息熵值。

在 SCAN 算法中需要找到目标样本的 k 个近邻，即距离目标样本最近的 k 个其他样本。当特征变量维度低、样本量小的情况下，这个问题只需要遍历整个样本集，计算它们和目标样本之间的距离，同时记录目前的最近点，对于 D 维的 N 个样本而言，找到近邻的暴力查找平均时间复杂度为 $O(DN)$。如果特征维数高、样本量极大，计算所花费的时间将是相当多的。由于维数灾难，我们很难在高维欧几里得空间中以较小的代价找到精确的近邻。近似近邻搜索则是一种通过牺牲精度来换取时间和空间的方式从大量样本中获取近邻的方法。近似搜索也包括基于哈希的算法和基于矢量量化的算法，本书使用的局部敏感哈希算法属于前者。

局部敏感哈希算法的核心思想是：在高维空间中，相邻数据经过哈希函数的映射投影转化到低维空间后，它们落入同一个吊桶的概率很大而不相邻数据映射到同一个吊桶的概率则很小。将对全局进行检索转化为对映射到同一个吊桶中的数据进行检索，从而提高了检索速度。这种方法的主要难点在于如何寻找适合的哈希函数，它的哈希函数必须满足以下两个条件：

① 如果 $d(x,y) \leq d_1$，则 $P(h(x)=h(y)) \geq p_1$；
② 如果 $d(x,y) \geq d_2$，则 $P(h(x)=h(y)) \leq p_2$；

其中，x、y 表示两个 n 维样本，$d(x,y)$ 表示 x、y 之间的距离，$h(\cdot)$ 为哈希函数，$P(\cdot)$ 表示概率函数。

本章使用的哈希函数是基于汉明距离的哈希算法，其将高维特征变量映射到低维空间，再通过比较两个变量的汉明距离来确定原高维特征变量的近邻。汉明距离指的是两个二进制形数字对应位置的不同值个数。

SCAN 算法增强了样本与其 k 近邻之间的相似性，但不可避免地会有一些 k 近邻与样本不属于同一类，这种噪声会降低聚类结果的真实性、可靠性。Van Gansbeke 等[3]发现 Softmax 后，具有高概率 p 的样本被正确分类的可能性很高，自标签算法正是基于这一原则。在训练期间，设置概率阈值 p_{throttle}，选取出那些分类概率 $p > p_{\text{throttle}}$ 的样本，以该样本和本轮高分类概率 p 对应的类别为训练集的输入输出，利用式(1.8)的交叉熵损失更新网络参数，降低噪声对驾驶风格分类的影响。

$$L' = -\frac{1}{N}\sum_{i=1}^{N}\sum_{c=1}^{C} y_{ic}\log(p_{ic}) \qquad (1.8)$$

式中，N 为当前训练轮具有高概率的样本数量；C 为分类数量；$y_{ic} \in \{0,1\}$，当样本 i 被分配到类别 c 时，$y_{ic}=1$；p_{ic} 为样本 i 被分配到类别 c 的概率。

1.3 风格识别结果及分析

1.3.1 数据预处理及模型训练

本文以纵向相对速度 range_rate、纵向相对距离 range、本车加速度的绝对值 ax_abs 作为自监督对比学习的研究变量。将一段驾驶过程的时序数据整合成矩阵形式作为模型输入，上述三个变量分别对应图像数据的三通道，为保证输入矩阵与图像格式一致，将变量数据线性映射到 $\{x \mid x \in [0,255],\ x 为整数\}$ 的整数集合中。根据三个变量的最大值、最小值可得映射公式如下：

$$\begin{cases} range : int(-2.65625 \cdot range + 265.625) \\ range\_rate : int(-12.75 \cdot range\_rate + 127.5) \\ ax\_abs : int(102 \cdot ax\_abs) \end{cases} \quad (1.9)$$

式中，$int(\cdot)$ 为取整函数。

前后车间距越小、后车较前车纵向车速越大、加速度的绝对值越大，驾驶员表现的激进性越强，为使得映射后，三种变量具有方向一致性，即都是值越大，表现的激进性越强，纵向相对距离、纵向相对车速均取反比例线性映射，加速度的绝对值取正比例线性映射。取整合后矩阵大小为 12×12，即矩阵共 144 个点，某段驾驶过程时间点数如果超过 144，则采取随机抽样的方式取 144 个点；某段驾驶过程时间点数如果不足 144，则采取前后值填充方式，保证总点数达到 144。为了方便观察分析整合矩阵的图像信息，将纵向相对距离按从大到小排列，然后沿着矩阵主对角线逐次排列，如图 1.5 所示，再将纵向相对速度、加速度绝对值

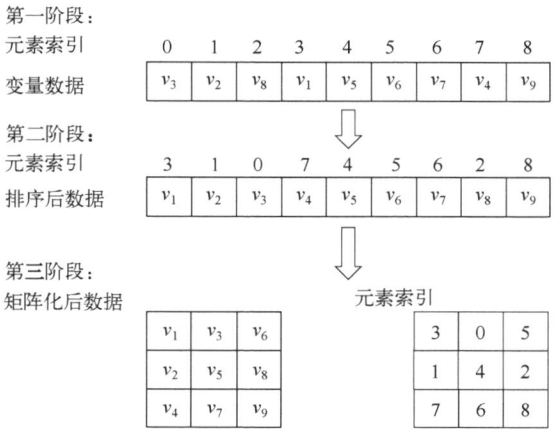

图 1.5 range 时序数据矩阵化

按照图 1.5 中第三阶段的索引位置排列整合成图片矩阵，即保证矩阵同一位置的三个变量值对应于同一时刻。这样对于 range 矩阵，我们可以知道纵向相对距离所表现的激进程度从左上角到右下角不断降低。

为实现图片预处理，对整合后的图片依次进行几何变换类数据增强(包括概率中心裁剪、概率水平翻转)和颜色变换类数据增强(包括高斯模糊化、高斯噪声、概率灰度化)，之后再经过正则化，以避免在神经网络训练过程中，随着深度加深，输入值分布向取值区间两端靠近而导致的梯度消失问题。SimCLR 中映射函数 $g(\cdot)$ 的输出损失空间维数为 128，温度超参数为 0.1，训练迭代次数为 200，反向传播采用随机梯度下降法，初始学习率设置为 0.4，动量为 0.9，权重衰减系数为 0.0001，单批样本数量为 256。图 1.6 为 SimCLR 模型损失的变化，从图中可以看出，随着更新次数的不断增加，损失不断降低，语义特征提取的效果不断优化。

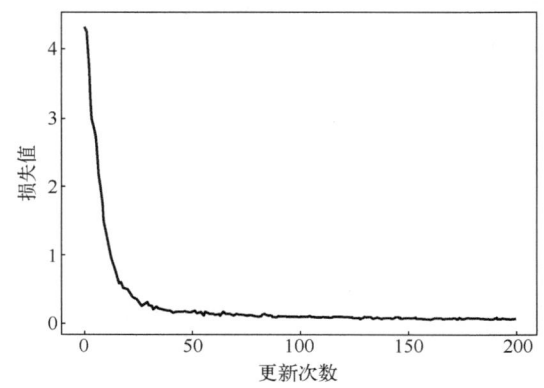

图 1.6　SimCLR 模型损失变化图

SCAN 模型中近邻数量取 6，损失熵系数取 5，保留 SimCLR 模型中的数据增强方式 T 和网络 $f(\cdot)$ 不变，将其作为 SCAN 算法的预训练模型，改变映射网络 $g(\cdot)$ 为输入为 512 维、输出为 3 维的全连接神经网络，最后在网络尾部接入 Softmax 层。损失优化函数使用 Adam 算法，学习率取 0.0001，单批样本数量为 128。由于存在预训练模型部分，SCAN 模型优化迭代次数取 60。

在 SelfLabel 模型中，取置信概率阈值 p_{throttle} 为 0.99，以训练好的 SCAN 模型作为预训练网络，单批样本数量为 256，SelfLabel 模型优化迭代次数取 200，使用 Adam 优化算法，学习率取 0.0001，一阶矩估计指数衰减速率为 0.9，二阶矩估计指数衰减速率为 0.999。Adam 优化更新算法，在遇到沟壑时不容易陷入振荡，且其等效学习率不会随着更新次数的增加逐渐递减至 0，具体伪代码如算法 1.1 所示。

算法 1.1　Adam 梯度优化算法

Input：步长 α、一阶矩估计指数衰减速率 β_1、二阶矩估计指数衰减速率 β_2、损失函数 $f(\theta)$
Output：优化后参数 θ

1. 随机初始化待优化参数 θ、初始化一阶矩向量 $m_0=0$、初始化二阶矩向量 $v_0=0$，设更新时间步 $t=0$
2. While θ_t not converged do
3. 　　$t = t+1$
4. 　　梯度计算 $g_t = \nabla_\theta f_t(\theta_{t-1})$
5. 　　更新一阶矩向量 $m_t = \beta_1 m_{t-1} + (1-\beta_1)g_t$
6. 　　更新二阶矩向量 $v_t = \beta_2 v_{t-1} + (1-\beta_2)g_t^2$
7. 　　偏置校正后一阶矩向量 $\hat{m}_t = m_t/(1-\beta_1^t)$
8. 　　偏置校正后二阶矩向量 $\hat{v}_t = v_t/(1-\beta_2^t)$
9. 　　参数优化 $\theta_t = \theta_{t-1} - \alpha \cdot \hat{m}_t/(\sqrt{\hat{v}_t}+\varepsilon)$，$\varepsilon$ 是为了防止分母为 0，一般设得很小
10. end while
11. return θ_t

驾驶过程样本总量为 10190 个，使用自监督对比学习识别后，分为三类，第一类驾驶过程数量为 3224 个，第二类驾驶过程数量为 4251 个，第三类驾驶过程数量为 2715 个。

1.3.2　自监督对比学习算法的结果验证

经过自监督对比学习模型得出的分类结果，只有类别区分，但没被赋予类别意义。考虑到存在一些驾驶过程，其风格极为明显，即使使用不同的识别方法，获得同样分类效果的可能性也更大。因此，本章将使用传统机器学习中的聚类方法对相同的驾驶过程数据进行识别，根据对聚类结果的分析，赋予自监督对比学习识别结果实际类别意义，同时对比二者结果，验证本章的分类效果。

传统机器学习聚类方法有基于质心的聚类（包括 K-means 聚类、K-mediod 聚类等）、基于概率分布的聚类（包括高斯混合模型（Gaussian mixture model，GMM）算法等）、基于密度的聚类（包括 DBSCAN（density-based spatial clustering of applications with noise）算法、OPTICS（ordering points to identify the clustering structure）算法和均值漂移算法等）、基于图的算法的聚类（包括谱聚类算法等）。由于实现简单、易处理大批量数据，有相当一部分文献使用了 K-means 聚类或其算法变体。谱聚类比较适合类别个数小的情况，只需要数据之间的相似度矩阵，在处理稀疏数据方面效果很好，建立在谱图理论基础上，与其他的聚类算法相比，它能在任意形状的样本空间

上聚类且收敛于全局最优解。本节首先将对比 K-means 和谱聚类效果，选择更合适的聚类算法，再与自监督对比学习模型的结果进行比较。

K-means 算法原理：首先初始化 k 个聚类中心，k 由人工设定，计算每个点与聚类中心的距离，将每个点分配给最近的聚类中心，再更新每个类的聚类中心，为该类所有点的均值。该过程重复运算直至达到终止条件。聚类中心初始化采用 K-means++方式。先从数据集中随机选取一个聚类中心，计算每个点与已有聚类中心的距离 $d(x)$，再由公式 $p(x)=d(x)^2/\sum d(x)^2$ 计算每个点被选为下一个聚类中心的概率，最后采用轮盘法得到下一个聚类中心，重复上述步骤直至得到全部 k 个中心。

谱聚类的主要思想是把所有的数据看作空间中的点，这些点之间可以用边连接起来。距离较远的两个点之间的边权重值较低，而距离较近的两个点之间的边权重值较高，通过对所有数据点组成的图进行切图，让切图后不同的子图间边权重和尽可能地低，而子图内的边权重和尽可能地高，从而实现聚类。常采用高斯核计算点 $\boldsymbol{x}_i$ 和点 $\boldsymbol{x}_j$ 之间的权重，即 $w_{ij}=e^{-\|\boldsymbol{x}_i-\boldsymbol{x}_j\|_2^2/2\sigma^2}$。

在没有真实标签的情况下，可以使用平均轮廓系数、Davies-Bouldin 指数、Calinski-Harabaz 指数对聚类结果进行评价，以算法对样本的处理结果评定聚类效果的好坏。

平均轮廓系数的取值范围为 $[-1,1]$，值越大则说明聚类性能越好，计算公式如下：

$$s=\frac{1}{n}\sum_{i=1}^{n}\frac{b_i-a_i}{\max(a_i,b_i)} \qquad (1.10)$$

式中，n 为样本数量，a_i 表示样本 i 与其所在本簇内其他样本的平均距离，b_i 表示样本 i 与其他簇样本的平均距离。

Davies-Bouldin 指数的值始终大于 0，值越小，聚类效果越好，计算公式如下：

$$s=\frac{1}{n}\sum_{i=1}^{n}\max_{i\neq j}\left(\frac{\sigma_i+\sigma_j}{d(\boldsymbol{c}_i+\boldsymbol{c}_j)}\right) \qquad (1.11)$$

式中，n 为簇的数量，$\boldsymbol{c}_i$ 是第 i 个簇的质心，σ_i 是第 i 个簇的所有样本离这个簇的质心的平均距离；$d(\boldsymbol{c}_i,\boldsymbol{c}_j)$ 是第 i 个簇的质心与第 j 个簇的质心之间的距离。

Calinski-Harabaz 指数所代表的值越大，则说明聚类效果越好，计算公式如下：

$$s=\frac{\operatorname{tr}(\boldsymbol{B}_k)}{\operatorname{tr}(\boldsymbol{W}_k)}\cdot\frac{n_E-k}{k-1} \qquad (1.12)$$

式中，$\boldsymbol{B}_k$ 为簇间分散矩阵且 $\boldsymbol{B}_k=\sum_{q=1}^{k}n_q(\boldsymbol{c}_q-\boldsymbol{c}_E)(\boldsymbol{c}_q-\boldsymbol{c}_E)^{\mathrm{T}}$，$\boldsymbol{W}_k$ 为簇内分散矩阵且

$$W_k = \sum_{q=1}^{k} \sum_{x \in C_q} (\boldsymbol{x} - \boldsymbol{c}_q)(\boldsymbol{x} - \boldsymbol{c}_q)^{\mathrm{T}}$$，$\boldsymbol{c}_q$ 为第 q 个簇的质心，$\boldsymbol{c}_E$ 为总点集的质心，n_E 为所有点的数量，n_q 为第 q 个簇内点的数量，k 为簇的数量，C_q 为第 q 个簇的点集。

本车纵向加速度 a_x、前后车纵向相对距离 range、纵向相对车速 range_rate、碰撞时间(time to collision，TTC)等常作为驾驶风格分析的变量。TTC 是纵向相对距离和纵向相对车速的比值，包含了这两种变量的信息。因此以 a_x 和 TTC 为研究变量，选择加速度的最大值 ax_abs_max、加速度标准差 ax_std(代表一段驾驶过程中加速度的变化幅度)、最危险碰撞时间 $\mathrm{TTC}_{\mathrm{danger}}$(即后车车速大于前车车速时 TTC 的最小值)为特征变量，进行分析。

聚类前需要对特征变量进行预处理归一化，以消除量纲不同对后续分类造成的影响。分别利用 K-means 聚类方法和谱聚类方法对特征变量进行分析，表 1.1 为三种评价指标的结果。从表中可以看出，K-means 方法下的平均轮廓系数和 Calinski-Harabaz 指数值更大，且 Davies-Bouldin 指数值更小，因此 K-means 方法的聚类效果更好些，本章选择该方法用于机器学习聚类。

表 1.1 三种指标结果对比

聚类方法	平均轮廓系数	Davies-Bouldin 指数	Calinski-Harabaz 指数
K-means	0.449	0.760	24961.763
谱聚类	0.412	0.803	19538.412

图 1.7 为 K-means 聚类结果图，从图中可以看出，绿色点相对于蓝色点，其 $\mathrm{TTC}_{\mathrm{danger}}$ 的大小更大(负号代表方向，即本车车速大于前车车速)；红色点相对于蓝色点，其有更大的 ax_abs_max 和更大的 ax_std，因此绿色点代表的是冷静型、蓝色点代表的是中等型、红色点代表的是激进型。

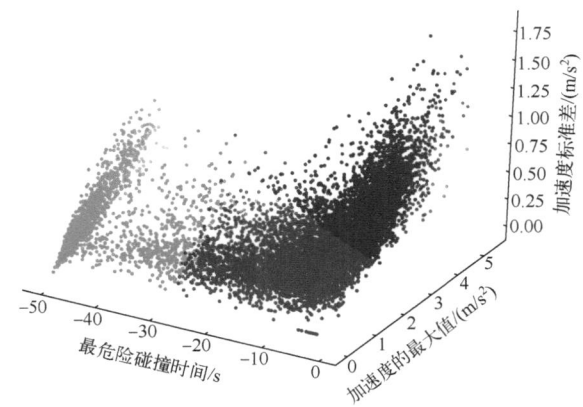

图 1.7 K-means 聚类结果图(见彩图)

根据图 1.7 的分类结果，分别取距离聚类中心最近的多个样本和自监督对比学习识别结果进行比较。由于计算机的结果输出标签均以 0、1、2 表示，两种算法识别结果中，可能一种的 0 代表激进型，而另一种的 0 代表中等型。因此在赋予自监督对比学习分类结果实际意义之前，需要先进行标签匹配。本章的驾驶风格类别共有三种，则共有 $C_3^1 C_2^1 = 6$ 种匹配方式，取匹配率最大的情况作为最终的标签数字匹配结果。表 1.2 为三组比较试验的最大匹配率结果，表中 300 样本组的含义是分别取距离聚类中心最近的 300 个样本进行比较，其余两组同理。从表中可以看出，距离聚类中心越近的样本组，最大匹配率越高。图 1.8 为 300 样本组的匹配结果图，图中横坐标为样本的索引编号，纵坐标为该点样本的分类类别，蓝色点表示匹配点，红色点表示非匹配点，从图中也可以看出，大部分区域被蓝色点覆盖。

表 1.2　最大匹配结果

组别	300 样本组	200 样本组	100 样本组
最大匹配率/%	96.8	97.7	98.9

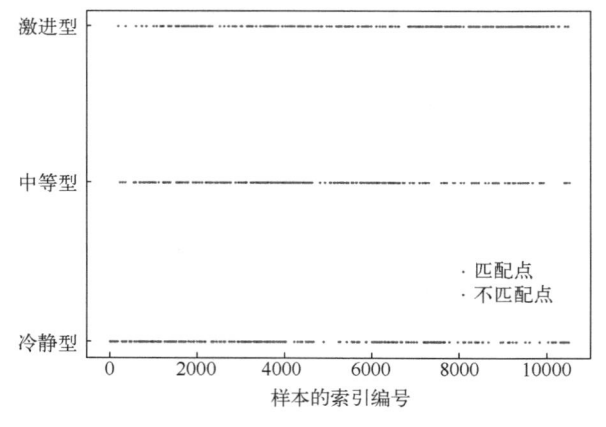

图 1.8　匹配样本图（见彩图）

根据如上比较分析，可得到自监督对比学习分类类别的实际意义，图 1.9(a) 为从样本集合中获得的一张激进型样本图像，图 1.9(b) 为图 1.9(a) 对应的 range 通道图像，图 1.9(c) 为图 1.9(a) 对应的 range_rate 通道图像，图 1.9(d) 为图 1.9(a) 对应的 ax_abs 通道图像，图 1.9(e) 为图 1.9(a) 对应的灰度图。三个变量图和灰度图右侧都带有颜色标尺，从标尺中我们可以定量看出图像点的值大小，三个变量图中颜色越浅、越偏黄则数值越大，激进性越强。从图 1.9(b) 可以看出，图像颜色从左上到右下越来越深，即数值越来越小，实现了图 1.5 的时序数据矩阵化方式，这

第 1 章 基于自监督对比学习的驾驶风格识别 · 15 ·

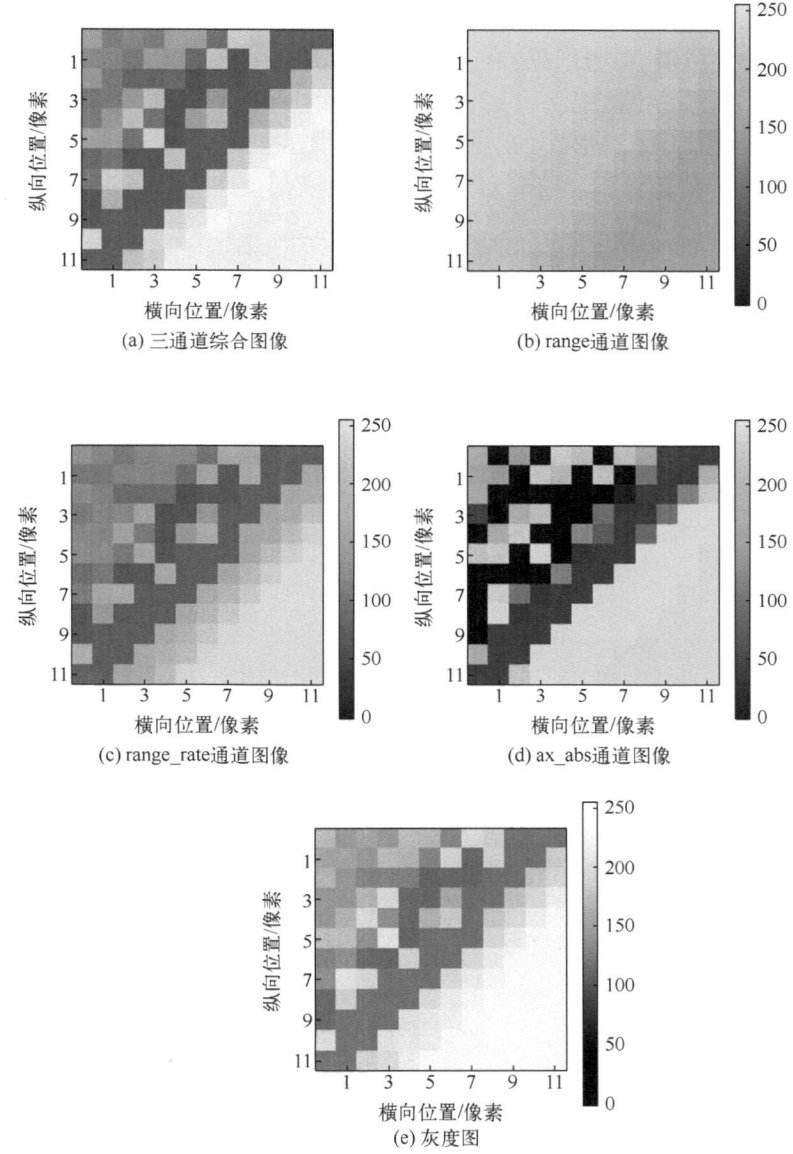

图 1.9 激进型驾驶过程样本（见彩图）

样构造矩阵的好处在于可以更明显直接地从图像中观察到数据的大小分布情况。当较高数值点零散分布在低数值点之间时，观察图像会造成视觉上的不敏感，而且因为高数值点不集中，不容易判断高数值点的分布比例到底有多少。如图 1.5、图 1.9 这样构造图像矩阵，可以更好地解决上述问题。从灰度图可以看出，图像颜色越白,矩阵点数值越高,激进性越强。图 1.10 和图 1.11 分别为中等型样本图像和冷静型样本图像。对比图 1.9~图 1.11 可知,三类样本的对应子图中,都满足图 1.9 浅色调所占比例最多,图 1.11 深色调所占比例最多,即满足图 1.9 样本属于激进型驾驶过程、图 1.10 样本属于中等型驾驶过程、图 1.11 样本属于冷静型驾驶过程,进一步说明了自监督对比学习分类以及上述标签匹配的有效性。

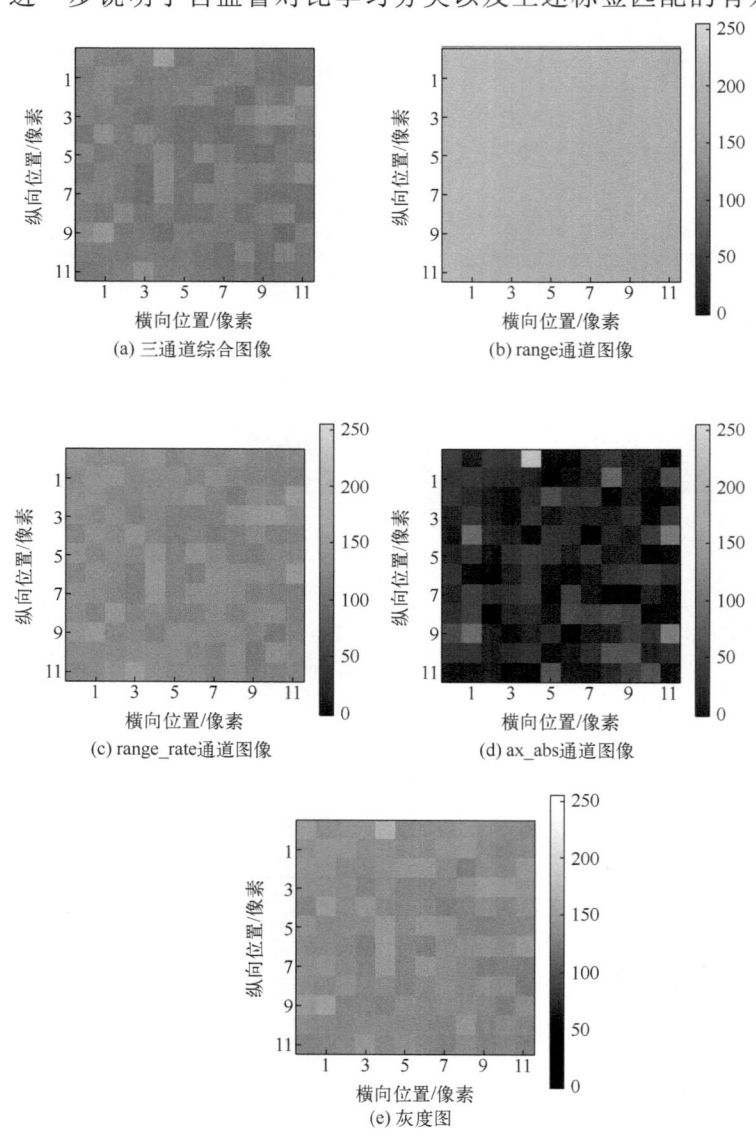

图 1.10　中等型驾驶过程样本(见彩图)

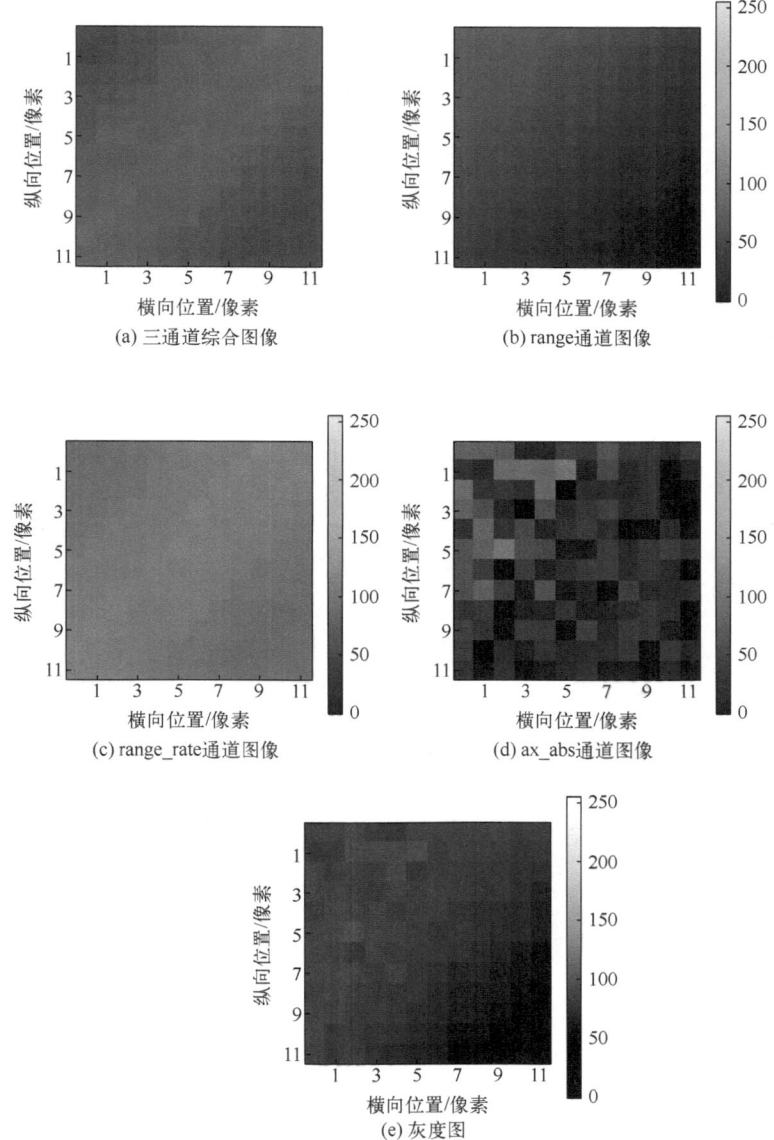

图 1.11 冷静型驾驶过程样本（见彩图）

从上述分析可知，10190 个驾驶过程样本中，冷静型驾驶过程共有 3224 个，中等型驾驶过程共有 4251 个，激进型驾驶过程共有 2715 个。

对于新驾驶员来说，只需要将其各段驾驶过程时序数据以图 1.5 所示方法整合成矩阵形式，并输入到训练好的自监督对比学习模型中，模型根据矩阵图像的相似程度，即可获得各段驾驶过程的类别。

1.4 多时间段驾驶风格数据融合

长期驾驶风格是驾驶员在长时间内表现出的稳定状态。近期数据包含着当前驾驶风格信息，历史数据包含着过去驾驶风格信息，融合历史数据信息和最近时间段信息可有助于获得更稳定的驾驶员风格。本节建立融合模型，并利用驾驶模拟器在线识别了 3 名驾驶员的驾驶风格，验证了融合后风格的稳定性。为更加准确地描述驾驶风格，多时间段风格数据融合时将使用连续风格值。

1.4.1 在线识别测试条件

本节选择了 3 名持有 C1 或 C2 驾照的驾驶员作为测试人员，利用如图 1.12 所示的驾驶模拟器在线完成试验。

图 1.12　驾驶模拟器实物图

为了在 Prescan 虚拟环境中建立本车前方的交通环境，选取驾驶员 15 的车速轨迹模拟前方车辆运动。将车辆 15 运动数据以 20 分钟为时长间隔，将所有数据分成多组，如图 1.13 所示为两组车速轨迹图。

每组数据对应的场景，测试人员需要正式完成 2 次，每天完成 2 组试验，为使获取到的数据可以更充分地表现长期风格，每名测试人员将在多天内进行试验。正式测试之前，试验人员均需根据测试场景进行 2 次以上的训练。由于本车后方无车辆，本节通过限制前后车间距的方式限制本车运动。从上述的 30 辆车中，可得到前后车间距 range 的数据分布如图 1.14 所示，柱状区为 range 的频数分布，纵坐标对应图左侧轴，曲线对应 range 的累积概率分布，纵坐标对应图右侧轴。

概率值 0.9 对应的下分位点为 61.632m，对应图中的点，因此以 62m 作为前后车间距阈值，在线测试时，前后车间距大于 62m 的次数不得超过 4 次且前后车不得相撞，否则测试作废。

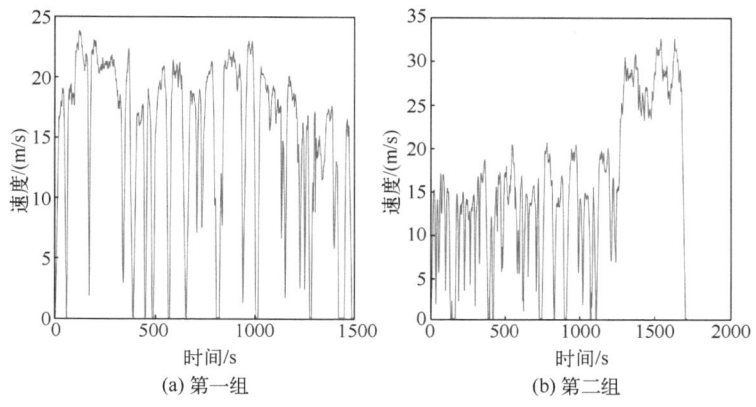

图 1.13　车辆 15 的两组车速轨迹图

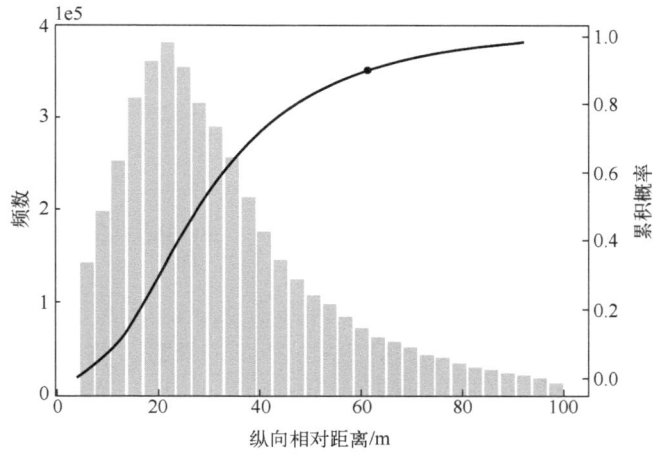

图 1.14　纵向相对距离的数据分布

1.4.2　风格数据融合模型

分析上述 30 辆车数据中的跟车时长，可得到平均跟车时长为 30.92s，因此以 30s 为时间间隔将驾驶模拟器的跟车数据分成多段驾驶过程。设计了如下的风格因子 S 模型，用于描述单个驾驶员的激进程度，模型保证数量最多的某类驾驶过程代表的类别为该驾驶员的驾驶风格。对于一个驾驶员来说，利用自监督对比学习模型分类后可以将驾驶过程分为冷静型、中等型、激进型，式(1.13)中 p_1 为冷静型驾驶过程所占比例，p_2 为激进型驾驶过程所占比例，$1-p_1-p_2$ 为中等型驾驶过程所占比例。

$$S = \begin{cases} \dfrac{-2p_1+2p_2-1}{2}, & p_1>p_2 \text{ 和 } p_1>1-p_1-p_2 \text{ 和 } 2p_2+p_1>1 \\ \dfrac{-4p_1-2p_2+1}{2}, & p_1>p_2 \text{ 和 } p_1>1-p_1-p_2 \text{ 和 } 2p_2+p_1<1 \\ \dfrac{-2p_1+2p_2+1}{2}, & p_2>p_1 \text{ 和 } p_2>1-p_1-p_2 \text{ 和 } 2p_1+p_2>1 \\ \dfrac{2p_1+4p_2-1}{2}, & p_2>p_1 \text{ 和 } p_2>1-p_1-p_2 \text{ 和 } 2p_1+p_2<1 \\ \dfrac{-2p_1-p_2}{2}, & 2p_1+p_2<1 \text{ 和 } p_1>p_2 \\ \dfrac{p_1+2p_2}{2}, & 2p_2+p_1<1 \text{ 和 } p_2>p_1 \end{cases} \quad (1.13)$$

图 1.15 为风格因子图，风格因子模型满足如下条件。

（1）当 $p_1 = \max(p_1, p_2, 1-p_1-p_2)$ 时，$S \in [-1.5, -0.5)$，即冷静型驾驶过程所占比例最多，则驾驶员长期风格为冷静型，且 p_1 越大，S 越小，即比例越大，冷静型风格越明显。

（2）当 $p_2 = \max(p_1, p_2, 1-p_1-p_2)$ 时，$S \in (0.5, 1.5]$，即驾驶风格为激进型，且 p_2 越大，S 越大。

（3）当 $1-p_1-p_2 = \max(p_1, p_2, 1-p_1-p_2)$ 时，$S \in (-0.5, 0.5)$，即驾驶风格为中等型，且 $1-p_1-p_2$ 越大，S 越接近 0。

（4）当 $p_1 = 1$ 时，$S = -1.5$，即冷静型风格最明显；当 $p_2 = 1$ 时，$S = 1.5$，即激进型风格最明显；当 $1-p_1-p_2 = 1$ 时，$S = 0$，即中等型风格最明显。

（5）当 $S = 0.5$ 或 -0.5 时，风格模糊无法识别。此时可能出现如下四种子情况：
① $p_1 = p_2$，且 $1-p_1-p_2$ 比例最小；
② $p_1 = 1-p_1-p_2$，且 p_2 比例最小；
③ $p_2 = 1-p_1-p_2$，且 p_1 比例最小；
④ $p_1 = p_2 = 1-p_1-p_2$。

对于一个驾驶员来说长期驾驶风格应该比较稳定，综合利用过去历史时长内的风格数据和最近一段时间内的风格数据，有利于提高风格识别的稳定性，本章采用遗忘因子 F 对不同时段数据进行加权。从图 1.16 中可以看出，随着时间的前进，遗忘因子不断降低，即过去历史数据的权重不断降低，且时间越久，历史数据权重降低速度越快。

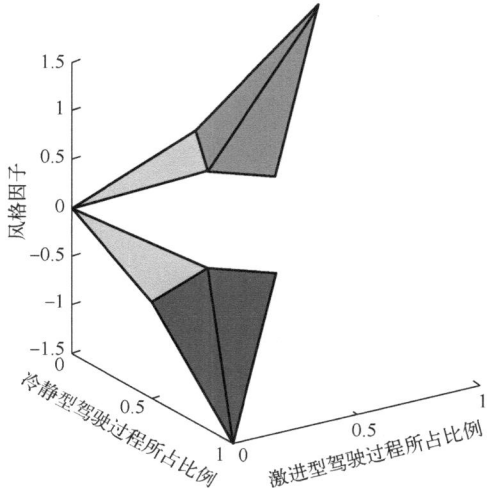

图 1.15　风格因子模型图

$$F = \frac{1}{e^{\frac{t}{1800}}} \tag{1.14}$$

式中，t 为时间，单位为 s；F 为遗忘因子。

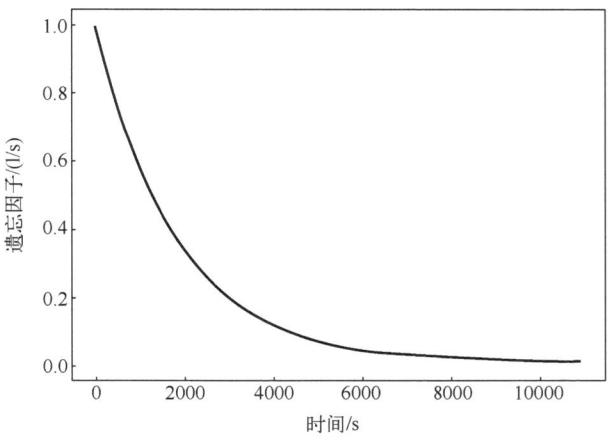

图 1.16　遗忘因子变化图

驾驶员最终风格因子计算公式如式(1.15)所示。图 1.17 中，$data_{history}$ 为上一次 3 小时的历史数据；$data_{latest}$ 为从当前时刻算起，最近 3 小时的数据；Δt 为当前时刻距上一次 3 小时历史数据的时间长度，s_{final} 为综合历史数据和最近一段时间数据的最终风格因子。

当前时刻 t 等于 6 小时，遗忘因子 $F = \dfrac{1}{e^{10800/1800}} = 0.0024$，即此时评估驾驶风格起主要作用的是最近一段时间数据，历史信息几乎全部被遗忘。当前时刻 t 大于 6 小时且小于 9 小时时，0～3 小时数据不再被用于计算最终风格因子，3～6 小时数据成为新的历史数据。根据最终风格因子值的大小即可判断该驾驶员长期风格类别。

$$s_{\text{final}} = F(\Delta t)S(\text{data}_{\text{history}}) + (1 - F(\Delta t))S(\text{data}_{\text{latest}}) \tag{1.15}$$

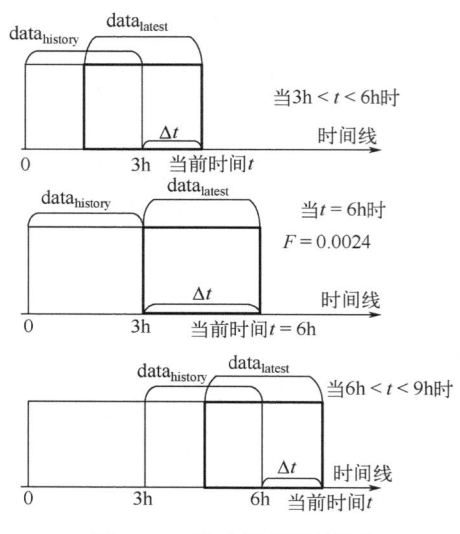

图 1.17 融合数据变化图

1.4.3 融合结果

在本节测试中驾驶员 1、2、3 先后利用同一驾驶模拟器在线进行风格识别，其中，驾驶员 1 长期风格为中等型，驾驶员 2 长期风格为激进型，驾驶员 3 长期风格为中等型。图 1.18 为从驾驶员 1 过渡到驾驶员 2 时，最终风格因子 s_{final} 随更新次数的变化图。星点处标识了驾驶员 2 开始使用驾驶模拟器的时刻，从图中可以看出在第 200 次更新时，最终风格因子开始快速变化，并在第 450 次更新后逐渐稳定，表现出驾驶员 2 的风格；而且驾驶员 1 的 s_{final} 稳定在了中等型区间，即 $(-0.5, 0.5)$，驾驶员 2 的 s_{final} 稳定在了激进型区间，即 $(0.5, 1.5)$。

利用上述融合模型，计算 1.3 节中 30 个驾驶员 5 个小时内更新的 s_{final}，图 1.19 为当 $t = 5h$ 时各个驾驶员的 s_{final} 值，为了方便应用自动紧急刹车(autonomous emergency braking，AEB)系统策略，根据该值的所属区间，将风格离散为对应类别，得到具有稳定风格的驾驶员编号：

冷静型：36，16，21，30，76，23；
中等型：71，11，14，15，17，33，50，55，57，62，66，70，74，22，24，25，26，27；
激进型：64，73，32，61，67，75。

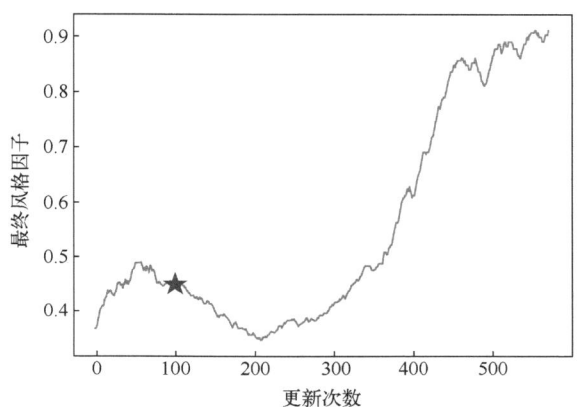

图 1.18　最终风格因子变化图

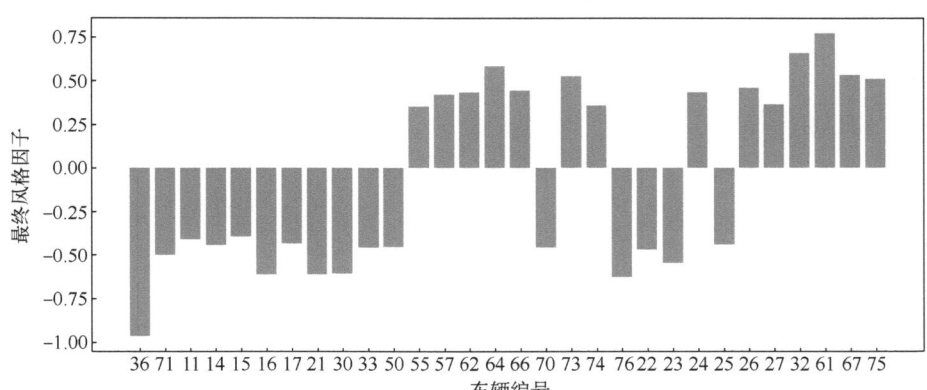

图 1.19　各车辆的 s_{final} 图

第 2 章　基于逆强化学习的驾驶风格识别

目前许多驾驶风格识别方面的文献都采用主观评价或聚类训练的方式打标签，再利用打好的标签来训练有监督分类器，如支持向量机、反向传播(back propagation，BP)神经网络、随机森林等。评价驾驶风格识别效果的指标也是以上述标签为基准的准确率，但驾驶风格本身就是一个偏主观的概念，不同的评价人可能得到不一样的结果，不同的聚类算法也可能得出不同的风格识别结论，这类标签不可能完全真实准确。并且有监督学习器学习这种标签的能力也是有限的，不可能达到100%，以这种不可能完全可靠的标签为基准，驾驶风格识别结果的真实性会进一步降低，因此这种串行组合并不能进一步提高风格识别的能力。这种有监督训练更多地应该是以辅助聚类算法存在的，避免一些聚类算法不容易识别新驾驶员风格的问题，而以上述标签为基准，将有监督分类器的分类准确率作为整个驾驶风格识别效果的评价指标是不合适的。为了进一步增强风格识别的真实性、有效性，以并行组合代替串行组合，综合第 1 章和第 2 章的两种风格识别方法。同一驾驶员应该只有一种长期风格，如果不同分类方法对同一驾驶员风格分类不同，则是不同类方法对该驾驶员的识别出现了问题，降低了结果的有效性。因此本章以分类结果重合率为评价指标，完成最终的驾驶风格分类。

2.1　最大熵逆强化学习

强化学习研究的内容是当已知奖励函数形式时，智能体在规则明确的环境下需要决定采取什么样的行动使得长期获得的奖励最大化。在设计的奖励函数影响下，不同的行为会使得状态转向不同的方向，后续所有的状态和行动都可能不同，因此所获的奖励值也是不同的。强化学习正是通过比较和叠加这些价值，获得满足要求的行动序列。强化学习的关键问题就在于奖励函数的设计。一般依靠人类的主观经验，这就必然丧失了一定的客观性和可靠性。更糟糕的是，在某些任务中，人类根本无法设计出合理的奖励函数。而逆强化学习不存在上述问题，其主要思想是通过学习环境，即专家行动，来构建合理的奖励函数。如图 2.1 所示，开始时初始化一个随机奖励策略 π，生成轨迹并获得采样样本特征，利用人类样例行为进行模仿和学习，得到人类样例行为的选择概率 $P(\zeta|\theta)$ 和各采样轨迹的选择概率 $P(\tilde{\zeta}_i|\theta)$，以人类样例行为的选择概率最大化为目标，计算损失，然后使

用梯度更新奖励规则 π。本文使用的逆强化学习方法为最大熵逆强化学习（maximum entropy inverse reinforcement learning，MEIRL）。

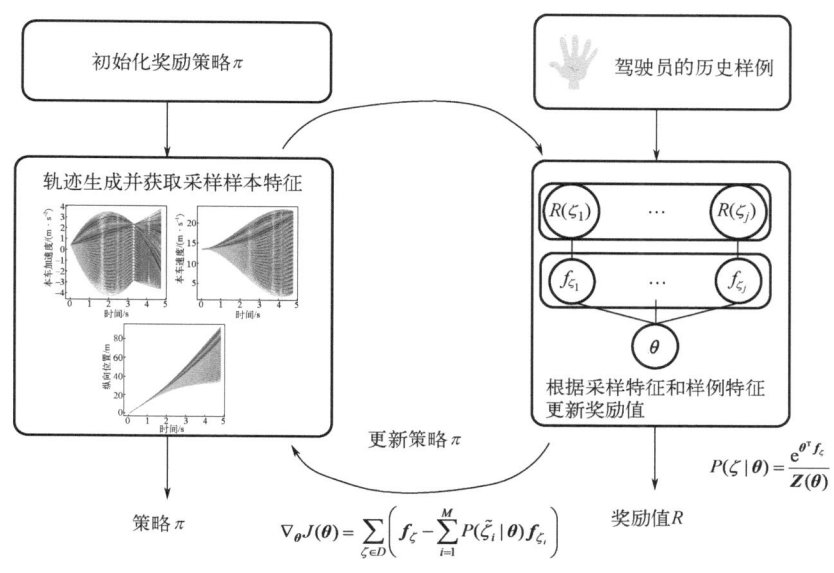

图 2.1 逆强化学习原理图

设逆强化学习的回报函数为线性结构，即回报值是所选特征的权重和，一段驾驶轨迹的回报值如式(2.1)所示：

$$R(\zeta) = \boldsymbol{\theta}^{\mathrm{T}} \sum_{s_t \in \zeta} \boldsymbol{f}(s_t) = \boldsymbol{\theta}^{\mathrm{T}} \boldsymbol{f}_\zeta \tag{2.1}$$

式中，s_t 代表在 t 时刻的车辆及交通环境状态，ζ 代表该条轨迹上的所有状态，$\boldsymbol{f}_\zeta$ 代表沿着这条轨迹的累计特征向量，$\boldsymbol{\theta}$ 代表权重向量。在选择合适的特征后，确定 $\boldsymbol{\theta}$ 成为回报函数的重点，不同驾驶员对特征向量中每个元素的重视程度不同，$\boldsymbol{\theta}$ 描述着个性化的行为模式。

最大熵逆强化学习就是为了找到使得样例轨迹在轨迹空间中发生概率最大的回报函数。假设驾驶员选择轨迹的分布满足玻尔兹曼分布，即符合最大熵原理，则轨迹的概率与该轨迹的回报指数成正比，如式(2.2)所示：

$$P(\zeta|\boldsymbol{\theta}) = \frac{\mathrm{e}^{R(\zeta)}}{\int_{\tilde{\zeta} \in \Phi} \mathrm{e}^{R(\tilde{\zeta})} \mathrm{d}\tilde{\zeta}} = \frac{\mathrm{e}^{R(\zeta)}}{Z(\boldsymbol{\theta})} = \frac{\mathrm{e}^{\boldsymbol{\theta}^{\mathrm{T}} \boldsymbol{f}_\zeta}}{Z(\boldsymbol{\theta})} \tag{2.2}$$

式中，Φ 是与 ζ 具有相同初始状态的所有轨迹集合，$\tilde{\zeta}$ 是轨迹空间中的一条生成轨迹，$P(\zeta|\boldsymbol{\theta})$ 是在给定参数 $\boldsymbol{\theta}$ 下的轨迹选择概率。使用有限数量的生成轨迹去逼

近上式中的积分，可得：

$$P(\zeta|\boldsymbol{\theta})=\frac{\mathrm{e}^{\boldsymbol{\theta}^\mathrm{T}\boldsymbol{f}_\zeta}}{\boldsymbol{Z}(\boldsymbol{\theta})}=\frac{\mathrm{e}^{\boldsymbol{\theta}^\mathrm{T}\boldsymbol{f}_\zeta}}{\sum_{i=1}^{M}\mathrm{e}^{\boldsymbol{\theta}^\mathrm{T}\boldsymbol{f}_{\zeta_i}}} \quad (2.3)$$

式中，M 是生成轨迹的数量。通过调整 $\boldsymbol{\theta}$，使得样例轨迹集的概率最大化，目标函数为

$$\max J(\boldsymbol{\theta}) = \max \sum_{\zeta \in D} \log P(\zeta|\boldsymbol{\theta}) = \max \sum_{\zeta \in D} \left(\boldsymbol{\theta}^\mathrm{T}\boldsymbol{f}_\zeta - \log \sum_{i=1}^{M} \mathrm{e}^{\boldsymbol{\theta}^\mathrm{T}\boldsymbol{f}_{\zeta_i}} \right) \quad (2.4)$$

式中，D 是训练时的样例轨迹集。

优化需要基于梯度，计算上式梯度，可得：

$$\nabla_{\boldsymbol{\theta}} J(\boldsymbol{\theta}) = \sum_{\zeta \in D} \left(\boldsymbol{f}_\zeta - \sum_{i=1}^{M} \frac{\mathrm{e}^{\boldsymbol{\theta}^\mathrm{T}\boldsymbol{f}_{\zeta_i}}}{\sum_{i=1}^{M}\mathrm{e}^{\boldsymbol{\theta}^\mathrm{T}\boldsymbol{f}_{\zeta_i}}} \boldsymbol{f}_{\zeta_i} \right) = \sum_{\zeta \in D} \left(\boldsymbol{f}_\zeta - \sum_{i=1}^{M} P(\tilde{\zeta}_i|\boldsymbol{\theta}) \boldsymbol{f}_{\zeta_i} \right) \quad (2.5)$$

式中，ζ 表示样例轨迹，$\tilde{\zeta}_i$ 表示与 ζ 具有相同初始状态的生成轨迹，梯度可以看成是生成轨迹的特征期望与样例轨迹特征之间的差异。

为了抑制过拟合，在目标函数中增加 L2 正则化项：

$$J(\boldsymbol{\theta}) = \sum_{\zeta \in D} \left(\boldsymbol{\theta}^\mathrm{T}\boldsymbol{f}_\zeta - \log \sum_{i=1}^{M} \mathrm{e}^{\boldsymbol{\theta}^\mathrm{T}\boldsymbol{f}_{\zeta_i}} \right) - \lambda \boldsymbol{\theta}^2 \quad (2.6)$$

λ 为正则化参数且 $\lambda > 0$，则梯度值变为

$$\nabla_{\boldsymbol{\theta}} J(\boldsymbol{\theta}) = \sum_{\zeta \in D} \left(\boldsymbol{f}_\zeta - \sum_{i=1}^{M} P(\tilde{\zeta}_i|\boldsymbol{\theta}) \boldsymbol{f}_{\zeta_i} \right) - 2\lambda \boldsymbol{\theta} \quad (2.7)$$

2.2 轨迹生成和特征选取

我们使用局部坐标来描述车辆轨迹，生成轨迹应该平滑使得加速度和急动度在时间上连续，因此设计四次多项式来描述车辆的纵向位置变化，如式 (2.8) 所示：

$$x(t) = a_0 + a_1 t + a_2 t^2 + a_3 t^3 + a_4 t^4 \quad (2.8)$$

式中，t 为时间，x 为车辆局部坐标，$a_0 \sim a_4$ 为轨迹系数。

生成轨迹需要满足和驾驶员的真实样例轨迹初始状态相同，且生成轨迹需要确定规划终点的速度和加速度，以获得 $a_0 \sim a_4$ 的值。本节以 5s 为轨迹生成的时

间长度，采用平均采样法来确定规划终点时刻的速度和加速度，即以初始时刻的速度为基准，1m/s 为采样间隔；以初始时刻的加速度为基准，以 0.4m/s² 为时间间隔，确定终点时刻的速度、加速度组合。同第 1 章，我们对相同的 30 个驾驶员数据进行分析，统计驾驶数据中的最大速度和加速度绝对值的最大值，平均采样得到的速度、加速度分别不能超过对应的最值，如图 2.2 为一段轨迹的采样图，图中每条颜色的线对应一条生成轨迹的变量时序变化图。

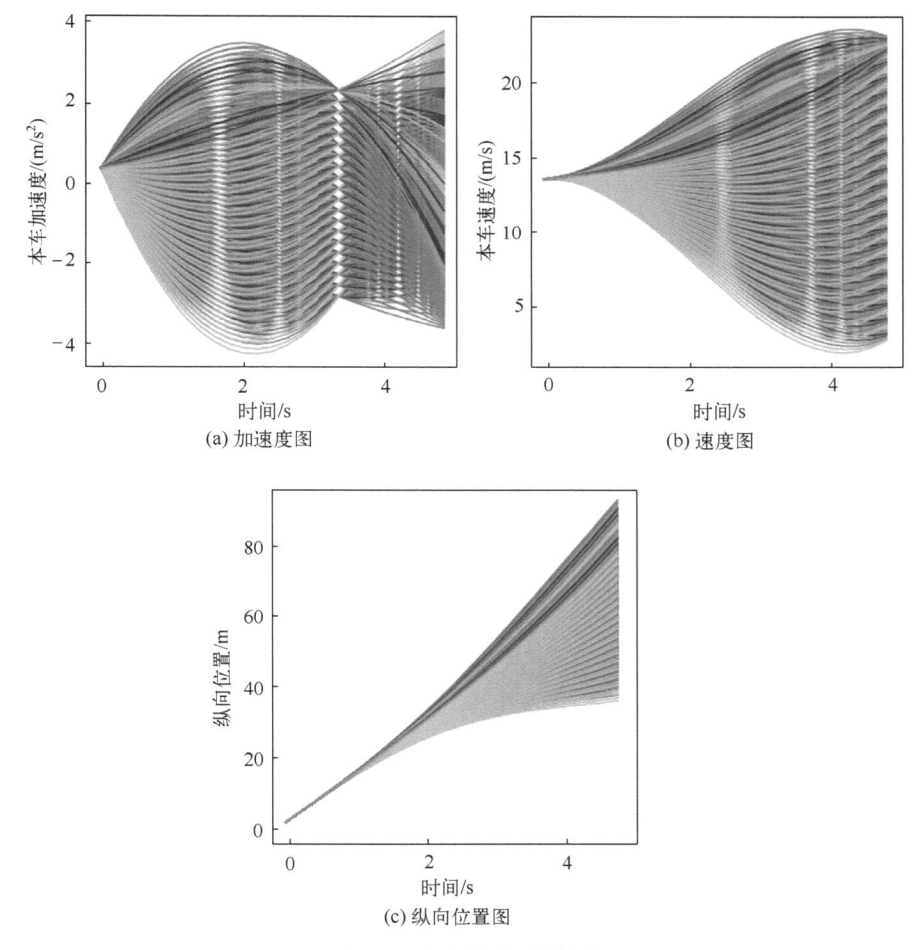

(a) 加速度图

(b) 速度图

(c) 纵向位置图

图 2.2 生成轨迹采样图

本节分别从通行效率、舒适度、碰撞风险三个角度出发设计五个特征。通行效率表示了驾驶员期望到达目标点的快慢程度，以纵向车速 v_x 来描述。舒适度用加速度绝对值 $|a_x|$ 和急动度绝对值 |jerk| 来描述，二者越大，则加速越快，舒适度越差。车头时距是驾驶安全性的重要指标，计算公式为 THW = $(x_{\text{preceding}} - x_{\text{ego}}) / v_{\text{ego}}$，

以 e^{-THW} 为一个风险特征,值越大则风险越高。另一个碰撞风险指标使用在预测时间段内的纵向相对距离最小值 range_min 来描述,预测时长为 1s,在该时长内假设本车纵向速度不变。

2.3 远近距离跟车模式

在利用向量 $\boldsymbol{\theta}$ 描述一个驾驶员的个性化行为时,考虑到向量中元素个数的有限性和驾驶过程的多样性,为了更充分描述驾驶员的特性,对于一个驾驶员来说,将分别在远距离和近距离跟车下单独设计奖励函数。

图 2.3 中的实线描述的是 30 辆车的纵向相对距离概率分布情况。从图中可以看出近距离跟车的比例更大些,且从波峰起向右来看,range 的下降速度有一个先快后慢再快的趋势。

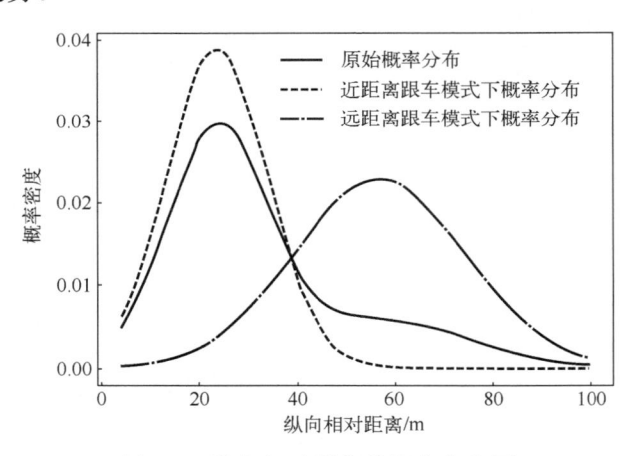

图 2.3 纵向相对距离的概率分布图

利用 KS(Kolmogorov-Smirnov)检验测试纵向相对距离数据的正态分布性,得到其 p 值小于 0.05,因此该分布不具有正态性,本节将利用高斯混合模型通过两个正态分布来逼近 range 的概率分布[4]。range 的概率密度函数定义为

$$p(x) = w_1 N_1(x; \mu_1, \sigma_1) + w_2 N_2(x; \mu_2, \sigma_2) \tag{2.9}$$

式中,$w_1 + w_2 = 1$,μ_1 和 μ_2 分别是两个高斯模型的均值,σ_1 和 σ_2 分别是两个高斯模型的标准差,由于某个样本属于哪个高斯分布是未知的,而计算高斯分布的参数时又需要用到该信息;反过来,样本属于哪个高斯分布又是由高斯分布的参数确定,为了打破这种循环依赖,期望极大化(expectation maximization,EM)算法被用来求解上述未知量。

EM 算法流程：设有一批样本 $\{x_1, x_2, \cdots, x_l\}$。为每个样本 x_i 增加一个隐变量 z_i，表示样本来自于哪个高斯分布。这是一个离散型的随机变量，取值范围为 $\{1,2,\cdots,k\}$，设每个值的概率定义为 w_i。首先初始化均值向量 $\boldsymbol{\mu}$、协方差矩阵 $\boldsymbol{\Sigma}$、概率向量 $\boldsymbol{w}$，接下来进入循环并进行迭代，直至收敛，每次迭代的操作如下。

E 步，根据模型参数的当前估计值，计算第 i 个样本来自第 j 个高斯分布的概率为

$$q_{ij} = p(z_i = j \mid \boldsymbol{x}_i; \boldsymbol{w}, \boldsymbol{\mu}, \boldsymbol{\Sigma}) \tag{2.10}$$

M 步，计算模型的参数，权重的计算公式为

$$w_j = \frac{1}{l}\sum_{i=1}^{l} q_{ij} \tag{2.11}$$

损失函数为

$$L(\boldsymbol{w}, \boldsymbol{\mu}, \boldsymbol{\Sigma}) = \sum_{i=1}^{l}\sum_{j=1}^{k} q_{ij}\left(\ln \frac{1}{(2\pi)^{n/2} |\boldsymbol{\Sigma}_j|^{1/2}} \frac{1}{q_{ij}} + \ln w_j - \frac{1}{2}(\boldsymbol{x}_i - \boldsymbol{\mu}_j)^{\mathrm{T}} \boldsymbol{\Sigma}_j^{-1}(\boldsymbol{x}_i - \boldsymbol{\mu}_j) \right) \tag{2.12}$$

对损失函数关于 $\boldsymbol{\mu}_j$ 求梯度并令梯度为 0，可得均值的计算公式为

$$\boldsymbol{\mu}_j = \frac{\sum_{i=1}^{l} q_{ij} \boldsymbol{x}_i}{\sum_{i=1}^{l} q_{ij}} \tag{2.13}$$

对损失函数关于 $\boldsymbol{\Sigma}_j$ 求梯度并令梯度为 0，可得协方差矩阵的计算公式为

$$\boldsymbol{\Sigma}_j = \frac{\sum_{i=1}^{l} q_{ij}(\boldsymbol{x}_i - \boldsymbol{\mu}_j)(\boldsymbol{x}_i - \boldsymbol{\mu}_j)^{\mathrm{T}}}{\sum_{i=1}^{l} q_{ij}} \tag{2.14}$$

在 E 步中对 q_{ij} 的计算是通过全概率公式与贝叶斯公式得到：

$$p(z_i = j \mid \boldsymbol{x}_i; \boldsymbol{w}, \boldsymbol{\mu}, \boldsymbol{\Sigma}) = \frac{p(\boldsymbol{x}_i \mid z_i = j; \boldsymbol{\mu}, \boldsymbol{\Sigma}) p(z_i = j; \boldsymbol{w})}{\sum_{c=1}^{k} p(\boldsymbol{x}_i \mid z_i = c; \boldsymbol{\mu}, \boldsymbol{\Sigma}) p(z_i = c; \boldsymbol{w})} \tag{2.15}$$

两个高斯模型参数如表 2.1 所示。图 2.3 中虚线为近距离高斯模型概率分布，点划线为远距离高斯模型概率分布。

表 2.1 高斯模型参数表

模型	权重	均值/m	标准差/m
近距离高斯模型	0.739	23.662	10.241
远距离高斯模型	0.261	56.928	17.580

远、近距离高斯模型的交点在 38.917m，以该值分隔远近距离跟车模式，如果一段跟车过程中有 75% 的数据都小于该值则该过程为近距离跟车模式，如果一段跟车过程中有 75% 的数据都大于该值则该过程为远距离跟车模式。

2.4 激进因子与结果分析

每辆车将分别构建近距离逆强化学习（inverse reinforcement learning，IRL）模型和远距离 IRL 模型，共 30 辆车。为了去除量纲的影响，训练前，特征向量 (v_x,|a_x|,|jerk|,e^{-THW},range_min) 内的元素都需进行归一化。(v_x,|a_x|,|jerk|,e^{-THW}) 需要使用正归一化，即 $x' = (x - \min(x))/(\max(x) - \min(x))$；range_min 需要使用反归一化，即 $x' = (\max(x) - x)/(\max(x) - \min(x))$，这是为了保证归一化后特征的方向一致性，即每个归一化后特征都是值越大，其代表驾驶员的激进性越强。训练过程中，每一次迭代都会计算 $P(\tilde{\zeta}_i|\boldsymbol{\theta})$，从多条生成路径中选取概率最高的作为本次迭代的 IRL 规划路径。使用 Adam 优化算法，不断更新 $\boldsymbol{\theta}$。训练结束后以 IRL 规划路径和驾驶员真实路径的特征差异和最终位置点差异作为 IRL 能否很好学习到驾驶员行为的指标，如式 (2.16)、式 (2.17) 所示。

$$e_{\text{feature}} = \frac{1}{N}\sum_{i=1}^{N}\left\|\boldsymbol{f}_{\zeta_i} - \boldsymbol{f}_{\tilde{\zeta}_i}\right\|_2 \tag{2.16}$$

$$e_{\text{finallocation}} = \frac{1}{N}\sum_{i=1}^{N}\left|l_{-1_i} - \tilde{l}_{-1_i}\right| \tag{2.17}$$

式中，i 表示轨迹序数，N 表示训练用样例轨迹总数，$\boldsymbol{f}_{\zeta_i}$ 代表样例轨迹的真实特征向量，$\boldsymbol{f}_{\tilde{\zeta}_i}$ 代表 $P(\tilde{\zeta}_i|\boldsymbol{\theta})$ 概率最高的生成轨迹的特征向量，l_{-1_i} 代表样例轨迹在最后一个时间点的真实位置，$\tilde{l}_{-1_i}$ 代表 $P(\tilde{\zeta}_i|\boldsymbol{\theta})$ 概率最高的生成轨迹在最后一个时间点的位置。考虑到采集误差和环境干扰的影响，真实轨迹的急动度将会带有更多的噪声，但生成轨迹的急动度都是平滑的，这会对训练指标造成误判，因此采用与真实轨迹具有相同初始状态和最终点状态的 4 次曲线来参与模型训练。车辆 36 的近距离 IRL 模型训练结果如图 2.4 所示，图 2.4(a) 为特征差异曲线，特征均被归一化处理过，因此无量纲；图 2.4(b) 为最终位置点差异曲线。从图中可以看出随着迭代次数增多，两种差异均在不断降低然后稳定下来。从训练结果可以判断，该模型很好地学习到了该驾驶员在近距离跟车下的行为特性。

考虑到特征向量 (v_x,|a_x|,|jerk|,e^{-THW},range_min) 中，不同元素间可能存在信息冗余，为了进一步提高 IRL 模型对人类驾驶员的模仿学习能力，使用不同特征元素组合进行模型训练，选取在测试集中最终位置点差异均值 $\bar{e}_{\text{finallocation}}$ 最小的一组

(a) 特征差异曲线

(b) 最终位置点差异曲线

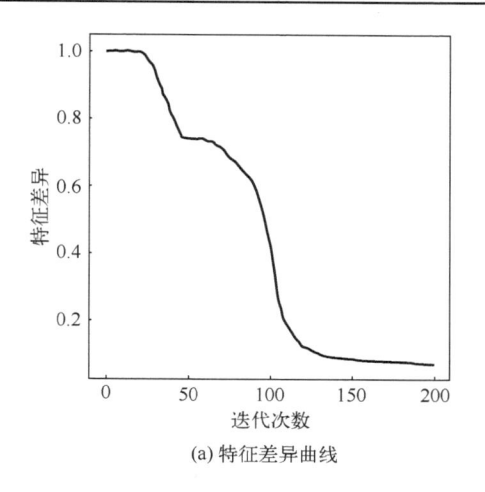

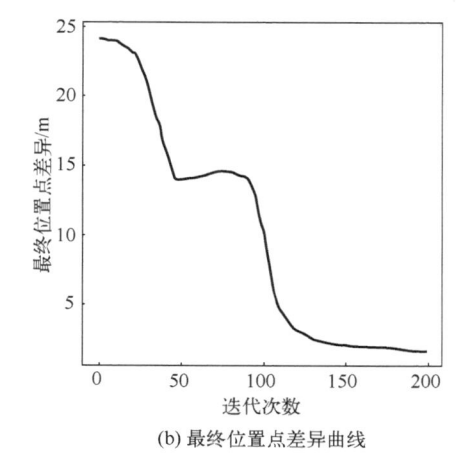

图 2.4 车辆 36 近距离 IRL 模型的训练差异度曲线

特征组合作为驾驶风格识别使用的特征向量，$\overline{e}_{\text{finallocation}}$ 是对所有车辆 IRL 模型的 $e_{\text{finallocation}}$ 取均值的结果。表 2.2 为各种组合的结果，v_a_j_thw_range 代表 $(v_x,|a_x|,|\text{jerk}|,e^{-\text{THW}},\text{range\_min})$ 的组合，其余组合同理。

表 2.2 特征组合的最终位置点差异表

组合	v_a_j	v_a_j_range	v_a_j_thw	v_a_j_thw_range	v_a_thw_range
差异均值/m	1.448	1.221	1.292	1.516	8.591

根据表 2.2 可知，组合 $(v_x,|a_x|,|\text{jerk}|,\text{range\_min})$ 的 $\overline{e}_{\text{finallocation}}$ 最小，因此取该向量组合建立个性化 IRL 模型。

每辆车的远、近距离模式 IRL 模型均做如上处理后，可以得到描述对应驾驶员的权重参数，每个驾驶员对特征向量中元素的看重程度也是不同的，如车辆 36 近距离跟车模型的 $\boldsymbol{\theta}$ 为 $[0.19303174,0.17930700,0.08522477,0.1893384]^\text{T}$，根据权重大小可知，该驾驶员在近距离跟车模式下最重视的两个特征是 v_x 和 range_min；车辆 71 近距离跟车模型的 $\boldsymbol{\theta}$ 为 $[0.17162103,0.37390828,0.26528122,0.25970425]^\text{T}$，根据权重大小可知，该驾驶员在近距离跟车模式下最重视的两个特征是 $|a_x|$ 和 $|\text{jerk}|$，设激进因子为

$$\text{Agg} = \frac{1}{L}\boldsymbol{\theta}^\text{T} \sum_{i=1}^{L} \boldsymbol{f}_{\zeta_i} \tag{2.18}$$

本节利用激进因子来描述驾驶员驾驶风格的激进程度，式中，L 为驾驶员轨迹段的数量，$\boldsymbol{\theta}$ 为驾驶员对不同特征元素的重视度，$\boldsymbol{f}_{\zeta_i}$ 为归一化后的特征向量，元素具有方向一致性，即每个归一化后特征都是值越大，其代表驾驶员的激进性

越强。因此 Agg 的值越大，则驾驶员越激进。对每个驾驶员，计算其近距离跟车模式下所有轨迹段的 $\boldsymbol{\theta}^{\mathrm{T}}\boldsymbol{f}_{\zeta_i}$ 值，得到如图 2.5 的箱式图。从图中可以看出，有许多圆圈，这些是箱式图上下界外的离群点，在代入式(2.18)进行计算之前，需要先筛除这些异常点[5]。同理需要筛除掉远距离跟车模式下的该类异常点。

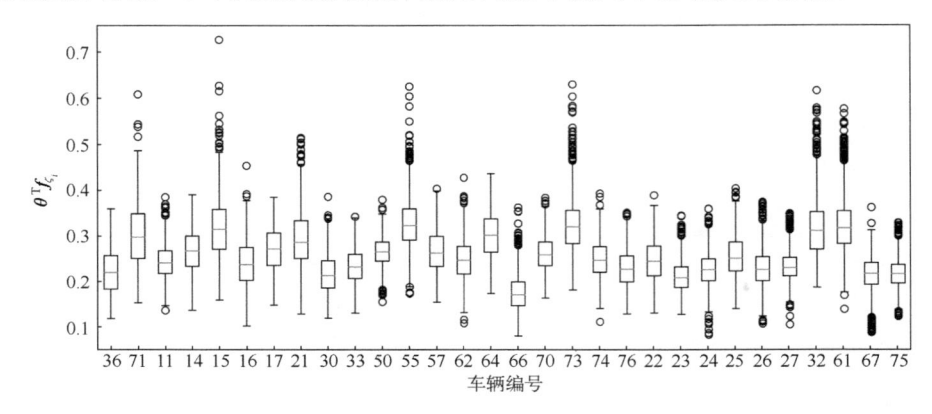

图 2.5　$\boldsymbol{\theta}^{\mathrm{T}}\boldsymbol{f}_{\zeta_i}$ 的箱式图

一个驾驶员的综合激进因子需要结合远距离跟车的激进因子和近距离跟车的激进因子，计算公式如下：

$$\mathrm{Agg}_{\mathrm{syn}} = p_{\mathrm{s}}\mathrm{Agg}_{\mathrm{s}} + p_{\mathrm{l}}\mathrm{Agg}_{\mathrm{l}} \tag{2.19}$$

式中，p_{s} 是该驾驶员的近距离跟车占总驾驶过程的比例，p_{l} 是该驾驶员的远距离跟车占总驾驶过程的比例，且 $p_{\mathrm{s}}+p_{\mathrm{l}}=1$，$\mathrm{Agg}_{\mathrm{s}}$ 是近距离跟车模式下的激进因子，$\mathrm{Agg}_{\mathrm{l}}$ 是远距离跟车模式下的激进因子。

计算 30 个驾驶员的 3 小时驾驶数据的综合激进因子，结果如图 2.6 所示，该值越大，则驾驶员越激进。

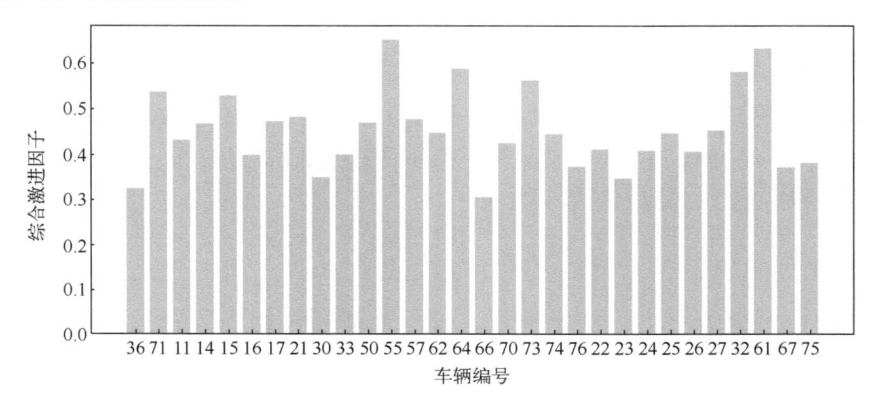

图 2.6　综合激进因子图

2.5 综合自监督对比学习和逆强化学习的风格识别

为了提高驾驶风格识别的稳定性，本节使用 2.4 节融合方法，综合历史时间段和最近时间段的驾驶风格数据，最终激进因子 $\text{Agg}_{\text{final}}$ 的计算公式为

$$\text{Agg}_{\text{final}} = F(\Delta t)\text{Agg}_{\text{syn}}(\text{data}_{\text{history}}) + (1 - F(\Delta t))\text{Agg}_{\text{syn}}(\text{data}_{\text{latest}}) \tag{2.20}$$

由此可得 30 个驾驶员在 5 小时内更新的 $\text{Agg}_{\text{final}}$，当 $t=5\text{h}$ 时，各车辆的 $\text{Agg}_{\text{final}}$ 结果如图 2.7(a) 所示。根据各车辆的最终激进因子在 5h 内的变化，确定 $\text{Agg}_{\text{final}}$ 分布在区间 [0.25, 0.65] 上。

(a) 映射前的 $\text{Agg}_{\text{final}}$

(b) 映射后的 $\text{mappedAgg}_{\text{final}}$

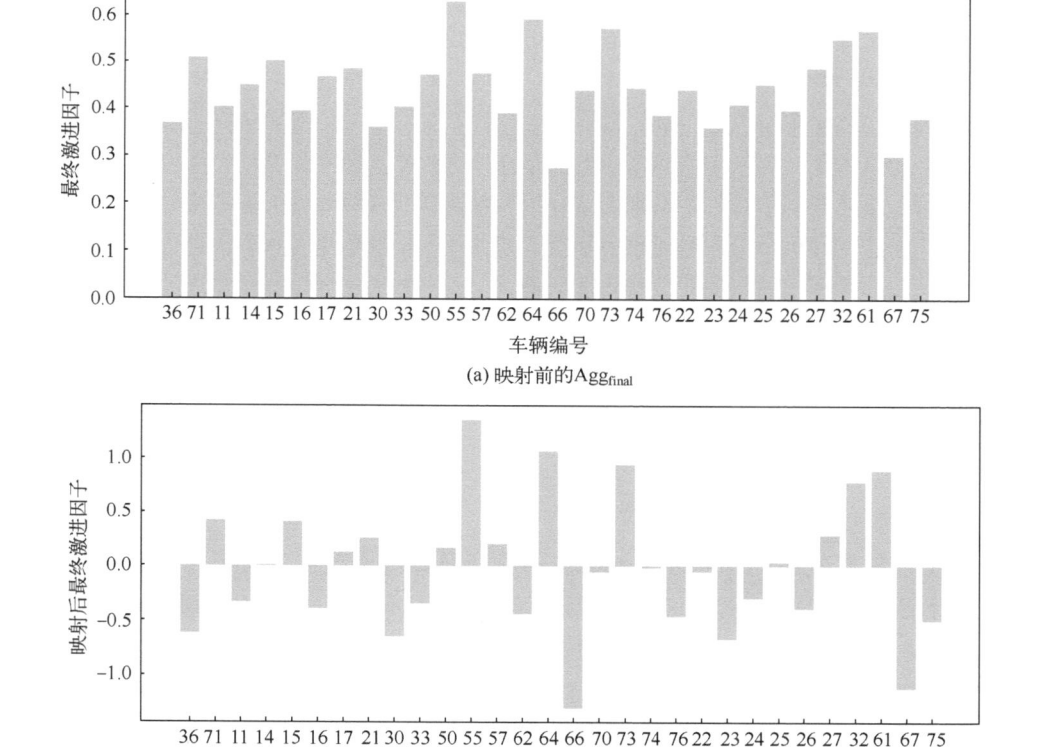

图 2.7　最终激进因子图

为进一步提高风格分类真实性，本节将利用权重法综合自监督对比学习和逆强化学习的风格识别结果。考虑到最终风格因子的取值范围为 [−1.5, 1.5]，为避免

在权重综合时最终风格因子和最终激进因子的量级不一致，综合前需要根据上述区间将最终激进因子 $\text{Agg}_{\text{final}}$ 映射到 $[-1.5, 1.5]$ 范围内，计算公式为

$$\text{mappedAgg}_{\text{final}} = 7.5 \cdot \text{Agg}_{\text{final}} - 3.375 \tag{2.21}$$

图 2.7(b)显示了各个车辆的映射后最终激进因子 $\text{mappedAgg}_{\text{final}}$。

由第 1 章可知，当最终风格因子 $s_{\text{final}} \in [-1.5, -0.5)$ 时，驾驶员为冷静型；$s_{\text{final}} \in [-0.5, 0.5)$ 时，驾驶员为中等型；$s_{\text{final}} \in [0.5, 1.5]$ 时，驾驶员为激进型。同理设当 $\text{mappedAgg}_{\text{final}} \in [-1.5, -0.5)$ 时，驾驶员为冷静型；$\text{mappedAgg}_{\text{final}} \in [-0.5, 0.5)$ 时，驾驶员为中等型；$\text{mappedAgg}_{\text{final}} \in [0.5, 1.5]$ 时，驾驶员为激进型。30 个驾驶员基于逆强化学习的驾驶风格分类结果如下：

冷静型：36，30，66，23，67；

中等型：71，11，14，15，16，17，21，33，50，57，62，70，74，76，22，24，25，26，27，75；

激进型：55，64，73，32，61。

利用自监督对比学习的风格识别方法可得到如图 1.19 所示的最终风格因子，利用逆强化学习的风格识别方法可得到如图 2.7 所示的最终激进因子。两种风格识别方法对 30 个驾驶员进行分类，在基于自监督对比学习的分类结果中激进型有 6 人、中等型有 18 人、冷静型有 6 人；在基于逆强化学习的分类结果中激进型有 5 人、中等型有 20 人、冷静型有 5 人；两种方法的驾驶风格分类重合人数为 23，重合率为 76.67%，为了进一步提高驾驶风格识别的真实性，结合两种方法对驾驶员的风格识别能力，利用权重法综合两种方法的连续值结果，如下式：

$$\text{style\_value} = 0.5 \cdot s_{\text{final}} + 0.5 \cdot \text{mappedAgg}_{\text{final}} \tag{2.22}$$

综合后各驾驶员的风格值 style_value 结果如图 2.8 所示，为了方便将驾驶风格应用于个性化 AEB 策略，还需要将风格值根据所属区间离散成驾驶风格分类，即当 style_value $\in [-1.5, -0.5)$ 时，驾驶员为冷静型；style_value $\in [-0.5, 0.5)$ 时，驾驶员为中等型；style_value $\in [0.5, 1.5]$ 时，驾驶员为激进型，离散结果如下：

冷静型：36，16，30，76，23；

中等型：71，11，14，15，17，21，33，50，57，62，66，70，74，22，24，25，26，27，67，75；

激进型：55，64，73，32，61。

风格值 style_value 综合了两种驾驶风格方法的识别效果，综合了二者的分类能力，由风格值得到的离散分类结果与上述两种算法的驾驶风格分类重合

人数均为 26，重合率为 86.67%，重合率较之前的对比结果提高了，使用风格值离散的结果进一步降低了不同方法识别的差异性，提高了驾驶风格识别的有效性。

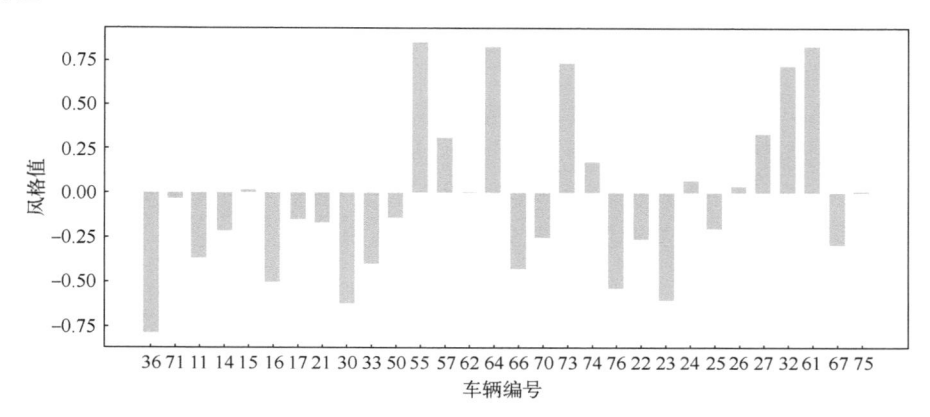

图 2.8 各个车辆的风格值图

第 3 章　基于 BILSTM-CNN 的驾驶意图识别

分析发现，驾驶员进行换道或跟车操作失误引发的事故较多。在智能交通系统中，识别车辆换道和跟车意图，能协助驾驶员对目标车辆进行预警，从而提高道路交通安全。换道和跟车是连续过程，具有时序状态信息。合理利用时序信息，能更精准地识别意图，本章提出了基于 BILSTM-CNN 的驾驶意图识别模型。

首先分析换道过程，确定自由换道和强制换道行为；然后介绍 BILSTM 网络和 CNN 网络，并对驾驶意图识别模型框架进行说明；之后，通过不同模型的对比试验，验证本章模型进行意图识别的优越性；最后，分析历史时长和预测时长对模型识别性能的影响。

3.1　换道及跟车行为分析

3.1.1　换道过程分析

影响驾驶员换道的因素众多，如环境因素、相邻车辆信息及主车信息等，且换道需要经过感知、判断及决策等过程进行确定，故换道过程是比较复杂的。目标车辆接收主车、障碍物以及周围环境信息，然后确定是否换道以及何时换道。换道过程由换道意图生成阶段和换道执行阶段两部分组成。车辆换道过程如图 3.1 所示，T_0 是驾驶员产生换道意图的时刻，T_1 是驾驶员分析障碍物及环境信息后执行换道的开始时刻，T_2 是驾驶员操控车辆越过车道线的时刻，T_3 是驾驶员完成换道的时刻。$T_0 \sim T_1$ 过程，车辆状态信息几乎没有发生变化，很难借此分析换道意

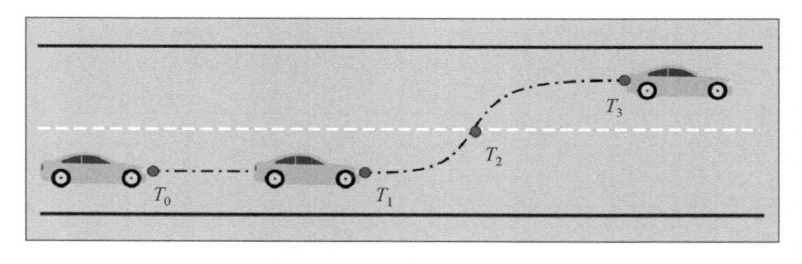

图 3.1　车辆换道过程分析

图。$T_1 \sim T_3$ 过程，驾驶员操控车辆进行换道，车辆的横纵向位置、横纵向速度等信息发生明显变化。通过分析换道信息，确定驾驶员开始换道到结束换道的时刻。$T_1 \sim T_2$ 过程，车辆虽然在当前车道行驶，但车辆的状态信息已发生变化，故主要针对此阶段展开驾驶意图识别研究。

3.1.2 换道行为分类

换道行为有自由换道和强制换道两种。自由换道行为是驾驶员追求通行效率，不满足当前车道行驶状况而主动进行换道。强制换道行为是由于外界车道及周围环境，驾驶员为了安全可靠行驶而被迫进行换道。

(1) 自由换道行为。

驾驶员观察周围车道，选择能进行安全可靠行驶的目标车道，并且该车道能满足换道所需的空间要求，然后进行自由换道。在这个过程中，为了更高效地进行换道，车辆的状态参数会发生变化。自由换道行驶不是强制性的，即驾驶员驾驶的车辆在当前车道仍可以继续前行，不会产生行驶危险。如图 3.2 所示，灰色车辆根据相邻黑色车辆信息可以向左换道，也可以向右换道，还可以保持前行。自由换道不受外界干扰强制进行，具有一定的规律可循，故这里以自由换道行为展开换道研究。

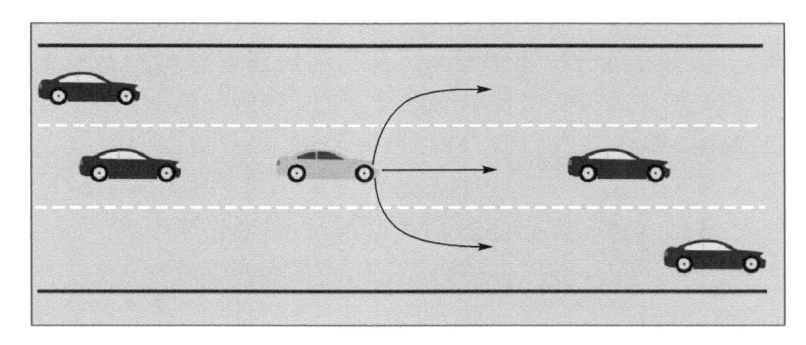

图 3.2　自由换道行为

(2) 强制换道行为。

强制换道和自由换道最主要的区别是驾驶员在当前车道是否必须进行换道。前方出现交通事故或道路维修等问题时，目标车辆需要进行强制换道。强制换道如图 3.3 所示，深灰色车辆是事故车辆，右侧车道前方有黑色车辆正在行驶，故目标车辆(浅灰色车辆)必须向左进行换道。强制换道行为不属于正常驾驶行为，故本章不进行强制换道行为的研究。

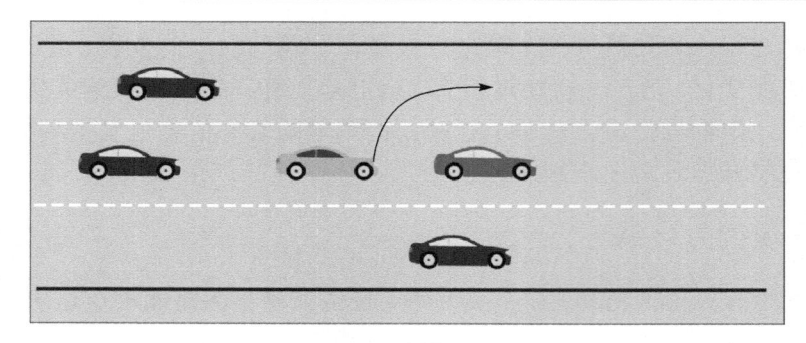

图 3.3　强制换道行为

3.1.3　跟车行为分析

跟车行为是一种道路上普遍存在的驾驶行为，该行为有三个特性，即约束性、延迟性及传递性。约束性是根据前车行驶状态，主车调整自身的行驶状态，旨在保持一定的安全性和通行效率，即主车受到前车的约束。延迟性是由于主车需要感知获取前车的状态变化，进行决策规划和控制，需要消耗时间。传递性是主车和前车保持一致的行驶状态，如若前车为加速行驶，则主车会紧随加速行驶。

传统的跟车行为研究是采集前车的行驶数据，搭建加速度或速度模型，得出相应行驶规律传递给主车，旨在使主车实现更安全、更高效地跟车。主车预知前车的驾驶意图，预警性地改变跟车行为，从而缩短延迟时间。故本章不仅研究横向换道行为中的左换道、右换道及车道保持意图，还研究纵向跟车行为中的加速、减速以及巡航意图。

3.2　基于 BILSTM-CNN 的识别模型

3.2.1　长短期记忆网络

为了处理车辆行驶过程的时间序列信息，使用长短期记忆(long and short term memory，LSTM)网络。LSTM 不仅继承 RNN 学习时序信息的优点，还缓解了 RNN 学习时间序列信息产生梯度消失和梯度爆炸的问题。LSTM 主要是通过记忆细胞单元 c_t 改变网络内部状态信息的传递方式，根据前一时刻输入的状态和当前时刻的输入量有选择地保存状态信息，以完成长期记忆。LSTM 由循环连接的单元组成，其结构单元如图 3.4 所示。LSTM 通过遗忘门、输入门和输出门对历史信息进行保留或删除，实现长期信息的传递。c_{t-1} 和 h_{t-1} 分别是上一时刻的记忆细胞单元和隐状态量。x_t、c_t 和 h_t 分别是当前时刻的输入量、记忆细胞单元和隐状态量。

LSTM 利用三个控制门对信息进行筛选、保存，使得记忆细胞单元 c_t 能高效记忆保持历史序列信息。

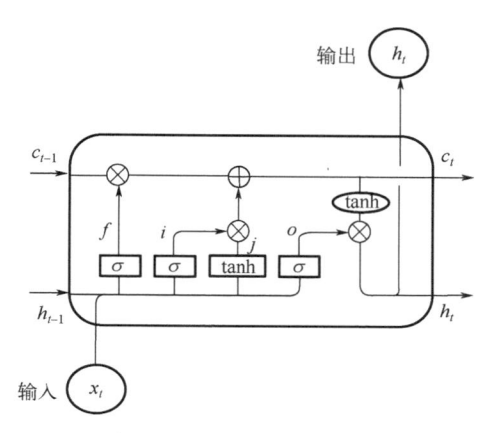

图 3.4 LSTM 结构单元

遗忘门的作用是通过某种运算方式对上一时刻的信息进行筛选丢弃，保留相对重要的信息。否则，过多的信息输入会造成模型对关键信息无法有效提取。遗忘门将上一时刻的隐状态量 h_{t-1} 和当前时刻的特征输入量 x_t 共同输入，使用激活函数 Sigmoid 计算输出 [0,1] 范围内的值。输出值控制上一时刻的隐状态量丢弃的程度，其中，0 表示对上一时刻信息完全丢弃；1 表示对上一时刻信息完全保留。遗忘门的计算为

$$f_t = \sigma(W_f \cdot [h_{t-1}, x_t] + b_f) \tag{3.1}$$

式中，f_t 是遗忘门输出向量，σ 是 Sigmoid 激活函数，W_f 是权重系数矩阵，b_f 是偏置系数矩阵。

输入门的作用是通过某种运算方式把当前时刻的特征输入保存到记忆细胞单元。输入门的计算分为三个步骤，首先使用 Sigmoid 激活函数计算上一时刻隐状态量 h_{t-1} 和当前时刻的特征输入量 x_t 的相关性，然后使用 tanh 激活函数计算当前时刻候选记忆细胞单元 $\tilde{c}_t$。最后通过上一时刻记忆细胞单元 c_{t-1} 和 $\tilde{c}_t$ 加权计算当前时刻的记忆单元 c_t。输入门的计算公式为

$$\begin{cases} i_t = \sigma(W_i \cdot [h_{t-1}, x_t] + b_i) \\ \tilde{c}_t = \tanh(W_c \cdot [h_{t-1}, x_t] + b_c) \\ c_t = f_t \cdot c_{t-1} + i_t \cdot \tilde{c}_t \end{cases} \tag{3.2}$$

式中，W_i 和 W_c 是权重系数矩阵，b_i 和 b_c 是偏置系数矩阵，σ 和 tanh 是激活函数。

输出门的作用是对当前时刻的信息进行选择输出。输出门使用 Sigmoid 激活

函数计算 x_t 和 h_{t-1} 的相关性，使用 tanh 激活函数处理 c_t，最终通过加权计算出当前时刻的隐状态量 h_t。输出门的计算公式为

$$\begin{cases} o_t = \sigma(\boldsymbol{W}_o \cdot [h_{t-1}, x_t] + \boldsymbol{b}_o) \\ h_t = o_t \cdot \tanh(c_t) \end{cases} \tag{3.3}$$

式中，$\boldsymbol{W}_o$ 是权重系数矩阵，$\boldsymbol{b}_o$ 是偏置系数矩阵，σ 和 tanh 是激活函数。

3.2.2 双向长短期记忆网络

LSTM 只能利用历史时间序列进行信息编码，预测当前时刻状态。而当前状态不仅与历史信息联系密切，还和未来信息相关，故使用双向长短期记忆（bi-directional long short-term memory，BILSTM）网络识别驾驶意图。BILSTM 网络是由前向 LSTM 和后向 LSTM 组成。BILSTM 不仅能通过前向 LSTM 提取正向时间序列信息，还能通过后向 LSTM 提取反向时间序列信息，能够紧密联系时序上下时刻的信息。BILSTM 通过提取多方向的时间序列信息，对驾驶意图进行识别，能增强模型的泛化能力。

BILSTM 结构如图 3.5 所示，主要是由前向隐含层和后向隐含层组成。前向隐含层提取车辆的历史行驶信息，后向隐含层提取车辆的未来行驶信息。最后拼接两者提取的特征信息形成新的特征信息作为 BILSTM 网络的输出，提高模型对车辆时序信息的提取效率。

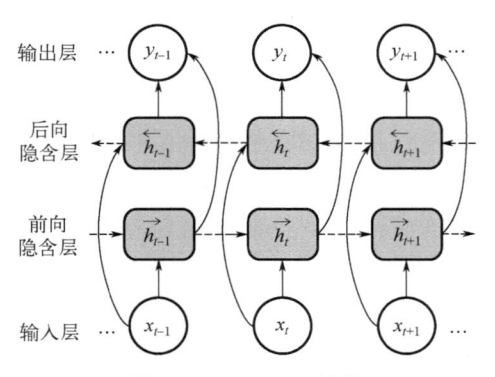

图 3.5 BILSTM 结构

BILSTM 的计算过程为

$$\begin{cases} \vec{h}_t = f(\vec{\boldsymbol{W}}_t \cdot [\vec{h}_{t-1}, x_t] + \vec{\boldsymbol{b}}_t) \\ \overleftarrow{h}_t = f(\overleftarrow{\boldsymbol{W}}_t \cdot [\overleftarrow{h}_{t-1}, x_t] + \overleftarrow{\boldsymbol{b}}_t) \\ y_t = g(\boldsymbol{W}_y \cdot [\vec{h}_{t-1}, \overleftarrow{h}_{t-1}] + \boldsymbol{b}_y) \end{cases} \tag{3.4}$$

式中，$\vec{h}$ 和 $\overleftarrow{h}$ 分别是前向隐含状态量和后向隐含状态量，$\vec{W_t}$ 和 $\overleftarrow{W_t}$ 分别是前向权重系数矩阵和后向权重系数矩阵，$\vec{b_t}$ 和 $\overleftarrow{b_t}$ 分别是前向偏置系数和后向偏置系数，y_t 是输出状态量，W_y 和 b_y 分别是输出层的权重系数矩阵和偏置系数。

3.2.3 卷积神经网络

本章搭建驾驶意图识别模型，把相邻车辆和目标车辆进行信息交互，旨在提高模型识别的能力。把相邻车辆的范围约束在目标车辆的当前车道以及左右车道，构建网格式的相邻车辆分布。使用卷积神经网络(convolutional neural networks, CNN)提取网格式的相邻车辆关键性信息。在神经网络中，CNN 是使用最广泛的模型之一，主要由卷积层和池化层组成。CNN 卷积层之间的神经元是通过局部连接及参数权值共享进行计算的，这种计算方式减少权值数据量，提高了模型的计算效率，节省了一定的空间内存。

卷积层是 CNN 的重要组成部分之一，卷积层主要通过卷积核对输入的特征矩阵进行卷积运算处理，得到关键特征信息。每层卷积层通过多个卷积核进行运算，得到多个输出的关键特征信息，最后进行融合处理，从而不会丢失过多的特征信息。卷积层的设计有以下特点：一是设定卷积核的感受野，使得卷积核对感受野范围的数据进行提取；二是同一个样本输入的特征使用同一个卷积核进行运算提取，即为参数权重共享；三是在输入特征量较大时，卷积运算会节省空间内存，如当输入是一个 200×200 的特征图时，通过全连接层计算需要 40000 个神经元，而通过卷积层计算只需要一个 8×8 的卷积核，参数为原先全连接层的 1/625。卷积层运算过程如图 3.6 所示，卷积核是 3×3 的红色数字(桔色网格)，感受野是 3×3 的黑色数字(桔色网格)，特征输出是紫色网格数字。图中卷积核是 3×3，步幅是 1，运算过程是通过卷积核和输入特征的点积计算实现，最后通过上下左右移动卷积核计算输出特性。

池化层是 CNN 的重要组成部分之一，池化层通常用于卷积层之间，有助于减少模型网络中的参数个数。池化层用计算综合特征代替输入感受野范围内的特征，有最大池化层和平均池化层两种计算方式。最大池化层是从感受野范围特征中选择最大值，平均池化层是计算感受野范围的特征均值。池化层设计有以下特点：一是参数量减少，降低对空间内存的需求，提高模型运算效率；二是经过池化层处理后，模型网络的感受野变大，会自动地对更大范围的特征进行计算处理；三是处理全局特征，预防模型出现过拟合。最大池化层运算过程如图 3.7 所示，池化层是 2×2 的黑色数字(浅灰色网格)，特征输出是深灰色网格数字，通过滑动 2×2 的窗口，选择窗口内的最大值作为输出。

图 3.6 卷积层运算图(见彩图)

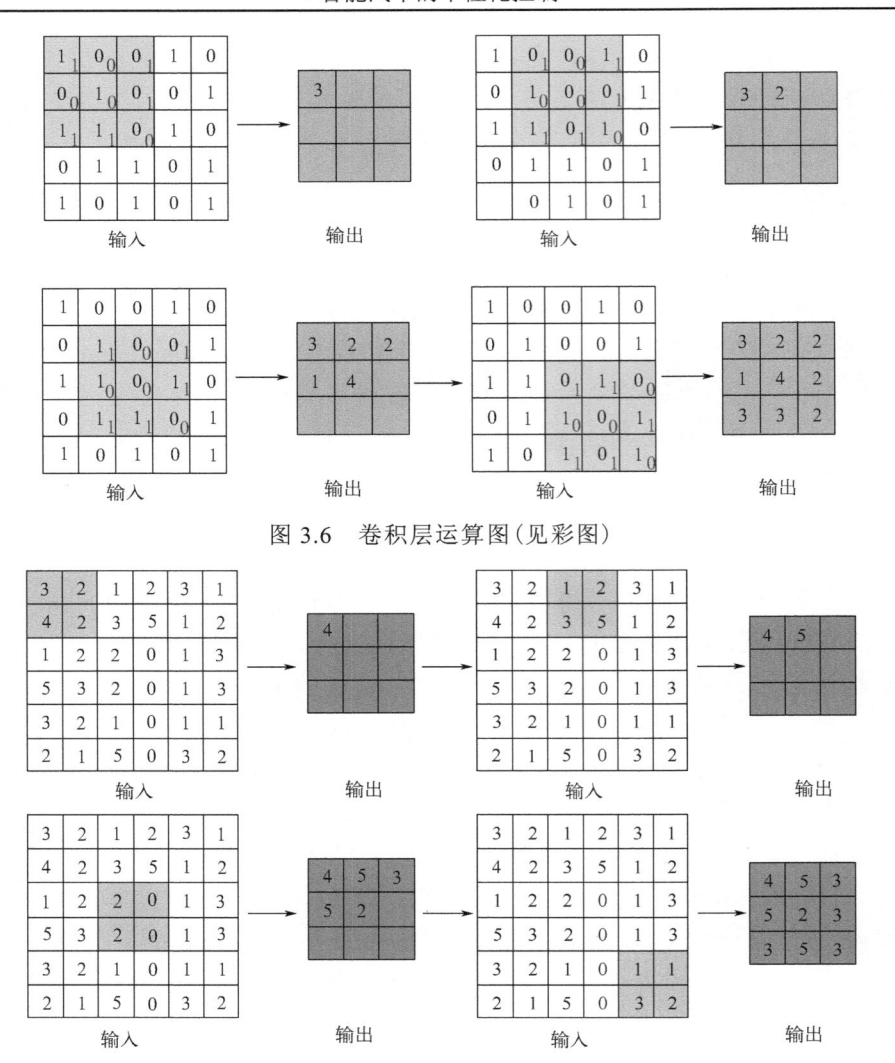

图 3.7 池化层运算图

3.2.4 模型框架

驾驶意图识别模型是对目标车辆及相邻车辆的历史序列进行建模,识别目标车辆意图。前文介绍了换道行为中的驾驶意图(左换道、右换道及保持直行)和跟车行为中的驾驶意图(急加速、加速、巡航、减速及急减速),本章基于 BILSTM-CNN 模型对以上意图进行识别,模型框架如图 3.8 所示。

意图识别模型由编码器和解码器组成,编码器是由 BILSTM、CNN 和全连接层 FC 组成,解码器是由 BILSTM、FC 和激活函数 Softmax 组成。使用 BILSTM 对目标

第 3 章 基于 BILSTM-CNN 的驾驶意图识别

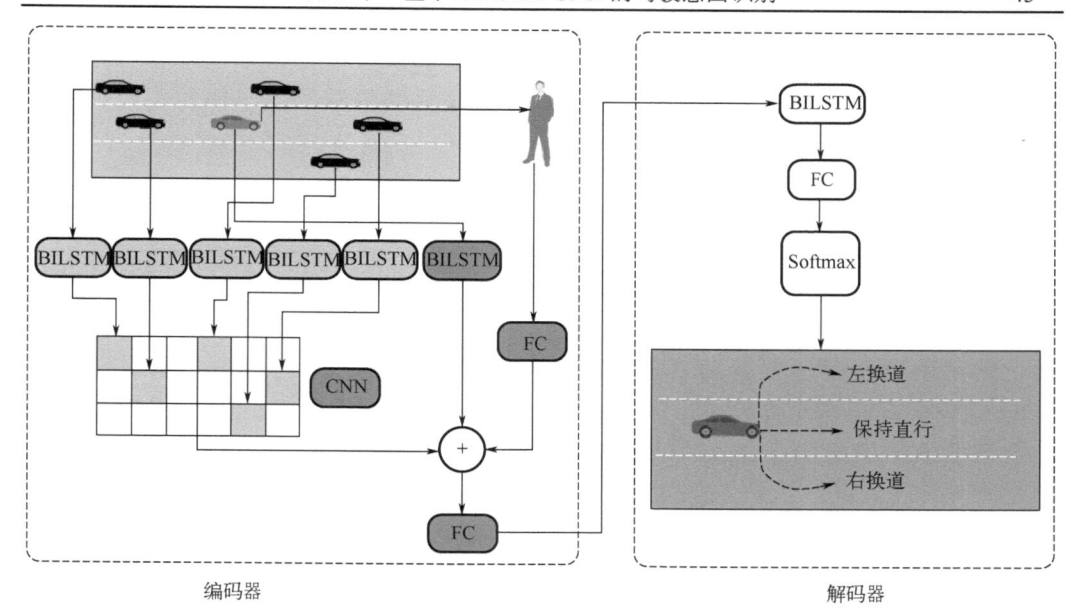

图 3.8 意图识别模型框架

车辆(即图中灰色车辆)的历史信息进行处理，学习时序特征参数。驾驶意图识别不仅和目标车辆的状态相关，还和相邻车辆的状态关系密切，故利用 BILSTM 对相邻车辆(即图中黑色车辆)的历史信息进行建模。使用 CNN 网络对经过 BILSTM 编码的相邻车辆特征进行交互处理，提高驾驶意图识别的准确率。相邻车辆的选取范围，约束在目标车辆的左侧车道、当前车道和右侧车道且在目标车辆前后 100m 范围内，即图中黑色车辆的分布范围。驾驶意图和驾驶员风格密切相关，越激进的驾驶员进行换道的频次越多，越容易进行加减速，故模型编码器中对目标车辆的驾驶员风格通过 FC 进行编码，确定驾驶风格的特征信息。编码器对目标车辆、相邻车辆及驾驶风格经过 BILSTM、CNN 和 FC 处理后，得到上下文特征向量，输出至解码器。解码器中使用 BILSTM 对特征输入进行解码，以便对驾驶意图识别的预测时长进行分析。最后使用 Softmax 激活函数计算输出每个意图的概率。图中表示的意图识别是左换道、保持直行和右换道，该模型同样适用于对纵向跟车行为的意图识别。

3.3 试验分析验证

3.3.1 数据准备

采用 NGSIM 数据集，需要对数据集标记意图标签。我们从横向换道和纵向跟车两方面研究驾驶意图。首先对横向换道意图标记标签，采用自动划分标签的方法，将横向换道意图分为左换道、保持直行和右换道。分析车辆行驶轨迹和车道线的相交点，确定换道行为的换道点。根据车辆的位置计算车辆的航向角，如式(3.5)：

$$\theta = \arctan\left(\frac{y_t - y_{t-3}}{x_t - x_{t-3}}\right) \quad (3.5)$$

式中，(x_t, y_t) 表示当前时刻车辆的纵向和横向位置坐标，(x_{t-3}, y_{t-3}) 表示 $t-3$ 时刻车辆的纵向和横向位置坐标。

横向换道意图划分如图 3.9 所示，计算每个时刻的航向角后，从换道点向时间序列反方向遍历航向角。若连续三个采样点的航向角 θ 小于换道起始位置的航向角 θ_s，则把首次达到航向角阈值 θ_s 的位置点定义为换道起始点，使用同样的方法确定换道终点。通过判断连续多点位置航向角，防止出现换道噪声，提高意图标签的正确率，将换道起始点和换道终点中间的驾驶序列点定义为换道过程点。

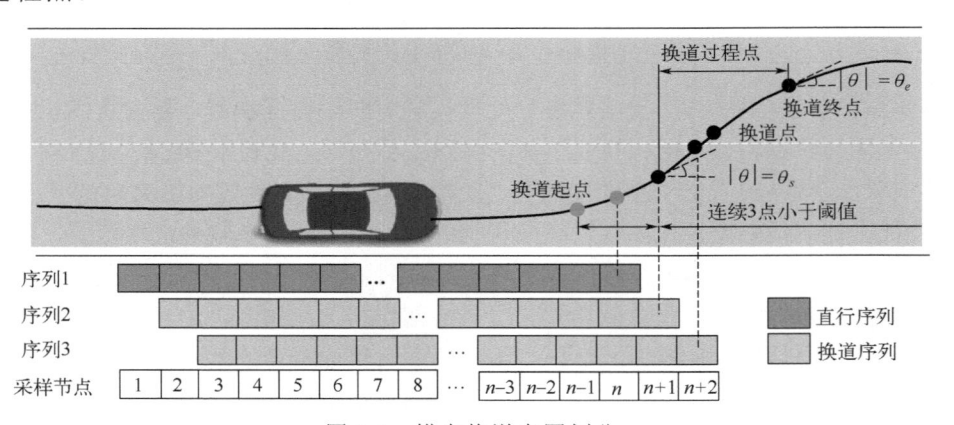

图 3.9 横向换道意图划分

针对横向换道意图，选择 NGSIM 数据集中 I-80 和 US-101 的 1～5 主车道上的车辆行驶轨迹，对轨迹换道点进行判断，并基于当前换道点提取历史 5s 和未来 5s 的行驶轨迹片段。提取的横向换道轨迹位置如图 3.10 所示，图 3.10(a) 和图 3.10(b) 分别是左换道和右换道样本轨迹变化图。根据两子图，以换道点作为原点，换道样本的横向换道轨迹坐标值在[-4,4]范围内。根据不同换道轨迹的变化，有的换道幅度较大，有的换道幅度较小。

换道执行前，驾驶员会产生换道意向，故对不同驾驶风格的左换道和右换道意图时窗均值进行统计，如表 3.1 所示。换道意图时窗在[1,5]s 范围内，故对未来时序 1～5s 的换道意图进行研究。

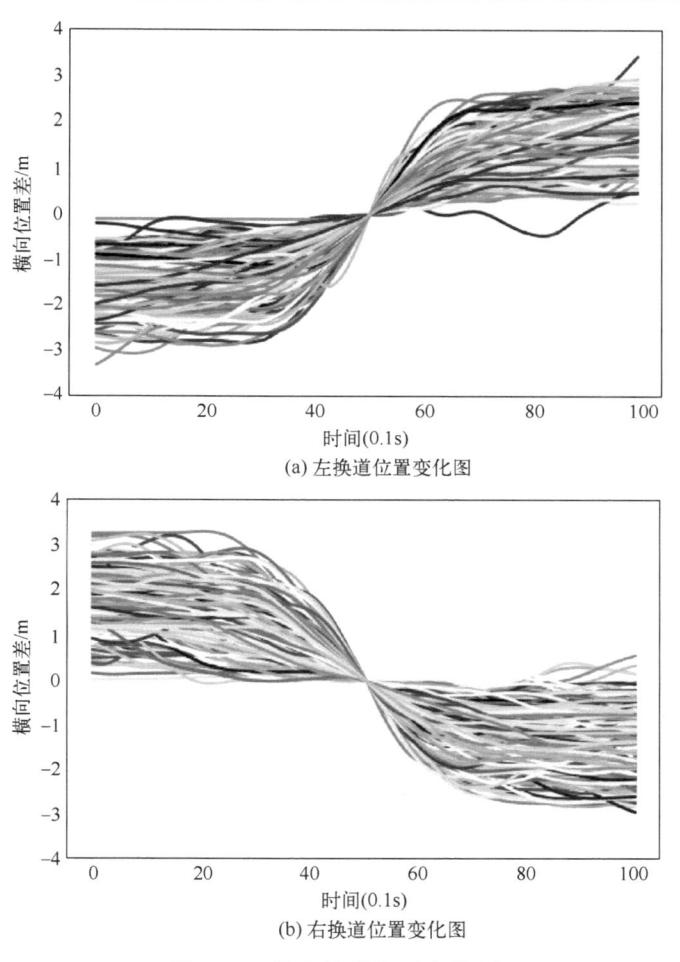

第 3 章 基于 BILSTM-CNN 的驾驶意图识别

(a) 左换道位置变化图

(b) 右换道位置变化图

图 3.10 横向换道位置变化图

表 3.1 不同风格意图时窗

驾驶风格	左换道/s	右换道/s
冷静型	4.22	4.13
中等型	2.96	2.88
激进型	1.49	1.41

由于车辆变道数据有限，使用滑窗法对 NGSIM 数据进行处理，可以提高车辆行驶轨迹片段的使用率。滑窗法是在给定窗口时长后，根据采样频率对数据进行提取。为保持历史时序和未来时序长度一致，采用 1~5s 的历史时序信息作为输入，综合历史和未来时序长度，确定滑动窗口时长和采样步长分别是 10s 和 1s。

车辆正常行驶时，直行工况要多于换道工况，故将直行、左换道和右换道意图数据以 2∶1∶1 比例分别随机选择 10000、5000 和 5000 个样本，即 20000 个样本作为模型数据集。

对纵向跟车意图进行标记，纵向意图分别是急加速、加速、巡航、减速和急减速。和横向意图数据提取方式一致，采用滑窗法对纵向意图数据进行提取。分析纵向数据集，确定不同纵向意图在正常行驶中的占比。如图 3.11 所示，巡航意图占比最大，其次是加速和减速意图，这符合常规驾驶规律。从数据集中选择 30000 个样本，巡航样本数是 10000，急加速、加速、减速和急减速样本数都是 5000。

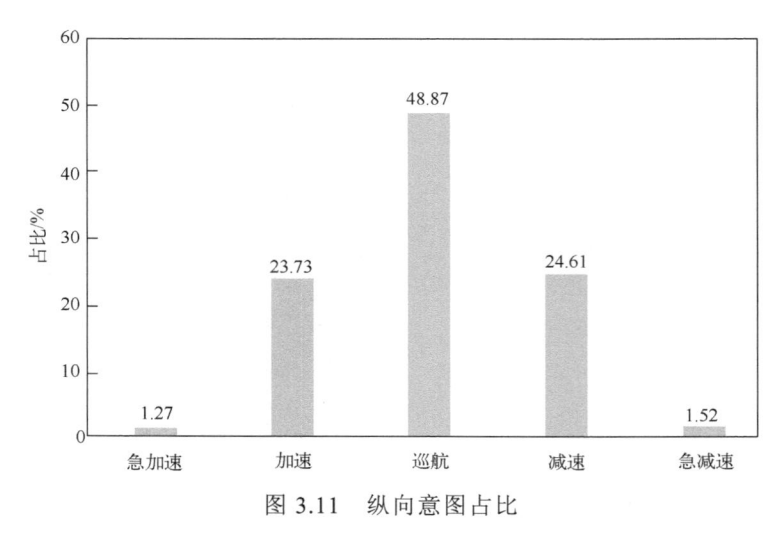

图 3.11 纵向意图占比

3.3.2 试验设置与模型训练

1. 数据输入

理论上车辆特征需要全部输入模型中，让模型能充分学习车辆的行驶状态，更精准地对驾驶意图进行识别。然而，现实中受限于电脑配置，对数据集的大小和输入特征量有限制，故模型输入特征的选择十分重要。驾驶意图识别涉及车辆的横、纵向运动，故需要从这两方面选择特征输入。

在产生横向换道意图后，车辆的横向运动参数会发生明显变化，如航向角会发生大幅度的变化，这是与横纵向位置密切相关的，而横向速度和加速度也会有明显的波动，故在进行驾驶意图识别时，需要选择横向位置、横向速度和加速度作为特征输入。

在产生纵向跟车意图后,车辆的纵向速度、加速度会发生明显变化。跟车行为需要和前车保持一定的安全车距,故纵向位置信息十分重要。在纵向运动状态时,进行急加速、加速、巡航、减速和急减速五种意图识别,需要选择车辆的纵向特征参数作为特征输入。综合横、纵向运动,确定模型的特征输入如式(3.6):

$$f_{his} = (x, y, v_x, v_y, a_x, a_y) \tag{3.6}$$

之前对模型框架进行了说明,模型把相邻车辆的历史信息作为输入量之一,和目标车辆进行交互,提高驾驶意图的识别性能。把相邻车辆的位置和速度特征以目标车辆作为基准转化成相对值,表征相邻车辆与目标车辆的关系,设置其特征输入如式(3.7):

$$f_{neighbor} = (\Delta x, \Delta y, \Delta v_x, \Delta v_y) \tag{3.7}$$

把相邻车辆的分布约束为网格式形状,旨在通过 CNN 完成相邻车辆的交互。按照目标车辆周围前后 100m 范围的三车道车辆信息,将每个车长度及车距设定为 5m,则网格形状为 3×20,即每个车道考虑 20 辆相邻车辆,总共为 60 辆相邻车辆。每个网格位置不一定存在车辆,故会对没有车辆的网格位置进行掩码处理,如式(3.8):

$$\begin{cases} f_{social} = (f_{neighbor}^1, f_{neighbor}^2, \cdots, f_{neighbor}^{60}) \\ f_{mask} = (1, 0, \cdots, 1) \end{cases} \tag{3.8}$$

式中,f_{social} 表示所有相邻车辆的特征输入,f_{mask} 表示掩码处理,网格中没有车辆的位置设置为 0,有车辆的位置设置为 1。

驾驶意图和驾驶员风格密切相关,驾驶风格为驾驶员长期驾驶的特征表现,驾驶意图为驾驶员短期驾驶的特征表现。把驾驶风格作为意图识别模型输入量之一,有助于提高识别精度。驾驶风格属于离散值,分为激进型、中等型和冷静型。便于输入区别,对驾驶风格进行独热(one-hot)编码处理,其特征表示如式(3.9):

$$f_{style} = \begin{cases} (1,0,0), & 冷静型 \\ (0,1,0), & 中等型 \\ (0,0,1), & 激进型 \end{cases} \tag{3.9}$$

2. 损失函数

模型训练的目标是使预测意图尽可能接近真实意图,不断缩小预测值和真实值间的误差。在训练过程中,通过损失函数的变化,优化模型。训练损失越小,说明模型预测值向真实值逼近。驾驶意图属于离散值,是分类问题。模型预测意图的种类超过两类,故使用多分类交叉熵损失函数作为模型训练的损失函数,如式(3.10)：

$$\text{Loss} = -\frac{1}{N}\sum_{i=1}^{N}\sum_{k=1}^{K} y_{i,k} \log p_{i,k} \tag{3.10}$$

式中，N 表示样本数，K 表示意图种类数，$p_{i,k}$ 表示第 i 个样本预测第 k 种意图的概率，y_i 表示 one-hot 编码，若样本真实意图为第 k 种意图，则 $y_{i,k}=1$，否则 $y_{i,k}=0$。

3. 评价指标

使用分类评价指标对模型意图识别性能进行评价，包含准确率、精确率、召回率和 F1 分数等指标。TP 表示意图预测值和真实值相同，且两者是正值；FP 表示意图预测值和真实值不同，且预测值是正值，真实值是负值；TN 表示意图预测值和真实值相同，且两者是负值；FN 表示意图预测值和真实值不同，且预测值是负值，真实值是正值。

准确率(Acc)表示所有样本预测识别正确的数量占总样本的百分比，如式(3.11)：

$$\text{Acc} = \frac{\text{TP}+\text{TN}}{\text{TP}+\text{FP}+\text{TN}+\text{FN}} \tag{3.11}$$

精确率(Pre)表示模型预测识别为正样本的结果中，真正是正样本的百分比，如式(3.12)：

$$\text{Pre} = \frac{\text{TP}}{\text{TP}+\text{FP}} \tag{3.12}$$

召回率(Rec)表示真实为正样本中被模型预测识别为正样本的百分比，如式(3.13)：

$$\text{Rec} = \frac{\text{TP}}{\text{TP}+\text{FN}} \tag{3.13}$$

F1 分数(F1_{score})表示为 Pre 和 Rec 的调和平均值，如式(3.14)：

$$\text{F1}_{\text{score}} = \frac{2*\text{Pre}*\text{Rec}}{\text{Pre}+\text{Rec}} \tag{3.14}$$

4. 模型训练

基于 PyTorch 深度学习框架实现了 BILSTM-CNN 意图识别模型，为了防止模型过拟合，将数据集以 7∶1.5∶1.5 的比例划分为训练集、验证集和测试集。结合图 3.10，在换道点前 3s 时，车辆行驶轨迹开始陆续发生变化，即此时驾驶员产生换道意图，故模型以 2s 的历史轨迹信息作为输入，对未来 3s 的驾驶意图进行预测。

模型编码器中 BILSTM 神经元设置为 64，FC 神经元设置为 32，CNN 采用 3×3 卷积核的卷积层和 2×1 的最大池化层进行实现，解码器中 BILSTM 神经元设置为 128，

FC 神经元设置为预测意图的数目，模型训练轮次(epoch)为 120，每个训练批次的样本数量(batchsize)设置为 32，学习率为 0.001，使用 Adam 优化器进行梯度下降优化，在 FC 网络后使用 LeakyReLU 激活函数处理，增加网络间的非线性，缓解过拟合。模型训练损失如图 3.12 所示，在迭代次数的前 20 次时，训练损失和验证损失都迅速下降，在此之后随迭代次数增加，损失缓慢下降直至收敛。通过训练损失和验证损失的变化对比，可知模型训练过程良好，没有出现过拟合。

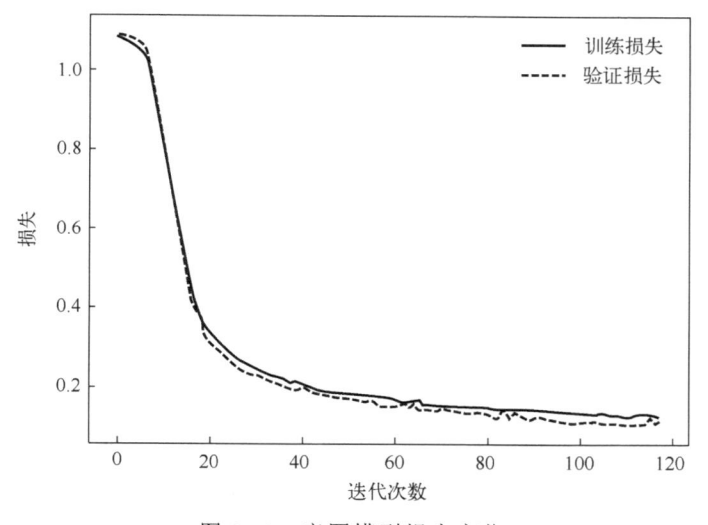

图 3.12 意图模型损失变化

3.3.3 试验结果分析

1. 对比试验分析

在使用相同数据集的情况下，把本章提出的 BILSTM-CNN 模型分别与文献[6]提出的基于支持向量机(support vector machine，SVM)的意图识别模型、文献[7]提出的基于隐马尔可夫(hidden Markov model，HMM)的意图识别模型、文献[8]提出的基于长短期记忆(long short-term memory，LSTM)的意图识别模型和本章基于 BILSTM 但不考虑相邻车辆交互的意图识别模型进行对比试验。计算每个模型的准确率、精确率、召回率和 F1 分数进行对比，如表 3.2 所示。

从各项指标的对比结果可知，本章提出的 BILSTM-CNN 模型的各项指标值都是最大的，充分说明了该模型意图识别性能的优越性。SVM 和 HMM 属于传统机器学习模型，无法利用时序信息进行意图识别，故这两者的指标值是最低的。而LSTM 可以处理时序信息，其指标值有所提升。相比 LSTM，BILSTM 能学习正反方向时序信息，充分利用信息，其指标值进一步提升。本章 BILSTM-CNN 比 BILSTM 模型的指标值更高，充分说明相邻车辆的交互信息会影响目标车辆的意图识别。本章的模型加入了目标车辆驾驶员的驾驶风格特征，意图识别的效果更佳。

表 3.2 模型各项指标结果

模型	准确率	精确率	召回率	F1 分数
SVM	0.8012	0.7805	0.7974	0.7889
HMM	0.8394	0.8402	0.8146	0.8272
LSTM	0.8790	0.8725	0.8582	0.8653
BILSTM	0.8912	0.8827	0.8796	0.8812
BILSTM-CNN	**0.9133**	**0.9041**	**0.9003**	**0.9022**

2. 意图识别分析

本章考虑横纵向两方面的意图，故分别从横向换道意图和纵向跟车意图进行分析。横向换道意图识别的混淆矩阵如图 3.13 所示，其评价指标准确率、精确率、召回率和 F1 分数如表 3.3 所示。根据混淆矩阵可知，保持直行意图有部分被误判为左换道和右换道，部分左换道和右换道意图被误判为保持直行意图。分析原因，首先部分数据存在噪声造成误判，其次车辆换道幅度较小造成误判。保持直行和左换道意图的识别精确率都超过 0.91，高于右换道意图的识别精确率，这是直行意图误判为右换道相对更多造成的。横向换道意图识别的召回率、F1 分数和整体准确率都超过了 0.90，充分说明了 BILSTM-CNN 模型具有良好的横向意图识别能力。

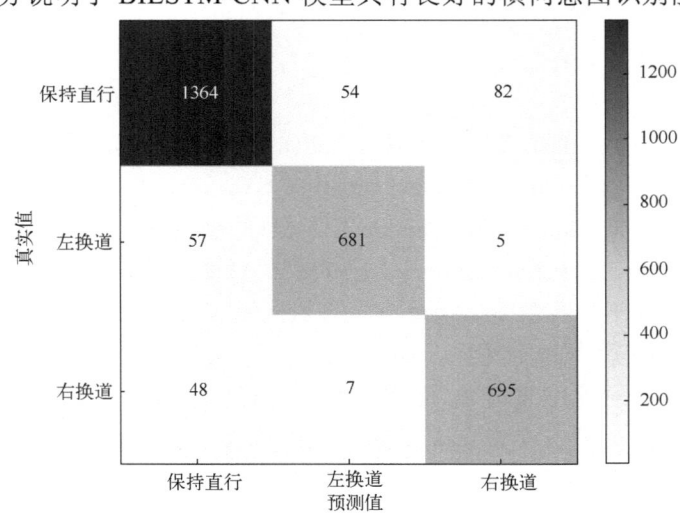

图 3.13 横向换道意图识别混淆矩阵

第 3 章 基于 BILSTM-CNN 的驾驶意图识别

表 3.3 横向意图识别指标评价

驾驶意图	精确率	召回率	F1 分数	准确率
保持直行	0.9285	0.9093	0.9188	
左换道	0.9177	0.9080	0.9132	0.9133
右换道	0.8887	0.9266	0.9072	

纵向跟车意图识别的混淆矩阵如图 3.14 所示，其评价指标准确率、精确率、召回率和 F1 分数如表 3.4 所示。根据混淆矩阵可知，急减速和急加速分别容易被识别为减速和加速意图，这是减速和急减速、加速和急加速的边界不太明确导致在边界处出现了误判。而部分巡航意图容易被识别为减速和加速意图，分析原因，这是在巡航的过程中，车辆不可能保持加速度为 0 的匀速行驶状态，出现加速度的波动相对正常，从而导致出现误判。急减速和急加速的精确率超过 0.95，且两者的召回率都超过了 0.92，说明减速和急加速意图特征比起其他意图更有辨识度，模型对此学习效果更好。减速和加速意图的召回率值相对偏低，其他意图容易被误判为这两种意图。减速和加速意图的精确率都超过了 0.90，说明模型对减速和加速意图仍有较强的识别能力。巡航意图的召回率、精确率和 F1 分数都超过了 0.88，在行驶过程中数据存在波动可能导致误判。纵向跟车意图识别的整体准确率值超过了 0.90，充分说明了 BILSTM-CNN 模型具有良好的纵向意图识别能力。

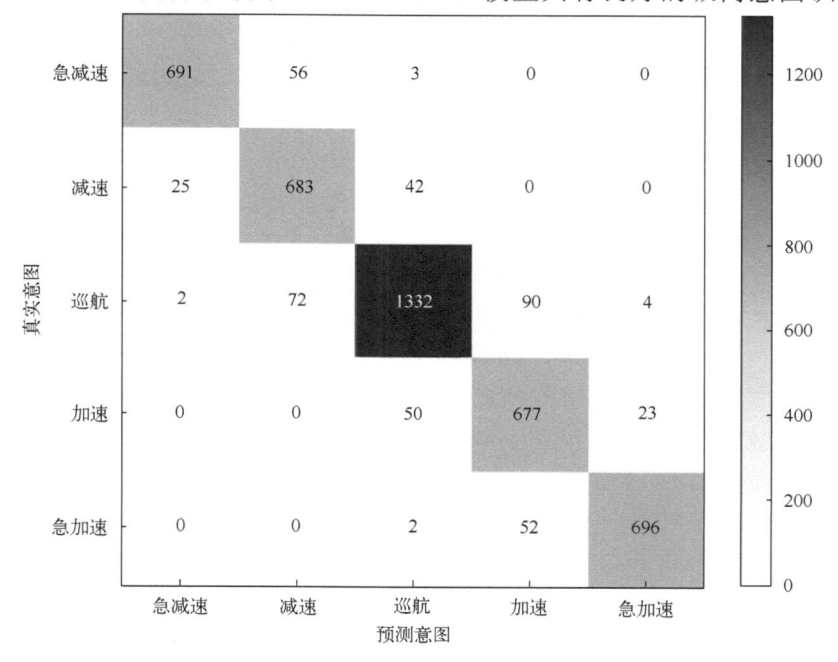

图 3.14 纵向意图识别混淆矩阵

表 3.4 纵向意图识别指标评价

驾驶意图	精确率	召回率	F1 分数	准确率
急减速	0.9623	0.9213	0.9413	0.9058
减速	0.8421	0.9106	0.8750	
巡航	0.9321	0.8880	0.9095	
加速	0.8266	0.9026	0.8629	
急加速	0.9585	0.9240	0.9409	

3. 历史和预测时长分析

对模型输入的历史时长进行对比试验，分析不同历史时长与模型运算耗时和意图识别准确率之间的关系，具体参数值如表 3.5 所示，历史时长的变化对比如图 3.15 所示。根据表 3.5，在输入时间序列由 1s 增加到 2s 时，模型的准确率由 0.8963 增加至 0.9133，随后一直增加至 0.9396。在历史时长超过 1s 时，模型的准确率都超过了 0.9，充分说明模型具有良好的意图识别性能。模型运算耗时在历史时长超过 1s 的情况下增加至 11.25ms，最后增加至 21.96ms。随着历史时长的增加，模型输入数据的特征维度变大，使模型需要学习更多的信息，增加了运算耗时。研究表明，驾驶员应对紧急交通事件的反应时长是 0.3～0.5s，因此本章模型进行意图识别的运算耗时在可接受范围内。

表 3.5 历史时长指标评价

历史时长/s	运算耗时/ms	准确率
1	9.84	0.8963
2	11.25	0.9133
3	13.82	0.9267
4	17.51	0.9355
5	21.96	0.9396

前面对 1～5s 的历史时长特征输入进行试验对比时保持预测时长和历史时长相一致。因此，在对意图识别的预测时长进行研究时，分别采用 1s、2s、3s、4s、5s 进行分析。以预测时长为变量，设定历史时长为 2s 固定值进行训练模型评估。不同预测时长的试验对比如图 3.16 所示，随着预测时长的增加，意图识别的准确率持续下降。预测时长为 1s 时，其准确率高达 0.9269，当预测时长为 5s 时，准确率降至 0.8841，表明预测时长的大小影响了模型意图识别的能力。五种预测时长的模型准确率都超过了 0.88，说明 BILSTM-CNN 模型在预测时长较大时，仍具有良好的意图识别能力。

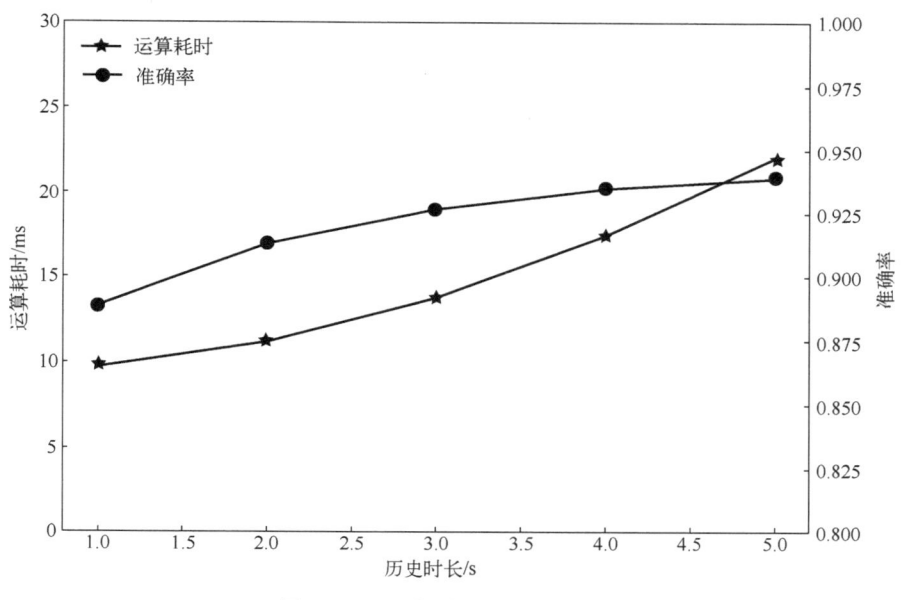

图 3.15 历史时长对比图

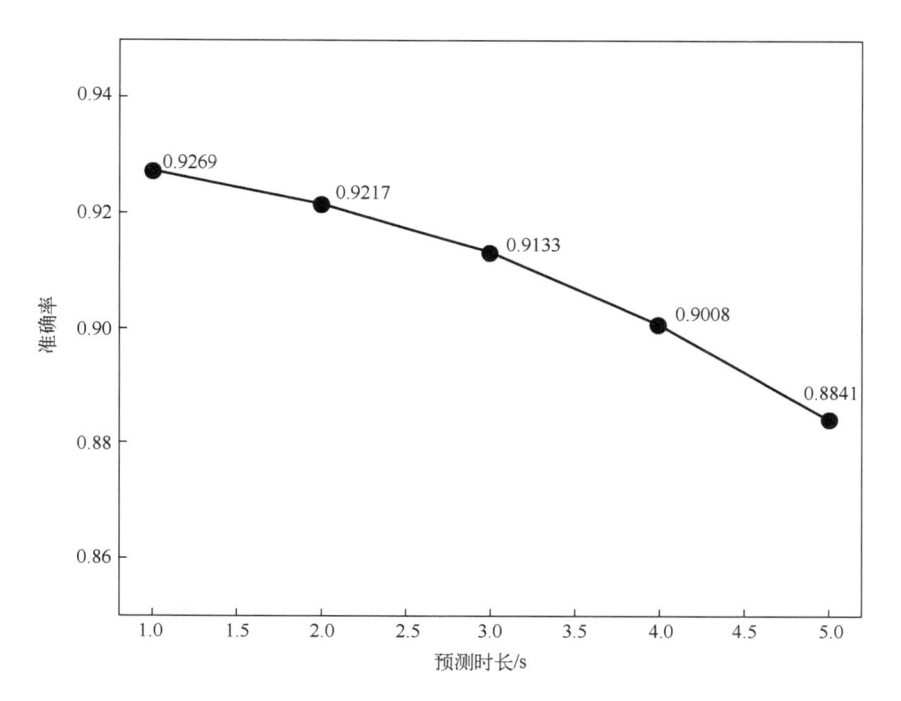

图 3.16 预测时长对比图

第二篇　发动机瞬态油耗模型的研究

车辆实际行驶过程中由于运行状态的突然变化，如急加速等，使得车辆的实际油耗与车辆稳态燃油消耗有很大的差别。一个性能优良的瞬态燃油消耗模型，可以准确预测车辆油耗，帮助人们更好地进行车辆能耗策略的开发和评价，对于提高车辆的燃油经济性，优化车辆能耗控制有十分重要的作用。本篇是我们在发动机瞬态油耗建模领域的探索，既包括传统方法的相关性研究，也有数据驱动型油耗模型的研究。本篇由四章组成。

第 4 章中，我们已经开发的北京理工大学（Beijing Institute of Technology，BIT）-瞬态油耗模型（transient fuel consumption model，TFCM）-1 模型预测精度较高，但是运算速度较慢；BIT-TFCM-2 模型虽然运算速度较快，但是个别区间内预测精度相对差一些。因此对这两个模型进行了改进，并构造了一个新的油耗模型 BIT-TFCM-3，该模型在精度和计算时间上相比原来的模型都有了较大的提升。

第 5 章系统分析了发动机和车辆的状态参数与油耗模型稳态模块估计误差之间的距离相关性，选择各工况下相关性最强的参数组合，构建了瞬态修正模块，并基于贝叶斯信息准则（Bayesian information criterion，BIC）原理对模块结构进行了优化。新的瞬态油耗模型的精度又有了比较大的提升。

第 6 章是基于神经网络具有的强大拟合能力，进行了基于 BP 神经网络的发动机瞬态油耗建模研究。对神经网络的层数、节点数及激活函数进行了选择确定，最后利用处理后的油耗数据对模型进行了学习训练。基于 BP 神经网络的油耗模型相比原油耗模型，预测精度更高，可以满足工程应用的需要，为后续汽车经济性驾驶研究提供了可靠保障。

第 7 章建立了一个适用性强、精度高的基于机器学习的瞬态油耗模型。作为一个数据驱动型油耗模型，BIT-SVR 兼顾了预测精度高和适用性好的优势。模型在使用时仅需发动机转速、车速和车辆加速度就能实现瞬态油耗的预测，输入参数少且极易测量，这大大提高了模型的实用性。另外，模型基于 SVR 算法，具有较强的泛化能力，并且结构清晰、需校核的参数少，适用于绝大多数的车型。

第 4 章 车辆瞬态油耗模型优化

在进行换道轨迹模型的经济性评价之前，首先要选择一个性能优越的燃油消耗模型，而油耗模型的性能则主要体现在模型的精度以及运算速度两个方面。因此，预测精度高且运算速度快的油耗模型，对燃油经济性评价的准确性具有十分重要的意义。基于我们提出的基本结构为"稳态初估+瞬态修正"的 BIT-TFCM-1 和 BIT-TFCM-2 瞬态燃油消耗模型，在分析这两个模型优缺点的基础上，对模型进行了优化，建立了性能更优的瞬态油耗模型 BIT-TFCM-3，并验证了其性能的优越性。

4.1 建模数据来源及模型结构

4.1.1 建模数据来源

美国阿贡国家实验室能源系统部主要从事应用能源以及可持续创新技术的研究，致力于提高资源和能源的利用效率，以达到节约能源资源、可持续发展的目的。旗下的先进移动技术实验室在底盘测功机上进行了多种车辆的测试，采集了车辆在稳态（Steady-state）循环（990s）、城市道路（urban dynamometer driving schedule，UDDS）循环（1374s）、高速路（Highway）循环（1545s）以及 US06 循环（1290s）四种工况下的多项测试数据（车速、加速度、发动机转速、转矩及油耗等），并将其发布在 D3 数据库中供研究人员下载及使用。四种循环工况车速变化如图4.1 所示。在该数据库提供的测试车型中，我们选择了在国内较为常见的 2013 款现代索纳塔车型，并使用该车型的测试数据作为建模数据。该车型使用了排量为 2.4 升的直列四缸发动机，压缩比为 11.3，以及 6 挡位的液力自动变速器，整车整备质量为 1450 千克。

由图 4.1 可知，在 UDDS 循环工况下车辆主要行驶于中低车速，而在 US06 循环工况下车辆主要行驶于高速，同时这两种工况都包含急加速和急减速工况。因此将两者组合在一起，可以将车辆在高速和中低速时的油耗特性都考虑在内，以减小预测误差，然后将数据平均分为 D 组（用于模型的开发）和 V 组（用于模型的整体验证）。

图 4.1 (a) Steady-state循环 (b) Highway循环 (c) UDDS循环 (d) US06循环 循环工况示意图

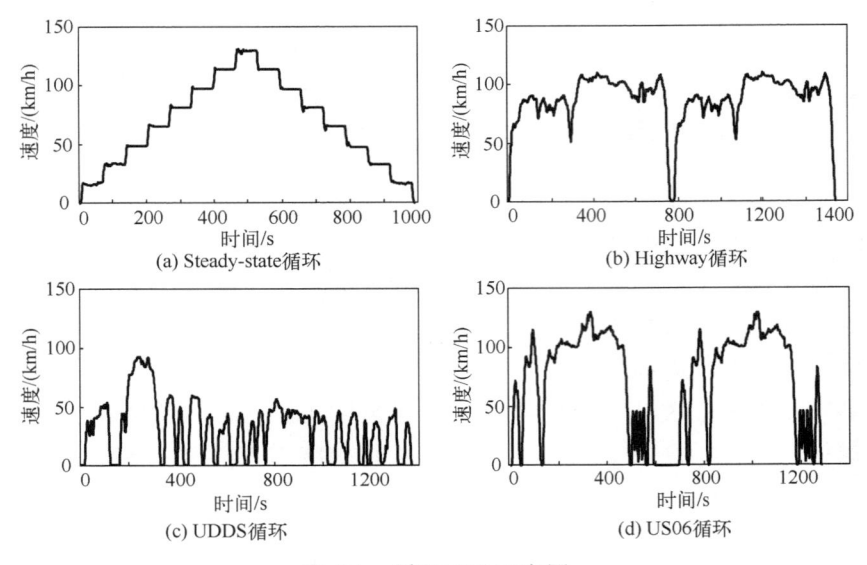

4.1.2 数据预处理

实验数据的采集是一个动态的过程，在这个过程中由于操作不规范或设备系统误差等原因，难免会出现异常的数据，而异常数据会对燃油消耗模型的预测精度产生影响，因此需要对来自美国阿贡国家实验室的数据进行数据预处理，这里采用两种数据预处理方法，包括平均值滤波法和VSP-2σ法。

(1) 平均值滤波法。

该方法是对连续的 N 个数据进行平均值计算，并将该平均值作为新的数据值，计算表达式为

$$\bar{m}_\mathrm{m} = \frac{1}{N}\sum_{i=1}^{N} m_\mathrm{m}(i) \tag{4.1}$$

式中，$\bar{m}_\mathrm{m}$（mL/s）表示连续 N 个数据的平均值；$m_\mathrm{m}(i)$（mL/s）表示第 i 个数据的原始数值。

原始数据是以 10Hz 的频率进行采样，为了得到每秒的实验数据，将取每 10 个数据做平均值处理。经过处理后的数据样本量由原来的 51990 个降到了原来的十分之一，即 5199 个。

(2) VSP-2σ法。

车辆比功率(vehicle specific power，VSP)最早是由 Jiménez-Palacios 提出来的[9]，定义为汽车发动机每牵引一吨重量所输出的功率，其表达式为

第 4 章　车辆瞬态油耗模型优化

$$\text{VSP} = (1.1a + 9.81\text{grade} + 0.132)v + 3.02 \times 10^{-4}v^3 \quad (4.2)$$

式中，v（m/s）和 a（m/s²）分别表示车辆的速度和加速度；grade 表示道路坡度，由于本书的研究不涉及坡道，因此 grade = 0。

于是，式（4.2）可简写为

$$\text{VSP} = (1.1a + 0.132)v + 3.02 \times 10^{-4}v^3 \quad (4.3)$$

由上式可知，只需要某一时刻的速度及加速度，就可以得到这一时刻的 VSP 值。这个值与燃油消耗之间有着十分密切的关系，如果把 VSP 分成若干个长度相等的小区间，每个区间内的燃油消耗将大致呈现正态分布，而正态分布中的数据点落在 $\pm 3\sigma$ 区间外的概率为 0.26%，因此可以将其视为异常数据点并剔除掉。而为了使优化模型的精度进一步提高，本章将进一步剔除掉 $\pm 2\sigma$ 区间之外的数据点，根据正态分布的特点，这个区间之外的概率为 4.56%。经过平均值滤波处理后，原始数据变为 5199 个，经过 VSP－2σ 处理后又减少了 176 个，占原始数据的 3.39%。

4.2　待优化模型结构及分析

4.2.1　BIT-TFCM-1 瞬态油耗模型

BIT-TFCM-1 模型的结构形式为"二维插值+差值修正"。该模型的稳态初估模块是以 Steady-state 循环匀速数据为基础建立的一个发动机稳态油耗 MAP 图，其输入为发动机的转速和转矩，通过二维插值的方法可以得到车辆的稳态燃油消耗率 $\dot{m}_\text{s}$。

瞬态修正模块的输入为车辆的瞬时速度和加速度，并基于 VSP 分区对油耗差值进行分别修正。

当 VSP $\geqslant 0$ 时，修正结构如式（4.4）所示：

$$\dot{m}_\text{c} = (\gamma_1 + \gamma_2 v + \gamma_3 v^3) + (\gamma_4 + \gamma_5 v + \gamma_6 v^3)a + (\gamma_7 + \gamma_8 v + \gamma_9 v^3)a^2 \quad (4.4)$$

式中，$\dot{m}_\text{c}$（mL/s）表示瞬态修正油耗率，$\gamma_1 \sim \gamma_9$ 为模型系数，v（km/h）和 a（m/s²）分别表示车辆的速度和加速度。

当 VSP < 0 时，采用两个与速度有关的常数进行油耗率修正：

$$\dot{m}_\text{c} = \begin{cases} -0.3984, & v \geqslant 50\text{km/h} \\ -0.0038, & v < 50\text{km/h} \end{cases} \quad (4.5)$$

于是，可以得到修正后的油耗率：

$$\dot{m}_f = \dot{m}_s + \dot{m}_c \tag{4.6}$$

式中，$\dot{m}_f$（mL/s）表示车辆瞬时燃油消耗率。

4.2.2 BIT-TFCM-2 瞬态油耗模型

BIT-TFCM-2 模型的结构形式为"多项式拟合+倍数比修正"。该模型的稳态初估模块仍然采用 Steady-state 循环工况的测试数据为基础进行建模，以发动机的转速和转矩为输入，通过多项式拟合的形式得到对数稳态燃油消耗率，如式(4.7)所示：

$$m_s = \gamma_0 + \gamma_1 T_e + \gamma_2 n_e + \gamma_3 T_e^2 + \gamma_4 n_e T_e + \gamma_5 T_e^3 + \gamma_6 n_e T_e^2 \tag{4.7}$$

式中，m_s（mL/s）表示对数稳态燃油消耗率，$\gamma_0 \sim \gamma_6$ 为模型系数，n_e（r/min）和 T_e（N·m）分别表示发动机转速和转矩。

瞬态模块的建模数据为 UDDS 和 US06 循环的 D 组数据，同样使用多项式的形式进行倍数比修正，如式(4.8)所示：

$$m_c = \sum_{i=2}^{3} \sum_{j=0}^{1} \beta_{i,j} a^i v^j \tag{4.8}$$

式中，m_c（mL/s）表示对数燃油消耗倍数比修正，$\beta_{i,j}$ 为模型系数。

于是，可以得到该模型的最终结构，如式(4.9)所示：

$$\begin{cases} m_s = \gamma_0 + \gamma_1 T_e + \gamma_2 n_e + \gamma_3 T_e^2 + \gamma_4 n_e T_e + \gamma_5 T_e^3 + \gamma_6 n_e T_e^2 \\ m_c = \sum_{i=2}^{3} \sum_{j=0}^{1} \beta_{i,j} a^i v^j \\ \dot{m}_f = e^{(m_s + m_c)} \end{cases} \tag{4.9}$$

4.2.3 模型的预测及不足

在研究中对以上两个瞬态燃油消耗模型进行了多种工况下的油耗预测验证，以在 US06 循环 V 组数据下的验证结果为例，如图 4.2 所示。

由图可知，两个模型在大部分时间内都能较好地估计真实的燃油消耗，但是与 BIT-TFCM-2 模型相比，BIT-TFCM-1 模型对实测油耗拟合得更好，更能精确地反映瞬时油耗，也就是说，BIT-TFCM-1 模型的预测精度高于 BIT-TFCM-2 模型。然而在实际使用时，BIT-TFCM-1 由于采用二维插值的方法获得稳态油耗，因此在计算速度上慢于 BIT-TFCM-2。

第 4 章　车辆瞬态油耗模型优化

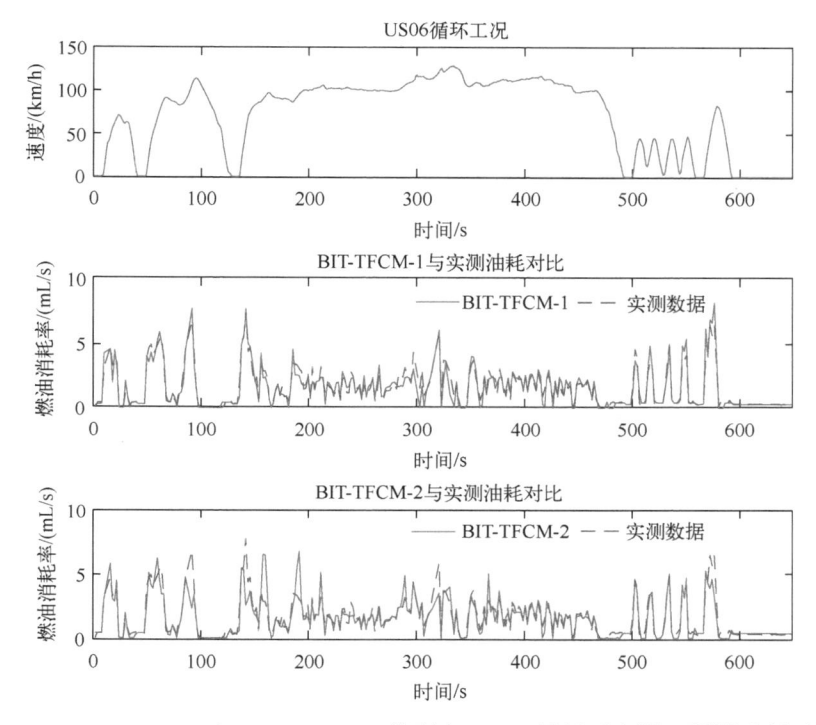

图 4.2　BIT-TFCM-1 和 BIT-TFCM-2 模型在 US06 循环下实测、预测油耗对比

4.3　模型的优化

根据上一节对两种瞬态油耗模型的分析，为了兼顾油耗模型的准确性和运算速度，本节分析两者的适用范围，并对其各自的优缺点统筹兼顾，建立了一种新的瞬态油耗模型。

4.3.1　运算速度优化

BIT-TFCM-1 模型的稳态模型所采用的插值原始数据较多，进行全区域插值时会使计算量增大，导致运算时间过长，因此采用分块插值的方法，将插值区域缩小，减少插值原始数据，以缩短运算时间。

插值算法采用散乱数据插值，散乱数据插值方法包括距离加权插值和三角插值两种途径。距离加权插值适用于多变量插值，一般用于多维空间。而针对二维情况，三角插值方法连续性较好，便于调整，因此采用三角插值。该插值方法首先对集合中的散乱数据点进行 Delaunay 三角剖分，该三角剖分的特性是通过剖分形成的三角形网络中的每一条边都是不相交的，且其中任意三角形的外接圆内不存在其他的数据点,而且在散乱数据点可能形成的三角剖分中,Delaunay 三角剖分所形成的三角形的最小角是最大的,也就是说 Delaunay 三角形网络是最接近于规则化的三角网。然后对所要执行插值的数据点,根据其落在的那一个 Delaunay 三角形的表面进行插值,也就是说某一数据点的插值结果总是由其所在的 Delaunay 三角形来定义的。图 4.3 是对原始数据进行 Delaunay 三角剖分的示意图。

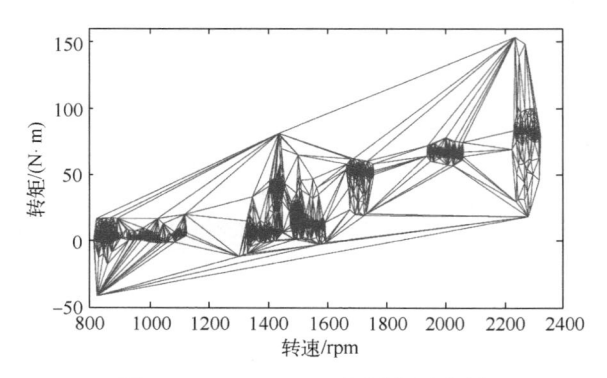

图 4.3 Delaunay 三角剖分示意图

由图可知,由于散乱数据点的分布非常不均匀,导致周围的三角形跨度非常大,这也增加了运算的误差,而分块就可以很好地避免这个问题,进而减小插值误差。另外,由于 Delaunay 三角剖分具有区域性这个非常重要的特点,其意义是无论新增、删除或者移动其中的某一个数据点,只会对其邻近的三角形产生影响,这就为分块插值提供了理论依据。

经过实验得知,当区域划分不重合的时候,插值运算会出现较大的误差,其原因是相邻子区域不连续的边界导致了算法的失真。因此,尝试对插值区域进行重叠的区域划分,以保证边界的连续性。根据原始数据的分布发现,发动机转速的分布比较分散,因此以转速为基础进行区域划分。

首先,确定子区间最短长度 l_{min} 以及相邻子区间的重叠度 q,重叠度的概念是相邻子区间所共同包含的区间长度占总长度的比率,即区间的重叠程度,因此其取值范围是 $0 \leqslant q \leqslant 1$;然后对全区域采用二叉树递归的方法进行分块,第一层的长度为 l_1,点集为 S_1,总区域为 I_1,于是该区域被分为两个互相重叠的子区域 $I_{1,1}$ 和 $I_{1,2}$,其重叠长度为 $q \cdot l_1$;再对子区域进行依次分块,于是第 i 层的某个节点子树长度为 l_i,点集为 $S_{i,1}$ 和 $S_{i,2}$,对应区域为 $I_{i,1}$ 和 $I_{i,2}$,重叠长度为 $q \cdot l_{i-1}$;当 $l_i \leqslant l_{min}$ 时停止分块,并输出最底层子树的区间范围。本文选取 $l_{min}=500$、$q=0.3$。

4.3.2 运算精度优化

在以上两种模型中，稳态初估模块的输入采用的是车辆匀速行驶时发动机的转速和转矩，而为了使模型能够准确预测包括车辆加减速在内的所有工况，引入了以瞬时速度和加速度为瞬态输入参数的瞬态修正模块。可以说，瞬态修正模块的精准与否直接决定了模型的精确性，因此，通过分析车辆的速度和加速度对模型误差的影响，以达到改进模型的目的。图 4.4 为所选车型采用 BIT-TFCM-2 模型预测油耗时速度与加速度的关系，以及不同数据点的误差分布情况。

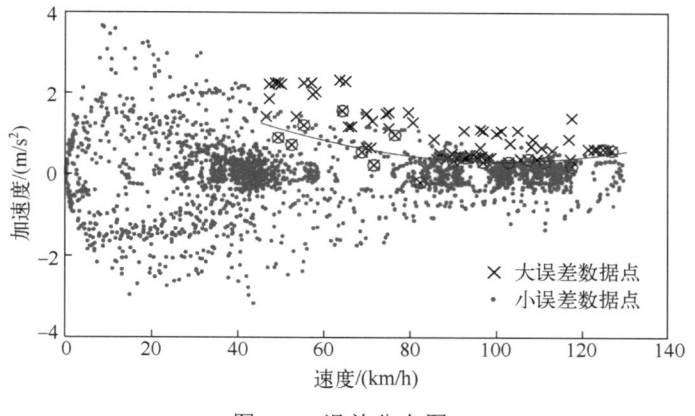

图 4.4 误差分布图

由上图可以看出，采用 BIT-TFCM-2 模型预测油耗时，误差较大的数据点出现于图像的右上方，即速度、加速度相对较大的区域。由数据分析可知大误差数据点出现于 $v \geq 45 \text{km/h}$ 的区域。为了确定大误差数据点的边界条件，将其按区间长度为 5km/h 平均分为 [45, 50]、[50, 55]、…、[125, 130] km/h 的若干子区间，并分别确定每个子区间内加速度的最小值 a_{min}，以及其对应的速度值 v_{min}，构成有序数对 $[v_{min}, a_{min}]$。最后，通过数据拟合将有序数对的加速度确定为速度的函数，如图中的包络线所示，其表达式为

$$a_{min} = 0.0003063 v_{min}^2 - 0.06206 v_{min} + 3.44 \quad (4.10)$$

线上的每个点代表了大误差数据点的加速度最小值，当输入的加速度大于其所定义的边界值时，用优化后的 BIT-TFCM-1 的预测油耗代替 BIT-TFCM-2 的预测油耗，该区域为

$$\begin{cases} v \geq 45 \\ a \geq 0.0003063 v^2 - 0.06206 v + 3.44 \end{cases} \quad (4.11)$$

于是，新模型的结构便完全确定下来，将其命名为 BIT-TFCM-3，模型结构流程如图 4.5 所示。

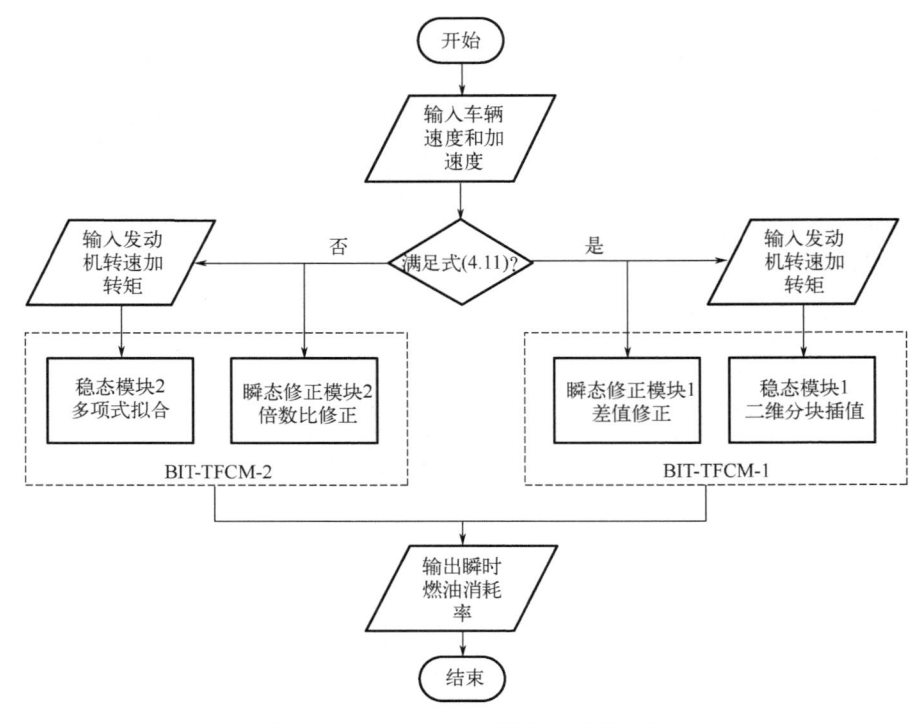

图 4.5　BIT-TFCM-3 模型结构流程图

4.4　优化模型的验证

4.3 节建立了 BIT-TFCM-3 瞬态油耗模型，在本节将分别对分块插值算法的效果以及整体模型的运算速度和运算精度三个方面进行验证，以证明新建模型具有更加优越的性能。

进行运算速度的验证时要进行优化前后计算过程消耗时间的对比。而在进行运算精度验证时用到两种方法：第一种是通过实测油耗和预测油耗的对比得到两者的真实关系分布点图，然后将其拟合为一条过原点的直线，并通过对比直线的斜率得出结论，斜率越接近于 1 则模型的精度越高；第二种方法是引入两个定量的评价指标，对模型精度进行更加精确的评价，具体评价指标为均方根误差(root mean square error，RMSE)和平均绝对百分比误差(mean absolute percentage error，MAPE)：

$$\text{RMSE} = \sqrt{\sum_{i=1}^{N}[\dot{m}_\text{p}(i)-\dot{m}_\text{m}(i)]^2/N} \qquad (4.12)$$

$$\text{MAPE} = \frac{\sum_{i=1}^{N}|\dot{m}_\text{p}(i)-\dot{m}_\text{m}(i)|}{\sum_{i=1}^{N}\dot{m}_\text{m}(i)} \times 100\% \qquad (4.13)$$

式(4.12)和式(4.13)中，$\dot{m}_\text{m}(i)$（mL/s）表示第 i 个实测燃油消耗率；$\dot{m}_\text{p}(i)$（mL/s）表示第 i 个模型预测燃油消耗率；N 为用于模型验证的总样本数。

具体验证过程如下：

①对比重叠分块及不重叠分块对 BIT-TFCM-1 模型精度的影响，对比分块插值前后 BIT-TFCM-1 模型的速度，以此验证分块插值算法的效果；

②对比优化后整体模型与原始模型的运算速度及预测精度，验证整体模型的预测效果。

4.4.1 分块插值算法的验证

针对分块插值算法的验证主要分为两个方面，第一方面是分块插值算法的效果验证，第二方面是重叠分块必要性。

(1) 分块插值算法效果验证。

验证所用的计算机型号为 DELL Inspiron 14R-7420，采用 Intel Core i5-3230M 处理器。在该环境下进行多个循环工况的油耗数据计算，并通过多次计算求平均值的方法得到整个计算过程所需要的时间。需要注意的是，这里的计算指的是单纯进行驾驶循环内每个单位时间油耗的数据计算，并不需要进行驾驶循环的仿真运行，也就是说这里的时间仅仅是计算耗时。

通过对比 BIT-TFCM-1 模型的稳态初估模块引入分块插值算法前后，使用该模型计算整个循环工况燃油消耗所消耗的时间，来验证分块插值算法的效果，如表 4.1 所示。

表 4.1 分块插值算法验证

检验数据	引入分块插值算法前/s	引入分块插值算法后/s
US06 循环	36.4319	13.2647
UDDS 循环	34.8505	15.5938
Highway 循环	43.6222	20.9911

由上表可以看出，在 US06 循环、UDDS 循环和 Highway 循环下进行油耗数

据计算时，引入分块插值算法后 BIT-TFCM-1 模型所消耗的时间分别为 13.2647s、15.5938s 和 20.9911s，相比于引入分块插值算法前的 36.4319s、34.8505s 和 43.6222s，分别缩短了 63.59%、55.26%和 51.88%。也就是说，引入分块插值算法后，BIT-TFCM-1 模型的油耗数据计算时间缩短了一半以上。于是可以得出结论，分块插值算法在减少计算耗时方面效果十分显著。

（2）重叠分块必要性验证。

图 4.6 为 BIT-TFCM-1 模型在 UDDS&US06 循环 V 组数据和 Highway 循环数据下重叠分块和不重叠分块的预测油耗对比结果，实线为两者的拟合关系。

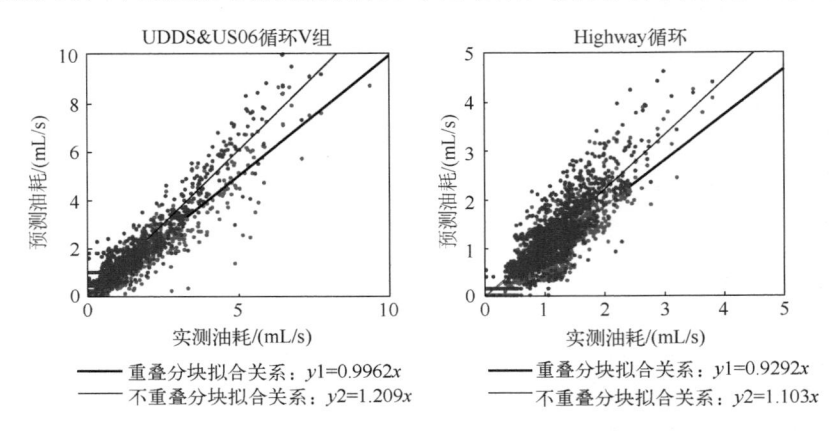

图 4.6 重叠分块和不重叠分块的预测油耗对比

由图 4.6 可以看出，在 UDDS&US06 循环 V 组数据下，重叠分块时模型的斜率 0.9962 比不重叠分块时模型的斜率 1.209 更接近于 1；在 Highway 循环数据下，重叠分块时模型的斜率 0.9292 比不重叠分块时模型的斜率 1.103 更接近于 1。因此重叠分块时模型的精度更高，而不重叠分块时模型误差较大。

表 4.2 为 BIT-TFCM-1 模型在 UDDS&US06 循环 V 组数据和 Highway 循环数据下重叠分块和不重叠分块的定量验证结果。

表 4.2 重叠和不重叠分块时模型 MAPE、RMSE 对比

分块形式	UDDS&US06 循环 V 组		Highway 循环	
	RMSE/(mL/s)	MAPE/%	RMSE/(mL/s)	MAPE/%
不重叠分块	0.4900	30.8950	0.3829	27.6945
重叠分块	0.4573	23.3869	0.3357	23.2418

由上表可以看出，在 UDDS&US06 循环 V 组数据下，重叠分块后模型的 RMSE 值由原来的 0.4900 降为 0.4573，降低了 6.7%，MAPE 值由原来的 30.8950 降为

23.3869，降低了 24.3%；而在 Highway 循环数据下，重叠分块后模型的 RMSE 值由原来的 0.3829 降为 0.3357，降低了 12.3%，MAPE 值由原来的 27.6945 降为 23.2418，降低了 16.1%，这说明重叠分块对模型的精度起到很好的提升作用。

4.4.2 整体模型运算速度验证

由图 4.4 可知，大误差数据点主要分布于速度和加速度相对较大的区间，因此，在进行速度验证时需要选择该区域占比较大的驾驶循环，即 US06 循环和 Highway 循环。通过对比 3 个模型计算整个循环工况燃油消耗所消耗的时间，进行整体模型的运算速度验证，如表 4.3 所示。

表 4.3 US06 循环和 Highway 循环油耗计算耗时对比

检验数据	BIT-TFCM-1/s	BIT-TFCM-2/s	BIT-TFCM-3/s
US06 循环	36.4319	0.3913	1.2348
Highway 循环	43.6222	0.3867	1.0965

由上表可以看出，在 US06 循环和 Highway 循环下进行油耗数据计算时，BIT-TFCM-3 模型所消耗的时间分别为 1.2348s 和 1.0965s，相比于 BIT-TFCM-1 模型的 36.4319s 和 43.6222s，分别缩短了 96.61% 和 97.49%。与引入分块插值算法后的 BIT-TFCM-1 模型相比，计算速度仍大大增加。虽然仍多于 BIT-TFCM-2 模型的计算耗时，但是与两个驾驶循环 1290s 和 1545s 的耗时相比，这个时间已经完全可以满足运算的要求了。

4.4.3 整体模型运算精度验证

由于建模数据采用了 UDDS&US06 循环 D 组数据，所以同时验证了 BIT-TFCM-3 模型在 Highway 循环数据下的预测情况，以证明模型具有普适性。

图 4.7 为三个模型在 UDDS&US06 循环 V 组数据和 Highway 循环数据下实测油耗和预测油耗的对比结果，实线为两者的拟合关系。由图可以看出，在 UDDS&US06 循环 V 组数据下，BIT-TFCM-3 模型的斜率 0.9892 比 BIT-TFCM-1 模型的 0.9706 和 BIT-TFCM-2 模型的 0.9111 更接近于 1；在 Highway 循环数据下 BIT-TFCM-3 模型的斜率 1.011 比 BIT-TFCM-1 模型的 0.9292 和 BIT-TFCM-2 模型的 1.087 更接近于 1。

表 4.4 为三个模型在 UDDS&US06 循环 V 组数据和 Highway 循环数据下的定量验证结果。由表可以看出，在 UDDS&US06 循环 V 组数据下，BIT-TFCM-3 模型的 RMSE 值相比于 BIT-TFCM-1 模型降低了 4.5%，相比于 BIT-TFCM-2 模型明显降低了 30.6%，而其 MAPE 值虽然略高于 BIT-TFCM-1 模型 1.1%，但比起

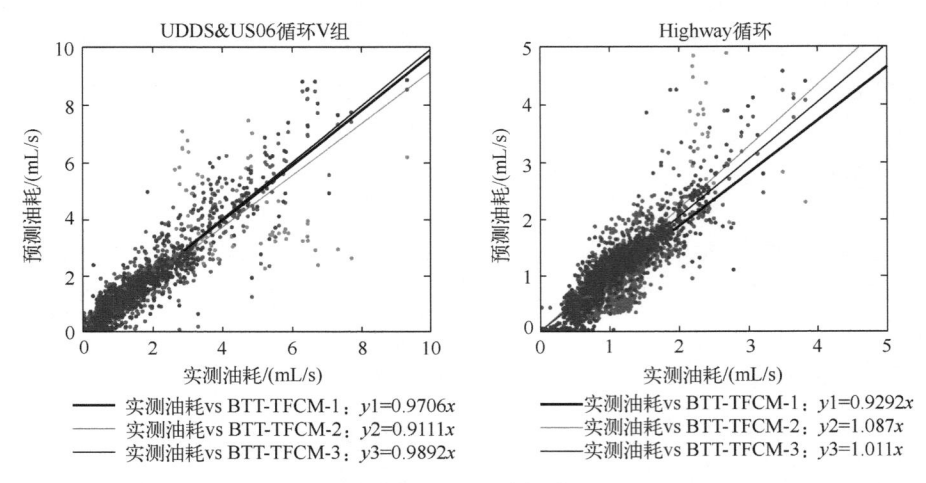

图 4.7 实测、预测油耗数据对比

BIT-TFCM-2 模型明显降低了 18.2%；在 Highway 循环数据下，BIT-TFCM-3 模型的 RMSE 值与 BIT-TFCM-1 模型和 BIT-TFCM-2 模型相比分别降低了 22.5%和 42.4%，其 MAPE 值与 BIT-TFCM-1 模型和 BIT-TFCM-2 模型相比分别降低了 34.3%和 39.2%。这说明 BIT-TFCM-3 模型的精度远高于 BIT-TFCM-2 模型，在 UDDS&US06 循环 V 组数据下精度与 BIT-TFCM-1 模型基本持平，但是在 Highway 循环数据下模型精度远高于 BIT-TFCM-1 模型。

表 4.4 MAPE、RMSE 对比

模型	UDDS&US06 循环 V 组		Highway 循环	
	RMSE/(mL/s)	MAPE/%	RMSE/(mL/s)	MAPE/%
BIT-TFCM-1	0.4765	24.3057	0.3357	23.4557
BIT-TFCM-2	0.6557	30.0591	0.4513	25.3549
BIT-TFCM-3	0.4549	24.5770	0.2601	15.4089

图 4.8 为 BIT-TFCM-3 模型在 US06 循环 V 组数据下实测与预测油耗的对比图。与图 4.2 相比可以看出，BIT-TFCM-3 模型克服了 BIT-TFCM-2 模型在某些区间预测不准确的缺点，与实测油耗的拟合度也较好，而且其相对误差在大部分时间内都较小。

图 4.9 为 BIT-TFCM-3 模型在 Highway 循环数据下实测与预测油耗的对比图，由图可知，在大部分时间内其预测误差都小于 0.5mL/s，相对误差也小于 5%。通过对比图 4.8 和图 4.9 可以发现，BIT-TFCM-3 模型对 US06 循环 V 组和 Highway 循环的油耗数据都能做到较好的拟合，但是对 Highway 循环油耗数据的拟合要好于 US06 循环 V 组油耗数据，可以较好地反映车辆在 Highway 循环下的瞬时油耗变化趋势。

第 4 章　车辆瞬态油耗模型优化

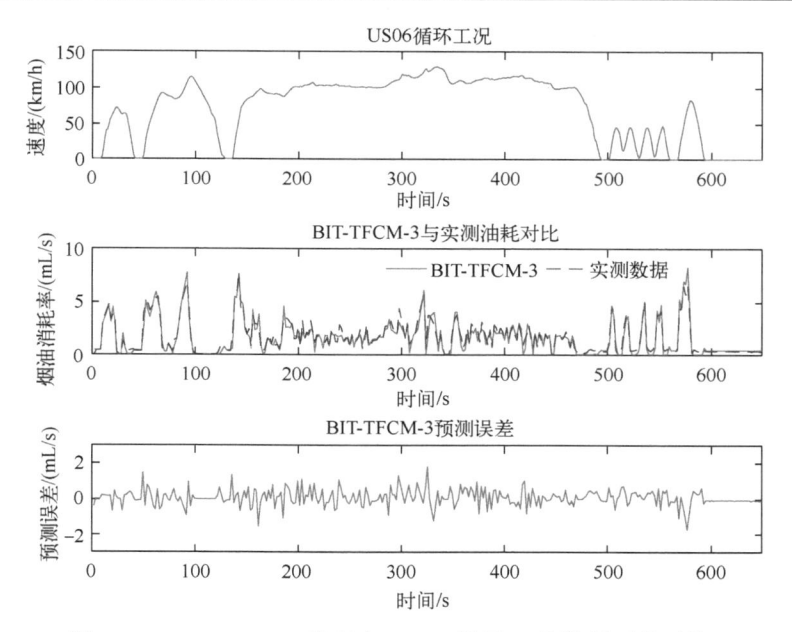

图 4.8　BIT-TFCM-3 模型在 US06 循环 V 组数据下的对比

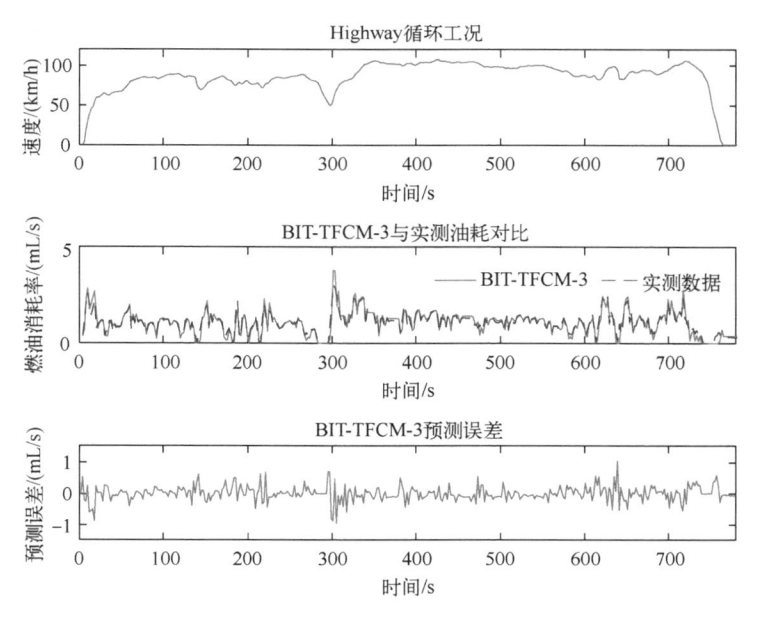

图 4.9　BIT-TFCM-3 模型在 Highway 循环数据下的对比

第 5 章　基于相关性分析的高精度瞬态油耗模型

现有的车辆油耗估计模型主要有两种，一种是基于车辆 MAP 图的稳态燃油消耗模型，这类模型仅涉及车辆发动机转速和转矩两项参数，其结构简单，使用方便，但由于车辆稳态运行状态与正常运行状态的差异，这类模型的估计误差过高；另一种是瞬态模型，为追求方便，人们大多运用直接基于车辆瞬态速度与加速度的单一模型结构，如经典的 VT-Micro 模型[10]，但是这类模型缺少可以反映车辆负载情况及道路条件的转矩、功率等量，且不同的工况下油耗规律的差异，增大了单一模型的估计误差。"稳态模块初估+瞬态模块修正"的模型结构通过简单常用的稳态模型初估油耗，而后通过瞬态参数建立瞬态模块修正初估油耗误差，可全面反映车辆信息，提高模型准确度。基于此结构，针对我们之前建立的 BIT-TFCM 模型的不足，进行分工况建模，通过数据分析合理区分不同工况，根据不同工况的参数特点，选择与油耗误差相关性最强的参数组合，优化模型筛选方法，选择效果最优的模型结构，从而提高瞬态油耗模型的精度。

5.1　建模数据与建模方法

5.1.1　建模数据

本章建模的数据与前一章相同，瞬态油耗模型的建模原始数据选择了高质量的美国阿贡国家实验室的 D3 数据库油耗数据，同样选择了在国内保有量较多的 2013 款现代索纳塔的油耗试验数据为建模基础数据，该车型的基本配置如表 5.1 所示。阿贡国家实验室的车辆油耗试验包含了 4 种标准循环工况，分别是 Steady-state 循环、Highway 循环、UDDS 循环和 US06 循环，试验采用 10Hz 的数据采集频率。

表 5.1　2013 款现代索纳塔配置信息

参数	参数值
整备质量	14510 kg
长×宽×高	4820mm×1835mm×14750mm
发动机	2.4L L4

续表

参数	参数值
压缩比	11.3:1
最大马力	198/6300 hp/rpm
最大转矩	184/4250 lb-ft/rpm
变速器	6速液力自动变速

在 UDDS 循环工况下,车辆的燃油消耗率分布状态如图 5.1 所示。可以看出,车辆燃油消耗率与发动机转矩、转速之间存在明显的相关关系,而研究表明,除发动机转矩、转速外,其他车辆行驶参数和发动机运行参数同样与车辆燃油消耗率存在着较强的相关性。因此,本章基于可实际测量和计算的车辆行驶参数、发动机运行参数与车辆油耗之间的相关关系,搭建结构清晰简单且精度高、实用性强的车辆瞬态燃油消耗模型。

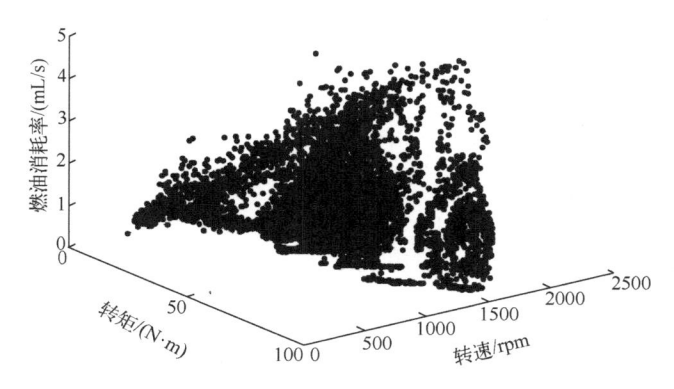

图 5.1 UDDS 循环下的原始油耗数据

从第 4 章图 4.1(a)可以看出,Steady-state 循环工况下车辆在 15~130km/h 区间内的多个速度下稳态行驶,此循环工况的油耗试验数据可以很好地体现车辆稳态行驶的油耗信息。因此,本章将 Steady-state 循环下的油耗试验数据作为稳态基础模块的建模数据。从图 4.1(c)和图 4.1(d)可以看出,在 UDDS 循环工况下,车辆有较多的快速加、减速行为,但整个循环的平均速度较低;而在 US06 循环工况下行驶时,车辆不仅有快速加、减速行为,且有一段高速稳定行驶状态,平均行驶速度较高。由此可知,将车辆在 UDDS 和 US06 循环工况下行驶的油耗试验数据结合起来,组合循环工况便包含了高、低速行驶状态下的稳态工况和变速工况,覆盖了大多数的车辆日常行驶工况,因而使用此组合循环工况下的试验数据进行建模,可以提高模型的适用性。

为了完成油耗模型的外部数据验证和自验证，将完整的试验数据分为建模数据和验证数据。外部数据验证采用 UDDS 和 US06 组合数据作为建模数据、验证数据采用 Highway 驾驶循环数据。而模型的自验证则采用"五重交叉检验"方法。将 UDDS 和 US06 的所有数据随机分为 5 个部分，其中 4 部分作为建模数据，简称 UDDS & US06 循环 D1 组（"D"代表"development"），余下 1 部分为验证数据，称为 UDDS & US06 循环 V1 组（"V"代表"validation"）。然后，基于 UDDS & US06 循环 D1 组建立第一次瞬态油耗模型，而第一次自验证基于 UDDS & US06 循环 V1 组，得到相应的验证数据。而后，选取除 UDDS & US06 循环 V1 组外的 4 部分中的另一部分作为验证数据，简称 UDDS & US06 循环 V2 组，而其他 4 个部分数据作为第二次建模数据，简称为 UDDS & US06 循环 D2 组。根据新的建模数据和验证数据，建立了第二次瞬态燃油消耗模型，并进行了第二次自验证。然后重复这一过程 5 次，选取 5 次验证结果的平均值作为模型自验证的结果。

5.1.2 建模数据预处理

为提高建模数据质量，本章采用 VSP-2σ 异常值处理、LOWESS 数据平滑处理以及平均值预处理三种方法来进行建模数据的预处理。

(1) VSP-2σ 异常值处理。

VSP 是车辆单位质量对应的输出功率，是衡量车辆动力输出能力的综合指标，与车辆燃油消耗率有很强的相关关系[10]，其具体表达如式(5.1)所示。

$$\begin{aligned} \text{VSP} &= \frac{\frac{\mathrm{d}}{\mathrm{d}t}(\text{KE}+\text{PE})+F_\text{f}v+F_\text{w}v}{m} \\ &= v(a(1+\delta)+g(\text{grade}+f))+\frac{1}{2}\rho_\text{a}\frac{C_\text{D}A}{m}(v+v_\text{w})^2 v \end{aligned} \quad (5.1)$$

式中，KE 为车辆的动能(J)，PE 为车辆的势能(J)，F_f 为车辆受到的滚动阻力(N)，v 为车速(m/s)，F_w 为车辆受到的空气阻力(N)，m 为车辆总质量(kg)，a 为加速度(m/s²)，δ 为旋转质量换算系数，grade 为道路坡度(%)，f 为滚动阻力系数，ρ_a 为空气密度(1.207kg/m³)，C_D 为空气阻力系数，A 为迎风面积(m²)，v_w 为相对风速(m/s)，g 为重力加速度(9.81m/s²)。

由于在日常行驶中难以获取上式中的所有参数，因此，Jiménez-Palacios 基于易于测量的参数将上式进行了简化，仅通过车辆行驶速度、加速度及道路坡度便可完成 VSP 的计算，具体参见第 4 章的式(4.2)和式(4.3)。

图 5.2 展示了 UDDS & US06 循环工况下燃油消耗率与 VSP 的相关散点图，

可以看出，二者有较强的线性关系，而分析计算可知，二者之间的 Pearson 相关系数为 0.86，其相关性比较强。

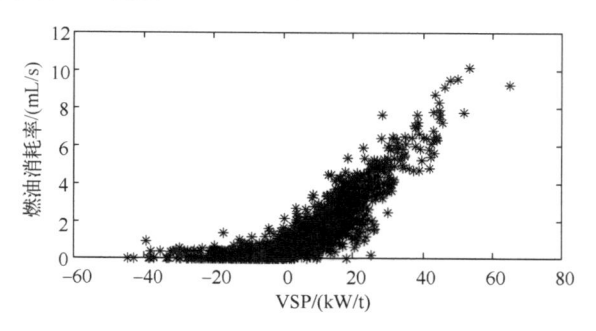

图 5.2 VSP 与燃油消耗率之间关系

可以看出，与 VSP 对应的燃油消耗率范围相对较大，二者的对应关系不足够清晰。为了挖掘二者更清晰和直接的关系，将 VSP 分割成 2kW/t 的区间。在对每个 VSP 区间的油耗数据分布进行分析后发现，车辆燃油消耗率在每个区间内大致呈现正态分布的状态，如图 5.3 所示。为了进一步验证这个结论，我们对每个区间内的油耗数据分布进行了显著性水平为 5% 的正态检验，结果证明每个区间内的油耗数据分布都遵循正态分布。

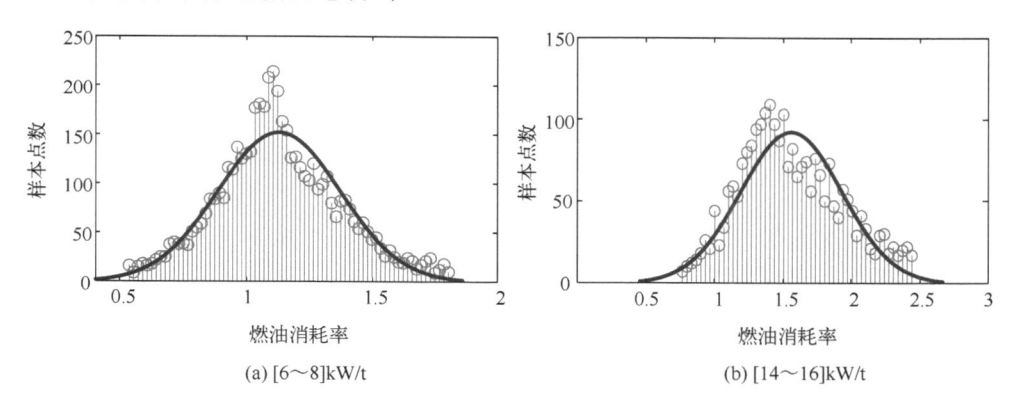

图 5.3 两个 VSP 区间内油耗分布图

采用 VSP-2σ 法将数据进行预处理，由于油耗数据在 VSP 小区间内呈正态分布，因此油耗数据点落于小区间油耗均值 ±2σ 区间之外的概率为 0.0455，小于 0.05，属于小概率事件，因此，可将落于小区间油耗均值 ±2σ 之外的油耗数据点作为异常值剔除，剩余的油耗数据点可以代表原始数据的 95.45% 的信息，在提高数据质量的同时，并不影响原始数据的信息表达。

基于 VSP 区间中的油耗分布特征，绝大部分油耗数据分布于区间内油耗中心值附近，我们将超过确定分布范围的数据作为异常值除去，以减少异常数据点对整体数据特征的干扰。因此，本节采用 VSP-2σ 预处理方法来去除异常值，即将落于区间内油耗中心值±2σ范围以外的数据视为异常值。这样处理，在改善数据质量的同时保留了原始数据的信息。

(2) LOWESS 数据平滑处理。

VSP-2σ 预处理只是去除了建模数据中的异常值，并未完成对大部分数据的优化。因此，在去除异常值后，将有效数据进行平滑处理以获得更高质量的建模数据。在本书中，使用局部加权回归散点平滑法（locally weighted scatterplot smoothing，LOWESS）的方法进行数据平滑。

LOWESS 的平滑原理是通过多项式加权来拟合局部范围的观测数据，并用最小二乘法来估计拟合结果。其功能原理是以点为中心，以一定宽度的窗口来选择数据进行加权回归，每个点对应于不同的数据窗口做出加权回归线。最后，将所有的加权回归线中央值连接起来以获得所需的局部加权回归曲线。LOWESS 通过指定宽度的窗口来考虑周围数据的影响，在平滑处理中，选择的窗口宽度不同会具有不同的平滑效果。如果所选择的数据窗口较宽，则平滑结果反映了附近大范围的数据特性；如果所选择的数据窗口较窄，则平滑结果接近小范围的数据特性，并且对原始数据的改变较少。由于局部回归曲线反映的是一个确定窗口内的数据信息，因此数据的整体趋势几乎不影响数据的平滑结果。建模数据中燃油消耗率的变化取决于不同的车辆和发动机运行状态，相邻区间内的燃油消耗率对应的运行状态相近，但是整体循环工况下的运行状态会有很大的变化，平滑过程中需要减弱整体趋势的影响。考虑以上因素，本节使用 LOWESS 方法来平滑建模数据，由确定窗口中的局部数据确定平滑结果，忽略整体变化趋势的影响。为了确保平滑化效果的同时降低对原始数据信息的伤害，处理窗口宽度设置为 30。

(3) 平均值预处理。

为了进一步提高数据质量，采用均值滤波方法对数据进行优化。具体方法是对连续的 N_m 个数据值计算其算术平均值，然后取该值作为新的采样值，如式(4.1)所示。

此次数据平均值预处理的主要目的是在保存大部分数据信息的同时减少数据量，从而降低后续数据处理的难度。试验中，车辆油耗数据采集频率为 10Hz，所以选择 N_m=10，从而得到了每秒的油耗数据。图 5.4 显示了数据预处理的结果。

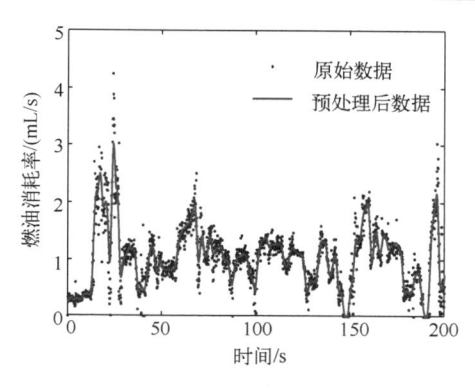

图 5.4 数据预处理结果

5.1.3 建模方法

此次瞬态油耗模型的基础结构采用稳态基础模块初估加瞬态修正模块修正的结构，其中，稳态基础模块是基于试验稳态数据即 Steady-state 循环数据建立的。而后，计算稳态模块初估的油耗误差与车辆和发动机瞬时状态各个参数之间的距离相关系数，选择距离相关系数最大即相关性最强的状态参数组合作为瞬态修正模块的输入，该模块用于修正稳态油耗模块的估计误差。最后，将稳态基础模块和瞬态修正模块相结合，建立了各种工况下结构简单、精度高的瞬态油耗模型。

模型建立后，需要基于科学的标准对模型质量进行评估，因此引入贝叶斯信息准则（BIC）。BIC 准则包括对模型复杂程度及模型精度两部分的评估，其评估指数简化结构如式（5.2）所示：

$$\mathrm{BIC} = K \cdot \ln(n_\mathrm{d}) - 2\ln\left(\frac{\mathrm{SSE}}{n_\mathrm{d}}\right) \tag{5.2}$$

式中，K 为模型的独立输入变量个数，n_d 为用于建模的原始数据个数，SSE 为稳态油耗对数模型的残差平方和（sum of squares for error）。

从式（5.2）中可以看出，BIC 值包括了对模型复杂度及准确度的双重评估，按照 BIC 准则，针对不同模型结构及其计算结果，BIC 值越小，代表模型结构简单且精度高，模型质量越高。在模型建立中，以 BIC 准则作为模型简构优化的评估基准。

5.1.4 建模数据分析

车辆在不同的工况行驶状态下有不同的油耗表现，本次研究通过对试验数据进行分析，基于主成分分析和聚类分析对建模数据进行统计学分类，而后基于分类样本点的各项参数特征，以具有实际意义的参数对车辆的运行工况进行重新构建，保证分类的实用性。

1. 主成分分析

主成分分析(principal component analysis, PCA)可以用较少的综合变量代替多个原始变量,在综合变量之间不存在相关性的情况下,基于数据信息损失最小的原则实现数据降维和数据特征提取。

为保证模型的实用性,模型构建参数仅选择在行车过程中直接获得的关键参数,共提取 6 项,分别是发动机转速(engine speed,ES)、角加速度(angular acceleration,AAC)、车速(vehicle speed,VS)、车辆加速度(acceleration,ACC)、发动机转矩(engine torque,ET)、转矩变化率(torque change rate, TCR),组成可表征行车工况特征的 6 维向量。对该 6 项参数归一化并进行主成分分析,得到的结果如表 5.2 和表 5.3 所示。

表 5.2 主成分方差解释

主成分	特征参数		
	特征值	累计贡献率/%	主要参数
1	2.635	45.923	ES, ET, ACC
2	1.572	72.118	VS, TCR, AAC
3	0.998	85.419	AAC, TCR
4	0.680	94.744	VS, AAC
5	0.221	98.436	—
6	0.094	100.000	

表 5.3 三主成分对应成分矩阵

参数	主成分		
	1	2	3
Z-score(ES)	0.818	−0.427	0.072
Z-score(VS)	0.456	−0.743	0.360
Z-score(ET)	0.882	0.083	−0.030
Z-score(ACC)	0.866	0.302	−0.250
Z-score(AAC)	0.461	0.577	−0.581
Z-score(TCR)	0.137	0.638	0.753

根据主成分分析结果可以得到,前三个主成分方差百分比积累达 85.419%,高于 85%,可以代表 6 项参数的大部分数据信息,因此提取前三个主成分组成 3 维向量进行分析,减少分析的数据量。根据表 5.3 分析前三个主成分的组成,主成分 1 主要包含了发动机转速、发动机转矩以及车辆加速度的数据信息,主成分 2 主要包含了车速、角加速度以及转矩变化率的数据特征,主成分 3 主要包含了角加速度以

及转矩变化率的数据特征，囊括了所有变量参数特征。因此，提取前三个主成分，组成三维向量进行聚类分析，基于数据特征对样本点进行统计学分类。

2. 聚类分析

聚类分析是一种将一组物理或抽象信息根据其数据特征划分为几个不同类别的方法。聚类分析得到的同一类的数据具有很相似的数据特征，而不同类的数据则特征差异显著。因此，我们选择聚类分析，根据数据的内部信息对数据集进行分类，并在此基础上对驾驶条件进行分类。

主成分分析后，聚类分析处理的数据量减少了一半，提高了处理效率，便于结果的呈现。由于 K-means 聚类分析不需要大量的数据支持，且效率高、结果明确，因此选择 K-means 聚类分析对驾驶工况进行分类。为避免分类过于复杂，本节选取小于等于 4 个聚类中心进行研究，即(2,3,4)。然后，根据 Davies-Bouldin 准则，以 DBI 指数为评价标准，选取 DBI 指数最小的类别数为最终分类类别数[11]。

DBI 指数通过测量聚类内部的紧密度来显示聚类结果的质量。聚类与具体定义的区别如式(5.3)和式(5.4)所示：

$$R_{ij} = \frac{d_i + d_j}{d_{ij}} \tag{5.3}$$

$$\text{DBI} = \frac{1}{N}\left(\sum_{i=1}^{N}\max_{i \neq j} R_{ij} + \sum_{i=1}^{N} d_i\right) \tag{5.4}$$

式中，N 为类别个数，d_i 和 d_j（$i,j \in [1,N]$）为每个类别的类内距离，R_{ij} 为两个类别的距离与对应类别内距离的比值系数。R_{ij} 越小，两个类别之间的相对差异越大，类别越紧凑。综上所述，DBI 指数越小，分类性能越好。三个分类结果的 DBI 指数如图 5.5 所示。

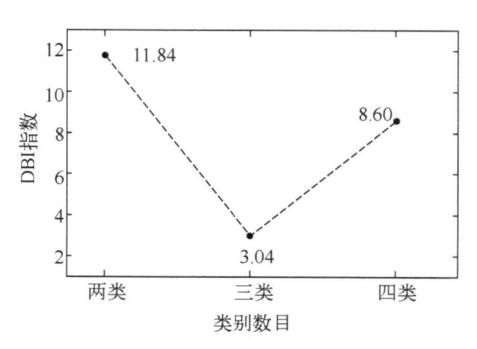

图 5.5　不同分类结果的 DBI 指数

从图 5.5 中可以看出，三类的 DBI 指数最小。因此，将油耗数据分为三类进行建模，分类结果如图 5.6 所示。

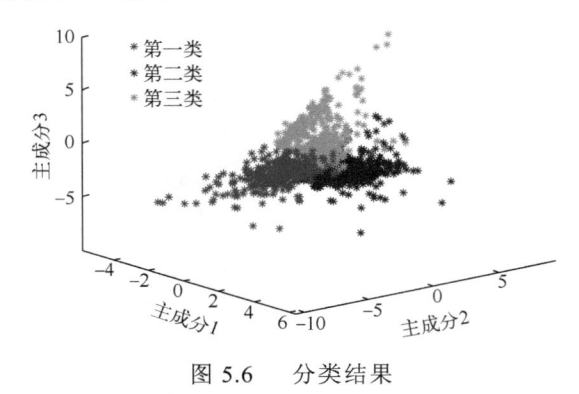

图 5.6　分类结果

从图 5.6 中可以看出，重合点处的采样数据较少，分类性能较好。另外，经计算分析，边界重叠部分的采样数据仅占总数据的 7.46%，进一步证明分类性能满足要求。

3. 工况重构

由于数据主成分分析和分类预处理的复杂性，上述数据分析和分类方法无法用于建立实时瞬态油耗模型。因此，基于上述分类的结果，分析了三种行驶工况下车辆和发动机的各种状态参数的特点，并根据不同工况下样本点的实际参数特点重构了行驶工况。箱线图通过最小值、第一个四分位、中位数、第三个四分位、最大值五个指标来描述数据，可以清楚地显示数据的分布情况。三种工况的一些数据特征如图 5.7 和图 5.8 中的箱线图所示。

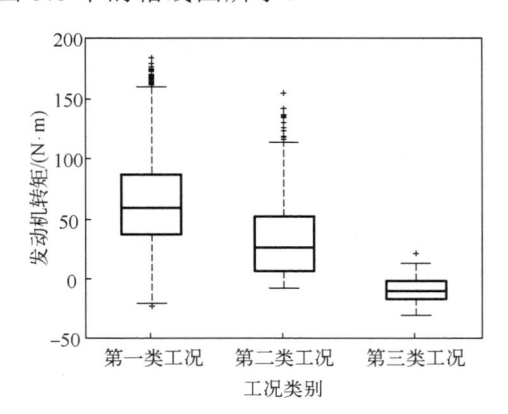

图 5.7　三种工况下样本点发动机转矩分布对比

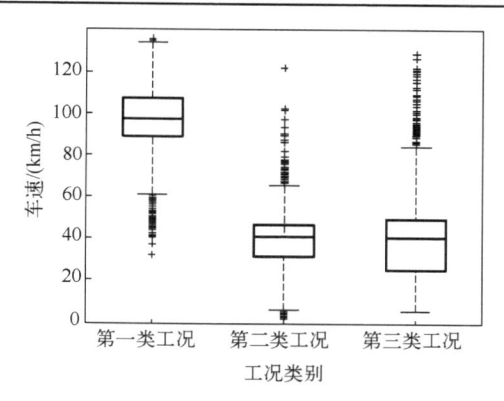

图 5.8 三种工况下样本点车速分布对比

从图 5.7 中发动机转矩的比较来看，第一类工况的样本数据中，发动机转矩小于零的样本点仅占 4.4%；第二类工况的样本数据中，发动机转矩小于零的样本点占 2.6%；第三工况的样本数据中，所有样本点的发动机转矩均小于零。通过图 5.8 中车速的比较可以看出，第一类工况的样本数据中绝大多数的样本点速度数据高于 60km/h，只有 8.7%的样本点的速度低于 60km/h；相反，第二类和第三类工况的样本数据中大部分速度低于 60km/h，超过 60km/h 的样本点分别只有 7.7%和 6.2%。在其他参数分析中，三类工况间无显著差异。为了建立结构更简单、计算更快速的瞬态油耗模型，本节利用不同驾驶工况的特性对三种驾驶工况进行了简化和重构，最终工况分类结果如表 5.4 所示。

表 5.4 三种驾驶工况的分类结果

类别	参数特征	
	发动机转矩/(N·m)	车速/(km/h)
第一类工况	≥0	≥60
第二类工况	≥0	<60
第三类工况	<0	—

5.2 稳态模块的建立

5.2.1 稳态模块基础结构

为了保证油耗模型的准确性和实用性，本节建立了基于稳态油耗数据的多项式结构稳态基础模块。同时，为了压缩油耗数据的数值分布范围，使数据更加稳定，模型采用了对数模型结构。采用对数结构形式可以使模型的估计值保持在较小的范围内以减小估计误差，而采用多项式结构可以克服插值方法计算速度慢的缺点，且结构清晰、简洁。为了使用方便，参考经典稳态油耗模型结构，稳态模块的参数选择发动机转矩 T_e(N·m)和发动机转速 n_e(r/min)。为简化模型结构，保证两参数最高阶幂次不大于 3，通过将两个不同幂次的参数组合得到简单且高精度的稳态模块。稳态基础模块的基本结构如式(5.5)所示：

$$\dot{m}_s = \ln(\dot{m}_{fs}) = \sum_{i=0}^{i}\sum_{j=0}^{j} L_{ij} T_e^i n_e^j \tag{5.5}$$

式中，$\dot{m}_{fs}$ 为稳态油耗估算(mL/s)；$\dot{m}_s$ 为稳态油耗估算值的对数表示；L_{ij}，$i,j = 0,1,2,3$ 为模型回归系数；T_e 和 n_e 分别为发动机转矩(N·m)和转速(r/min)。

参考常用的稳态模块结构，选定其中三种，其发动机转矩和转速的最高阶组合分别为(1,3)、(2,2)和(3,1)，模块结构分别命名为 S13、S22 和 S31，如表 5.5 所示，其中，N_{T_e} 为发动机转矩的最高阶，N_{n_e} 为发动机转速的最高阶次。

表 5.5　三种稳态基础模块结构

结构编号	N_{T_e}	N_{n_e}
S13	1	3
S22	2	2
S31	3	1

5.2.2　稳态模块结构优化

稳态模块结构中的一些项不但对精度的提高作用不大，反而增加了模块的复杂性。因此，采用枚举法进行缺项试验，保留结构中顺序最高的项目，依次去除一些对模型精度贡献不大的项，得到多个模型结构。而后，基于 BIC 准则，选择质量最高，即精度高且结构简单的模型结构为最终的稳态基础模块结构。表 5.6 给出了三种稳态基础模块结构的 BIC 值，以及它们 BIC 值较小的简化结构。其中，S131 和 S311 是 S13 和 S31 简化结构中 BIC 值最小的结构，S221 和 S222 是 S22 简化结构中 BIC 值最小的两个结构。

表 5.6　不同稳态模块结构的 BIC 值

结构编号	删除项	BIC 值
S13	—	−4136.41
S131	n_e	−3079.56
S22	—	−4034.54
S221	n_e	−4253.69
S222	$T_e n_e$	−3987.47
S31	—	−4051.08
S311	T_e	−2786.31

根据缺项试验结果，最终选择 S221 结构作为稳态基础模块结构。具体结构如式(5.6)所示：

$$\dot{m}_s = a_0 + a_{10}T_e + a_{11}T_e n_e + a_{02}n_e^2 + a_{20}T_e^2 \tag{5.6}$$

式中，$\dot{m}_s$ 为稳态模块估算油耗的对数；a_{ij}，$i,j=0,1,2,3$ 为模型回归系数；T_e 和 n_e 分别为发动机转矩(N·m)和转速(r/min)。

5.2.3 稳态模块检验

为了更直观地评价模块的性能，引入了两个常用的评价指标来评价模型的准确性。MAPE 表示估计误差与实际油耗值的相对大小，其定义如式(4.13)所示；RMSE 表示估计油耗与实测油耗之间的实际偏差，其定义如式(4.12)所示。

基于 UDDS & US06 循环 V 组和 Highway 循环的测试数据，对稳态基础模块的油耗估计性能进行检验，结果如表 5.7 所示。

表 5.7 稳态基础模块的检验结果

检验数据	驾驶工况	MAPE /%	RMSE/(mL/s)
UDDS & US06 循环 V 组	1	25.92	0.3005
	2	24.01	0.2978
	3	40.32	0.1996
Highway 循环	1	24.09	0.2745
	2	22.23	0.2858
	3	38.27	0.1634

根据稳态基础模块估算的油耗误差分析，两组试验组在第一和第二工况下的 MAPE 约为 25%，接近油耗模型的工程应用标准(MAPE≤20%)，该模型具有与稳态基础模块相当的精度。而对于第三种工况，MAPE 高达 40%，说明基于稳态工况建立的稳态基础模块仅适用于第一和第二种工况。当发动机转矩小于 0N·m 时，与稳态工况下的油耗特性有很大不同，这与基于汽油机工作原理分析得出的结论相同。为了保证模型的准确性和实用性，采用直接建模的方法建立了第三种工况的油耗模型。

5.3 瞬态修正模块的建立

基于稳态基础模块的油耗估算结果，针对第一类和第二类工况，根据稳态模块估计的油耗误差，建立了瞬态修正模块。对于第三类工况，直接根据瞬态车辆和发动机状态参数建立其瞬态油耗模型。

5.3.1 瞬态修正模块数据分析

为了得到合理的瞬态修正模块结构，对第一类工况和第二类工况进行了整车和发动机状态参数与稳态基础模块油耗估计误差的相关性分析，并进行了第三类工况状态参数与瞬态油耗的相关性分析。根据模型的相关性和可用性，结合稳态模块，建立了适用于第一、二、三类工况的瞬态油耗模型。

由于车辆和发动机状态参数与油耗估计误差或瞬态油耗之间的相关性是非线性的，因此我们选择了距离相关法进行相关性分析。距离相关法是 Székely 等[12]在 2007 年提出的一种新的统计方法。与常用的 Pearson 相关法相比，该方法能更好地评价变量之间的非线性或非单调相关关系。它通过计算样本点之间的欧氏距离来衡量变量之间的相关性，距离相关系数越接近 1，相关性越强。如果总距离相关等于 0，则变量相互独立。

对于采样数据，当给定随机向量 X,Y 的观测值 $(X,Y)=\{(X_k,Y_k), k=1,2,\cdots,n\}$ 时，距离相关系数定义如式 (5.7) 所示：

$$R_n^2(X,Y) = \begin{cases} \dfrac{V_n^2(X,Y)}{\sqrt{V_n^2(X)V_n^2(Y)}}, & V_n^2(X)V_n^2(Y) > 0 \\ 0, & V_n^2(X)V_n^2(Y) = 0 \end{cases} \quad (5.7)$$

上式中的各项参数定义如下式所示：

$$V_n^2(X,Y) = \frac{1}{n^2}\sum_{l,k=1}^{n} A_{kl}B_{kl} \quad (5.8)$$

$$V_n^2(X) = \frac{1}{n^2}\sum_{l,k=1}^{n} A_{kl}^2 \quad (5.9)$$

$$V_n^2(Y) = \frac{1}{n^2}\sum_{l,k=1}^{n} B_{kl}^2 \quad (5.10)$$

$$\begin{aligned} A_{kl} = & X_k - X_l - \frac{1}{n}\sum_{l=1}^{n}(X_k - X_l) - \frac{1}{n}\sum_{k=1}^{n}(X_k - X_l) \\ & + \frac{1}{n^2}\sum_{l,k=1}^{n}(X_k - X_l), \quad (k,l=1,2,\cdots,n) \end{aligned} \quad (5.11)$$

$$B_{kl} = Y_k - Y_l - \frac{1}{n}\sum_{l=1}^{n}(Y_k - Y_l) - \frac{1}{n}\sum_{k=1}^{n}(Y_k - Y_l) \\ + \frac{1}{n^2}\sum_{l,k=1}^{n}(Y_k - Y_l), \quad (k,l = 1,2,\cdots,n) \tag{5.12}$$

为了保证模型的准确性和实用性，本次研究选择两项整车和发动机状态参数的组合建立了瞬态修正模块。三类工况下的距离相关系数计算结果如图 5.9 所示。

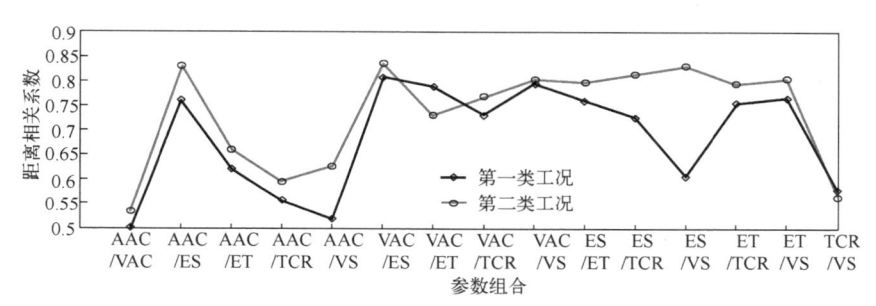

(a) 第一、二类工况各参数组合与油耗差值的距离相关系数

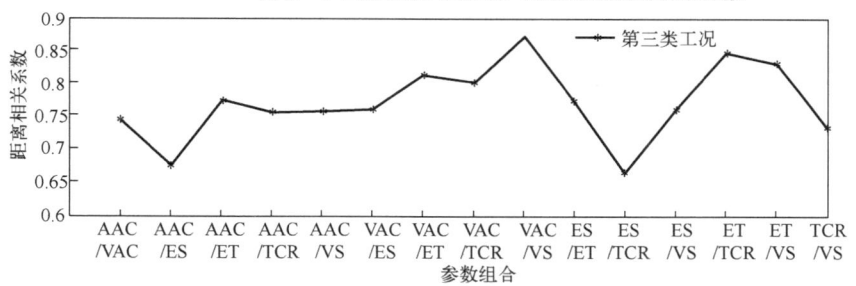

(b) 第三类工况各参数组合与油耗差值的距离相关系数

图 5.9 距离相关系数计算结果

5.3.2 瞬态修正模块结构及简构优化

根据距离相关分析，选择三种驾驶工况中距离相关性最强的参数组合建立瞬态模块，三类工况下瞬态模块、模型的建模参数如表 5.8 所示。而后通过缺项试验对模块、模型结构进行简构优化，基于 BIC 准则确定了最终的模型结构。

表 5.8 三种工况下的瞬态修正模块参数建模

驾驶工况	建模参数组合
第一类工况	ES + ACC
第二类工况	ES + ACC
第三类工况	VS + ACC

对于第一类工况的瞬态模块基本结构,选择发动机转速和车辆加速度的最高阶分别为(3,3)、(3,2)和(2,2),分别命名为 M11、M12 和 M13。对上述三个基础模块的结构进行了缺项试验,将所有缺少一个或多个低阶项的简化结构都基于 BIC 准则进行比较,BIC 参考值最小的结构即被选择为最终的瞬态模块结构。M11、M12、M13 模块的 BIC 参考值及其简化架构的 BIC 参考值如表 5.9 和图 5.10 所示。

表 5.9 第一类工况不同瞬态模块结构的 BIC 值和 RMSE

结构编号	删除项	BIC 值	RMSE/(mL/s)
M11	—	−703.95	0.1365
M111	a^2	−544.81	0.1402
M112	$n_e a^2$	−489.1	0.1865
M113	$a^2, n_e a^2$	−690.56	0.1442
M12	—	−709.41	0.1369
M121	a^2	−417.31	0.1971
M13	—	−717.22	0.139
M131	a	−663.24	0.156
M132	$n_e a$	−538.73	0.178

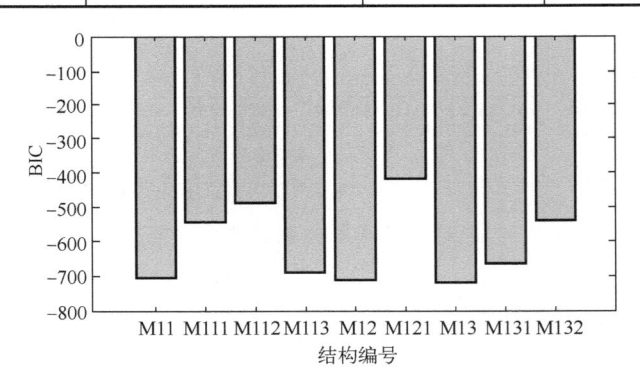

图 5.10 第一类工况不同瞬态模块结构的 BIC 对比

最终选择 BIC 参考值最小的 M13 结构为第一类工况对应的瞬态模块结构,如式(5.13)所示。根据 BIC 模型,对第二工况和第三工况暂态模型的瞬态模块、模型结构进行了简化和筛选。最后得到第二、三种工况对应的瞬态模块、模型结构如式(5.14)和式(5.15)所示。

$$m_{ls1}=p_{00}+p_{10}n_e+p_{01}a+p_{20}n_e^2+p_{11}n_e a+p_{02}a^2 \tag{5.13}$$

第 5 章 基于相关性分析的高精度瞬态油耗模型

$$m_{ls2} = q_{00} + q_{10}n_e + q_{01}a + q_{20}n_e^2 + q_{30}n_e^3 + q_{12}n_e a^2 + q_{21}n_e^2 a \tag{5.14}$$

$$m_{s3} = \gamma_{00} + \gamma_{10}v + \gamma_{01}a + \gamma_{20}v^2 + \gamma_{11}va + \gamma_{02}a^2 + \gamma_{12}va^2 + \gamma_{03}a^3 \tag{5.15}$$

式中，m_{ls1}、m_{ls2} 为第一、第二种工况的瞬时修正油耗；m_{s3} 为第三种工况的瞬时估计油耗（mL/s）；p_{ij} 为 m_{ls1} 在发动机转速幂次取 i、车辆加速度幂次取 j 时的项系数；q_{ij} 为 m_{ls2} 在发动机转速幂次取 i、车辆加速度幂次取 j 时的项系数；γ_{ij} 为 m_{s3} 在车速幂次取 i、加速度幂次取 j 时的项系数；n_e、v、a 分别为发动机转速（r/min）、车速（km/h）、车辆加速度（m/s²）。

结合之前建立的稳态基础模块结构，瞬时油耗模型的最终结构如式（5.16）所示。

$$\text{FC}_s = \begin{cases} m_{s1} = e^{m_{lc}} + \sum_{i=0}^{2}\sum_{j=0}^{2} P_{ij} n_e^i a^j & \text{ET} \geq 0, \text{VS} \geq 60 \\ m_{s2} = e^{m_{lc}} + \sum_{i=0}^{3}\sum_{j=0}^{2} Q_{ij} n_e^i a^j & \text{ET} \geq 0, \text{VS} < 60 \\ m_{s3} = \sum_{i=0}^{2}\sum_{j=0}^{3} \gamma_{ij} v^i a^j & \text{ET} < 0 \end{cases} \tag{5.16}$$

式中，FC_s 为瞬态油耗估算值（mL/s）；m_{s1}、m_{s2}、m_{s3} 为三种工况的瞬时油耗估算值（mL/s），其他参数与式（5.13）、式（5.14）和式（5.15）相同。

5.4 瞬态油耗模型的检验

5.4.1 模型性能表现

基于五重检验法及外部 Highway 循环数据验证，对上节建立的 BIT-距离（distance，DIS）瞬态油耗模型进行性能检验，检验结果如表 5.10 所示。

表 5.10 模型检验结果

检验数据	MAPE /%	RMSE /(mL/s)
US06 & UDDS 循环 V 组	15.46	0.1998
Highway 循环	12.58	0.1762

从表中呈现的检验结果可以看出，上节建立的 BIT-DIS 瞬态模型的 MAPE 可以降低至 15%左右，平均误差控制在 0.2mL/s 以内，满足工程应用的要求。第一次自验证时各采样点的油耗估计误差如图 5.11 所示。从模型的实用性来看，模型

中所使用的参数均为常用的车辆和发动机状态参数，易于获得，且模型结构简单清晰，便于使用和分析。

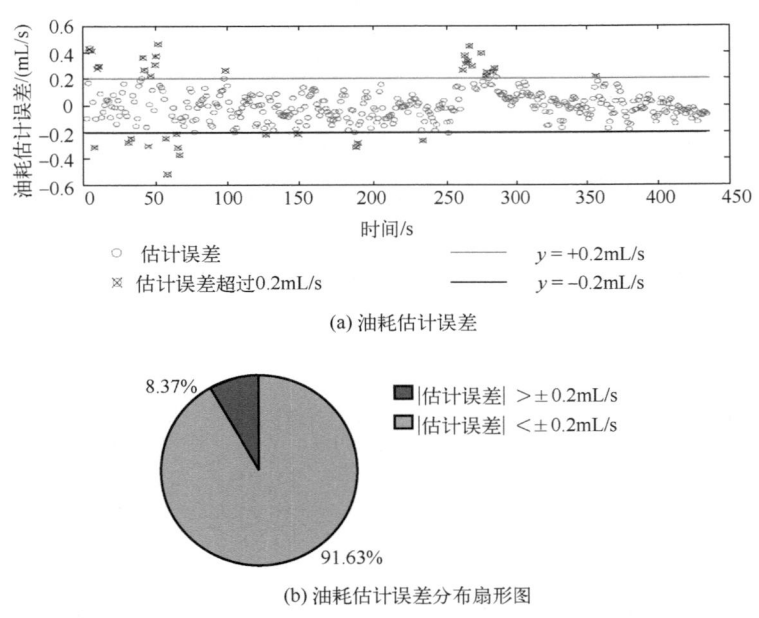

(a) 油耗估计误差

(b) 油耗估计误差分布扇形图

图 5.11　第一次自检验的误差结果

5.4.2　模型性能对比

为进一步验证模型的性能，将 BIT-DIS 模型与经典的 VT-Micro 模型、VT-CPFM(comprehensive power-based fuel consumption model)模型和 CMEM(the community microwave emission model)模型，以及 BIT-TFCM 模型进行了性能比较，结果如表 5.11 所示。

表 5.11　瞬态燃油消耗模型效果比较

模型	MAPE/%		油耗误差/(mL/s)	
	UDDS & US06	Highway	UDDS & US06	Highway
BIT-DIS	0.1546	0.1258	0.0827	0.0673
BIT-TFCM	0.2318	0.2344	0.1253	0.1164
VT-Micro	0.2771	0.2801	0.2136	0.2020
CMEM	0.2923	0.2842	0.2029	0.1860
VT-CPFM1	0.2610	0.2327	0.1763	0.1561
VT-CPFM2	0.2071	0.1893	0.1188	0.1052

第5章 基于相关性分析的高精度瞬态油耗模型

从表5.10的性能对比中可以看出，用于油耗估算的BIT-TFCM模型、CMEM模型、VT-Micro模型和VT-CPFM1模型的MAPE均在23%以上，不能满足工程要求(MAPE≤20%)。BIT-DIS模型的MAPE约为15%，满足工程要求，低于经典的VT-CPFM2模型(MAPE约为20%)。从整个行驶工况下的油耗误差比较也可以看出，BIT-DIS模型的油耗估计误差最小。上述性能对比表明，本节所建立的模型精度较高。

图5.12为基于两组数据的BIT-DIS模型、VT-CPFM2模型和VT-Micro模型的性能验证结果对比。图中，蓝点表示BIT-DIS模型的估计油耗，紫色线表示BIT-DIS模型的估计油耗与实际油耗的回归关系；橙点表示VT-CPFM2模型的估计油耗，绿线表示VT-CPFM2模型估计油耗与实际油耗之间的回归关系；黄色圆点表示VT-Micro模型的估计油耗，蓝线表示VT-Micro模型估计油耗与实际油耗之间的回归关系。当估计油耗与实际油耗越接近时，回归直线的斜率越接近1。

(a) US06&UDDS循环V组检验效果

$y1=0.9219x+0.09883$
$y2=0.1651x-0.2909$
$y3=0.7470x+0.2078$

(b) Highway数据检验效果

$y1=0.9624x+0.02986$
$y2=0.199x-0.0613$
$y3=0.7231x+0.5118$

- BIT-DIS 模型
- VT-CPFM2 模型
- VT-Micro 模型

—— BIT-DIS 模型检验效果拟合线
—— VT-CPFM2 模型检验效果拟合线
—— VT-Micro 模型检验效果拟合线

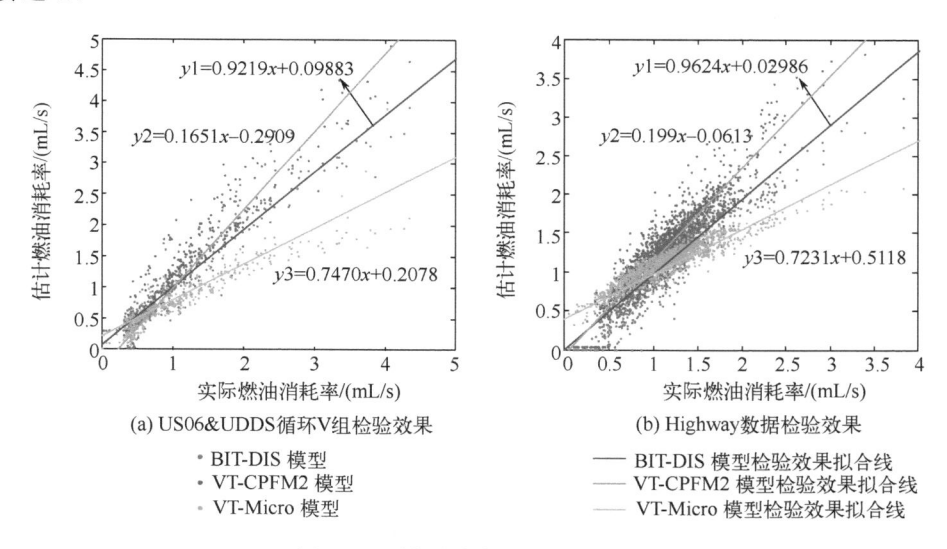

图 5.12 模型精度比较（见彩图）

通过对比回归关系可以看出，BIT-DIS模型和VT-Micro模型的估计油耗低于实际油耗，VT-CPFM2模型的估计油耗误差偏高，三者相较，BIT-DIS模型对应的回归直线斜率更接近1。结果表明，BIT-DIS模型估算的油耗更接近实际油耗，精度更高。

图5.13所示为各模型的车速和油耗估计误差对比，直观地显示了BIT-DIS模型在高速和快速变速阶段的估计误差明显低于两种经典模型。结果表明，

BIT-DIS 模型通过区分不同的驾驶工况,可以降低不稳定工况下的油耗估计误差。

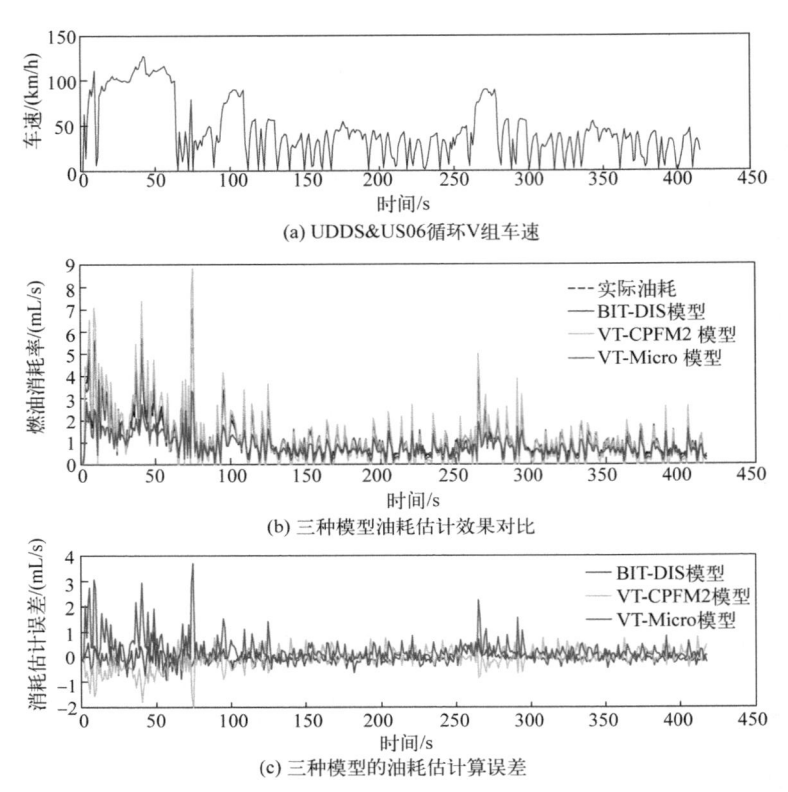

图 5.13　BIT-DIS 模型、VT-CPFM2 模型和 VT-Micro 模型效果比较(见彩图)

在模型复杂性方面,经典的 VT-Micro 模型只使用了两个车辆和发动机状态参数,而 BIT-DIS 瞬态模型使用了四个参数,增加了复杂性。但这四个参数都是常见的易于测量的参数,模型具有多项式结构,所有参数的最高阶幂次不超过三次,因此,BIT-DIS 模型的结构并不复杂。另一方面,VT-CPFM2 模型基于车辆的工作原理搭建,需要大量准确的参数值,包括车辆特征参数、车辆状态参数、发动机状态参数、环境参数和燃油参数等。如果不能从汽车生产商处获得准确的特征参数,模型的估计误差非常大。因此,只有通过试验对参数进行细致调整和优化,才能保证模型的准确性,这大大增加了模型的复杂性。

图 5.14 为不同数据量下五种模型的计算时间对比。该对比表明,针对不同的数据量,BIT-DIS 模型和 VT-Micro 模型的计算时间几乎是相同的,CMEM 模型、

VT-CPFM 模型等物理油耗模型由于增加了功率计算，计算速度较慢。而由于 BIT-TFCM-1 模型的稳态基础模块采用插值方法，导致其计算速度最慢。

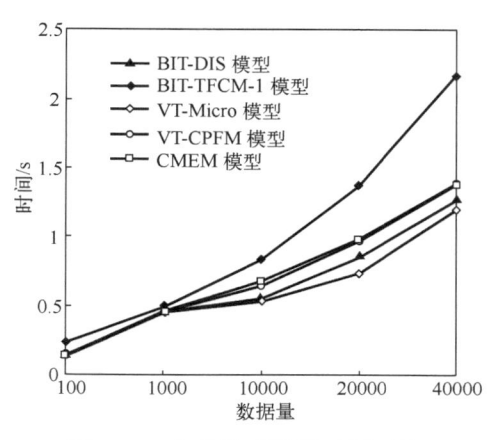

图 5.14　各种模型计算时间对比

第6章 基于BP神经网络的瞬态油耗模型

近年来，随着人工智能的发展，神经网络在数据拟合中具有突出优势，并普遍应用在各个领域的预测研究中。BP神经网络应用广泛，在模式识别和分类领域均取得了不错的效果。BP算法由两部分组成：信息的正向传递与训练误差的反向传播，后一层神经元只受前一层神经元的影响。在输出层输出结果后，与期望值进行比较，计算出误差大小，如果误差值超过允许值，则将误差反向传播，对各层的网络权重进行调整，一直重复此过程，直到误差满足要求。本章采用"稳态初估+瞬态修正"的结构进行车辆燃油消耗模型的研究，稳态模块基于发动机稳态测试数据，采取多项式拟合的方法建立模型，瞬态模块利用BP神经网络拟合实际油耗与稳态模块输出的差值，该差值相比实际油耗数值更小，可使BP神经网络在简单的结构下实现更好的拟合精度。

6.1 油耗模型数据及数据预处理

建模所采用的油耗数据集来自美国阿贡国家实验室的D3数据库。该数据库包含多种车型在Steady-state循环、UDDS循环、Highway循环以及US06循环的燃油消耗数据。

选取搭载1.4L/83kW发动机的某A级车型的测试数据作为油耗模型的建模数据。因为数据测量过程中不可避免地由于硬件或个人操作原因，使少数油耗数据异常，因此为了避免异常值过度影响模型标定的结果，需先对原始数据进行一些处理，然后再进行油耗模型的标定。本章采用"平均值滤波+VSP-3σ"方法对数据进行预处理。用VSP-3σ法对数据进行预处理时，将VSP分成等距的若干小区间后，每个小区间的燃油消耗分布大致呈正态分布。本节将VSP区间设置为2kW/t，部分VSP区间燃油消耗分布如图6.1所示，由图可以看出燃油消耗分布确实大致遵循正态分布，则各个小区间内落于±3σ区间之外的采样点可以视为异常数据予以剔除。

为避免正态分布左侧边界小于0，将区间边界定义如下：

$$\begin{aligned} B &= [L_B, R_B] \\ L_B &= \max\{0, \mu - 3\sigma\} \\ R_B &= \mu + 3\sigma \end{aligned} \tag{6.1}$$

第 6 章　基于 BP 神经网络的瞬态油耗模型

　　US06 循环部分数据经过平均值滤波和 VSP-3σ 数据预处理后的结果如图 6.2 所示。处理后的数据走势与原始数据基本一致，曲线变得更加平滑，这些经过处理后的数据将用于后续的油耗模型建模。

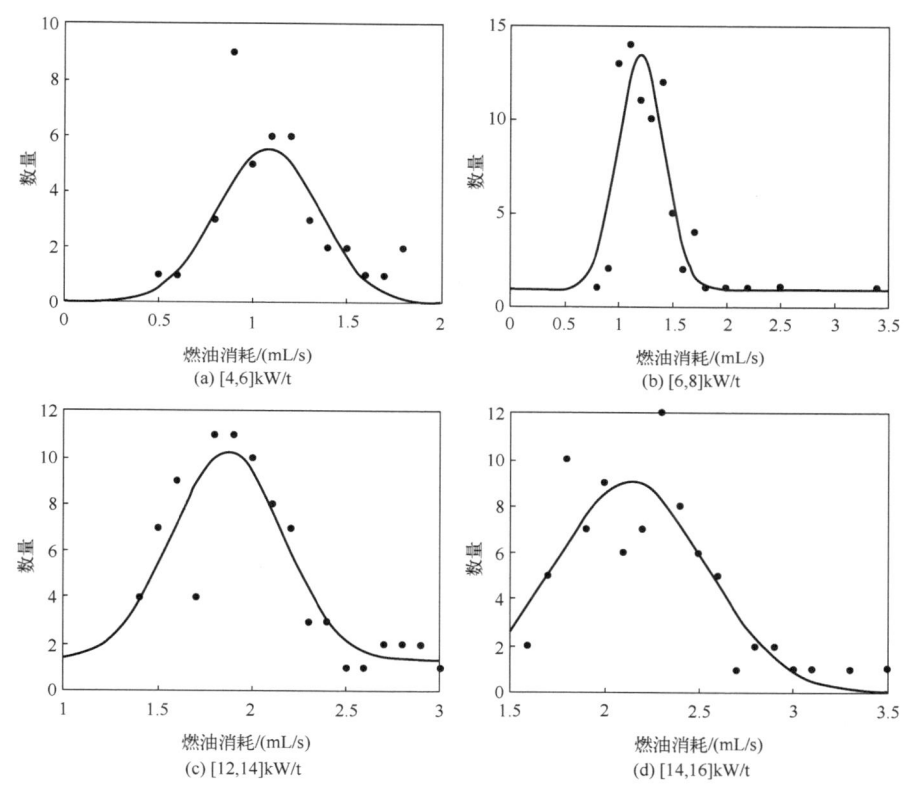

(a) [4,6]kW/t

(b) [6,8]kW/t

(c) [12,14]kW/t

(d) [14,16]kW/t

图 6.1　VSP 小区间内的燃油消耗分布

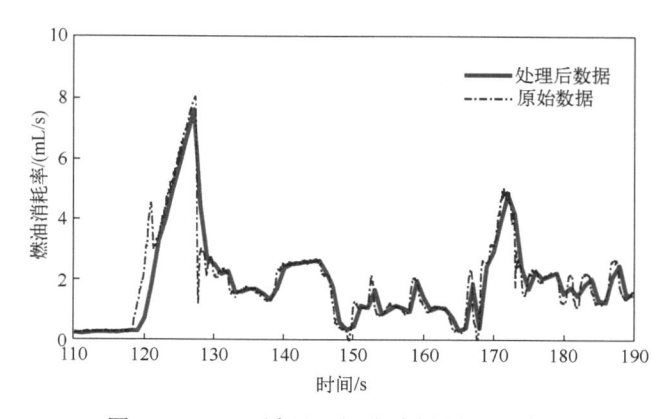

图 6.2　US06 循环一部分油耗预处理结果

6.2 基于 BP 神经网络的油耗模型建模

本节油耗模型由稳态估计和瞬态修正两个模块组成,其中,稳态估计模块用于估计稳态工况下的燃油消耗,以发动机转矩和转速作为输入,采取多项式结构进行拟合;瞬态修正模块利用 BP 神经网络拟合非稳定工况下实际油耗与稳态模块输出的差值,以发动机转速、车辆速度和加速度作为输入,以提高模型精度。

6.2.1 稳态估计模块的构建

稳态模块指发动机在稳定工况下工作时的油耗计算公式,基于我们之前的研究,选择如式(6.2)所示的稳态估计模型,标定数据为 Steady-state 循环中的油耗数据:

$$\begin{cases} m_s = \gamma_0 + \gamma_1 T_e + \gamma_2 n_e + \gamma_3 T_e^2 + \gamma_4 n_e T_e + \gamma_5 T_e^3 + \gamma_6 n_e T_e^2 \\ \dot{m}_s = e^{m_s} \end{cases} \quad (6.2)$$

式中,m_s 是稳态燃油消耗率 $\dot{m}_s$ 的对数,采用多项式拟合的方法将 m_s 拟合为发动机转矩 T_e 和发动机转速 n_e 的函数。

6.2.2 新的瞬态修正模块

车辆在道路行驶过程中,会出现急加速、急减速等特殊情况,造成油耗急剧变化,实际油耗会与稳态值相差较大,因此需要用瞬态模块对稳态模块的估值进行修正,以提高油耗模型整体的预测精度。基于 BP 神经网络设计瞬态修正模块,以发动机转速、车辆速度和加速度作为输入,拟合实际油耗与稳态模块输出的差值,实现油耗的精确预测。

下面将 BP 神经网络的构造分为三部分进行介绍,依次为:数据的分类、BP 神经网络的结构和 BP 神经网络的算法。选用 MATLAB 神经网络工具箱来开发所需的神经网络模型。

1. 数据的分类

经过前面平均值滤波和 VSP-3σ 法进行数据预处理后,剔除了油耗数据中的异常值,并有效保留了原始数据的特征。VSP 可体现车辆运行状态,VSP 区间的划分会影响车辆运行状态具体分布情况,进而影响油耗预测的精度。VSP 区间的划分精度越高,会使得单个 VSP 区间的油耗率、分布率精确度增加,从而使得整体的平均油耗率的计算误差会相应减少。

在拟合精度较高的情况下应使油耗模型结构尽可能简单,综合比较 VSP 各种分类结果,最终根据 VSP 是否大于 0 将 VSP 分为正负区间,每个区间单独用一个 BP 神经网络进行拟合,从整体上提高拟合精度,油耗模型具体结构如图 6.3 所示。

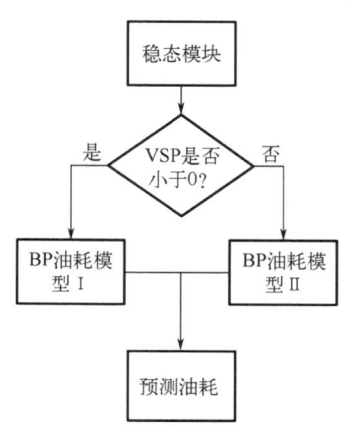

图 6.3 油耗模型结构

2. BP 神经网络的结构

选择和设计合适的网络体系结构对油耗模型的预测精度和复杂度有决定性的影响。油耗预测问题本质上是一个非线性问题,因此选择非线性神经网络来构建其体系结构。Hornik[13]通过理论研究证明三层的神经网络能够以任意精度逼近任何非线性连续函数,因此选择单隐含层的 BP 神经网络结构。相对于隐含层数,BP 神经网络的精度对隐含层内的神经元数目更敏感,合理设置隐含层神经元数目不但可以提高拟合精度,还可以减少网络的规模和学习训练的时间。确定隐含层神经元数目有 3 个经验公式:

$$m = \sqrt{n+l} + \alpha \tag{6.3}$$

$$m = \log 2^n \tag{6.4}$$

$$m = \sqrt{nl} \tag{6.5}$$

式中,m 为隐含层神经元数目,n 为输入层神经元数目,l 为输出层神经元数目,α 为 1~10 的常数。

经验公式只能提供一个参考,无法确定合适的隐含层神经元数目。具体做法是在经验公式的基础上,通过试凑法进行多次试验,不断修改隐含层神经元数目,以获得最优的神经网络结构。通过对隐含层 2~10 个神经元进行试验,最终将两个神经网络的隐含层神经元数目均确定为 3,此时拟合精度较高且网络规模较小。

3. BP 神经网络的算法

BP 神经网络的结构如图 6.4 所示。网络模型包含三个输入，这里分别为速度 v、加速度 a 和发动机转速 n，隐含层和输出层分别包含三个和一个神经元。$w_{ij}^{(1)}$ 是第 $i(i=1\sim3)$ 个输入层单元到第 $j(j=1\sim3)$ 个隐含层单元的连接权重，$w_{jk}^{(2)}$ 是第 $j(j=1\sim3)$ 个隐含层单元到第 $k(k=1)$ 个输出层单元的连接权重，$b_j^{(1)}$ 和 $b_k^{(2)}$ 分别为隐含层和输出层的偏置，每个隐含层神经元 j 的输入加权和为

$$\sigma_j = \sum_{i=1}^{3} w_{ij}^{(1)} x_i + b_j^{(1)} \tag{6.6}$$

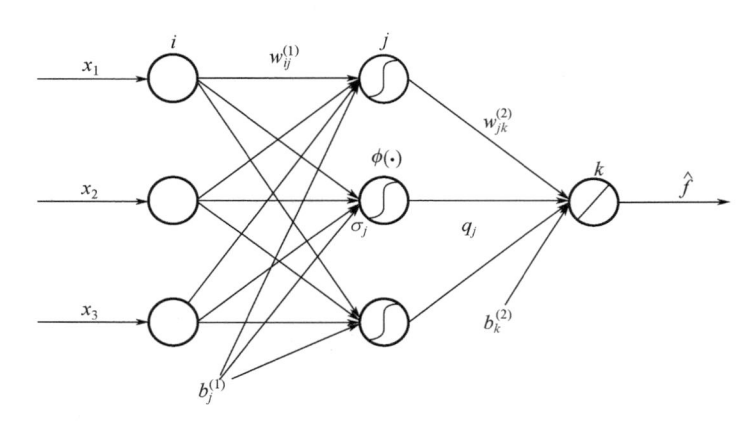

图 6.4　BP 神经网络结构

选择双曲正切函数 $\phi(x)=\dfrac{1-\mathrm{e}^{-x}}{1+\mathrm{e}^{-x}}$ 作为隐含层的激活函数，隐含层第 j 个神经元输出为

$$q_j = \phi(\sigma_j) = \frac{1-\mathrm{e}^{-\sigma_j}}{1+\mathrm{e}^{-\sigma_j}} \tag{6.7}$$

输出层直接输出燃油消耗率的估计值为

$$\hat{f} = \sum_{j=1}^{3} w_{jk}^{(2)} q_j + b_k^{(2)} \tag{6.8}$$

神经网络的训练选择 Levenberg-Marquardt 算法，即对应于 MATLAB 的 trainlm 算法，其对于中等规模的 BP 神经网络有最快的收敛速度。由于其避免了直接计算海赛矩阵，从而减少了训练中的计算量。

6.3 新油耗模型的验证

设置BP神经网络的训练次数为10000,精度目标为0.001。训练数据选自US06和UDDS联合工况,该联合工况一共包含2296个状态,随机选择四分之三用来进行神经网络的训练,剩余四分之一的数据进行神经网络的验证,验证数据集还包含Highway循环工况的1527个状态。进行三次重复性试验,最终选择验证结果最优的一个。选中的网络模型在10000次训练之后的训练误差曲线和回归系数如图6.5所示。训练误差曲线表明在第12次训练结束后,BP神经网络已经收敛,收敛速度快,并且均方误差在0.1以下。回归系数为0.98,数值越接近1则拟合效果越好,结果表明该模型拟合精度很高。

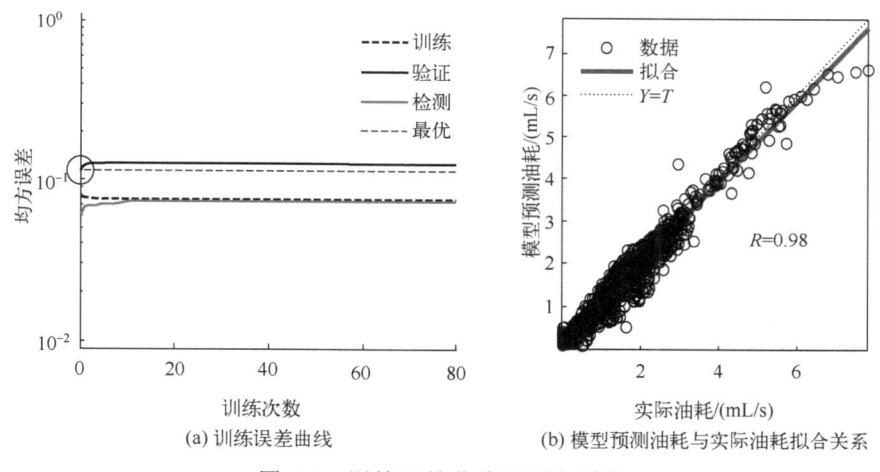

(a) 训练误差曲线　　(b) 模型预测油耗与实际油耗拟合关系

图 6.5　训练误差曲线和回归系数

模型的验证分为两部分:①与单独稳态模块的预测性能做对比,验证瞬态修正模块的作用;②与BIT-TFCM-1模型对比,验证新建瞬态油耗模型的预测准确性,验证数据集来自US06和UDDS联合工况的四分之一数据以及Highway循环数据。为了评估不同模型的优劣,引入MAPE和RMSE作为模型评价指标,这两个指标的计算方法如式(4.12)和式(4.13)所示。

6.3.1　瞬态修正模块作用的验证

在稳态估计模块的基础上,本节增设了瞬态模块对稳态模块估计值进行修正,从而提高模型的预测精度。为了验证该方法的有效性,将新开发的油耗模型与单独稳态模块的预测性能做对比,结果如表6.1所示。由表可知,在引入基于BP

神经网络的瞬态修正模块后,在 UDDS&US06 验证组数据下,模型的 MAPE 为 13.64%,相比稳态模块降低了 37.71%,在 Highway 循环数据下模型的 MAPE 值为 6.73%,相比稳态模块降低了 29.76%。同时,模型的 RMSE 分别为 0.22 和 0.09,相比稳态模块各自降低了 8.04mL/s 和 5.30mL/s,结果表明在引入基于 BP 神经网络的瞬态修正模块后,预测精度得到大幅度提升。

表 6.1 瞬态修正模块的验证结果

模块	UDDS&US06 验证组		Highway 循环	
	MAPE/%	RMSE/(mL/s)	MAPE/%	RMSE/(mL/s)
稳态模块	51.35	8.26	36.49	5.39
新模型	13.64	0.22	6.73	0.09
相差值	37.71	8.04	29.76	5.30

6.3.2 新油耗模型精度的验证

与 BIT-TFCM-1 模型对比,验证新建瞬态油耗模型的预测准确性。BIT-TFCM-1 模型在上述稳态估计模块的基础上,利用车辆加速度和速度构造瞬态修正模块,其油耗模型的完整结构为

$$\begin{cases} m_s = \gamma_0 + \gamma_1 T_e + \gamma_2 n_e + \gamma_3 T_e^2 + \gamma_4 n_e T_e + \gamma_5 T_e^3 + \gamma_6 n_e T_e^2 \\ m_c = \sum_{i=2}^{3} \sum_{j=0}^{1} \beta_{i,j} a^i v^j \\ \dot{m}_f = e^{(m_s + m_c)} \end{cases} \quad (6.9)$$

两种模型的对比结果如表 6.2 所示。从表 6.2 可以看出,在 UDDS&US06 验证组数据下,模型的 MAPE 值降低了 14.33%,在 Highway 循环数据下降低了 20.96%。同时,模型的 RMSE 值分别降低了 0.03mL/s 和 0.24mL/s,结果表明新模型可有效减小预测的平均误差值,显著提升预测精度。

表 6.2 新油耗模型的验证结果

模块	UDDS&US06 验证组		Highway 循环	
	MAPE/%	RMSE/(mL/s)	MAPE/%	RMSE/(mL/s)
BIT-TFCM-1	27.97	0.25	27.69	0.33
新模型	13.64	0.22	6.73	0.09
相差值	14.33	0.03	20.96	0.24

图 6.6 为新模型与 BIT-TFCM-1 模型在 Highway 循环中的油耗预测对比,可以明显看出新模型的预测结果更贴近实测值,绝大部分油耗的绝对值偏差控制在

±0.2mL/s 以内。根据表 6.2 可知,本章建立的新模型平均绝对误差百分比为 6.73%~13.64%,满足一般的工程需求(20%以内),能够为后续坡道行驶经济性车速轨迹研究提供准确的油耗预测。

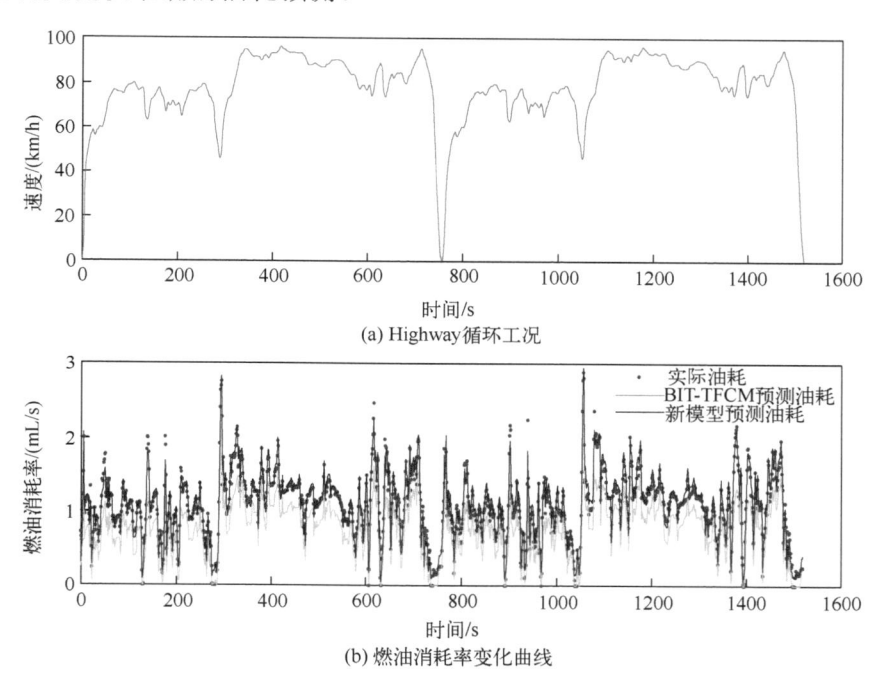

图 6.6 Highway 工况下新模型与 BIT-TFCM-1 模型对比

第 7 章　基于支持向量回归的瞬态油耗模型

7.1　数据驱动型油耗模型介绍

数据驱动型油耗模型采用机器学习的方法，基于大量实测的油耗样本数据进行训练，然后建立各项车辆参数与燃油消耗之间的输入输出模型，实现燃油消耗的预测。随着大数据和计算机技术的发展，数据驱动型油耗模型得到了越来越多研究者的关注。

结构化油耗模型虽然可以反映燃油消耗与车辆特征参数之间的物理和数学关系，但其计算效率普遍较低，且建模需要许多车辆动力学知识、传动系统参数等，而这些通常是不容易获取的。此外，结构化油耗模型可能对部分车型的预测效果不好，需要对模型结构做出一定的调整，增大了工作量。数据驱动型油耗模型则可以很好地解决以上问题，基于机器学习的方法，使得模型具有较好的非线性拟合能力和较强的自学习能力，且由于所用的算法固定，根据不同样本数据即可更新模型，使用方便。然而，现有的基于机器学习的油耗模型所用方法太杂，模型训练所用的数据太多样，推广效果并不理想，导致现在应用较多的仍是一些经典的结构化模型。因此，建立一种适用性好、参数简单且具有较高预测精度的数据驱动型油耗模型是很有必要的。

在各种机器学习算法中，支持向量回归(support vector regression, SVR)由于设置了容忍偏差，对异常值的鲁棒性较好，具有出色的泛化能力和较高的预测精度[14]，同时 SVR 容易实现，预测模型可以轻松更新，因此本节选择 SVR 方法进行油耗预测，使模型具有较好的适用性。另外，目前基于 SVR 的油耗模型大多都有输入参数不易获取的问题，这些参数的引入对油耗模型的实际应用造成了一定的困难，同时这也是数据驱动型油耗模型普遍存在的问题。于是，为了使模型易于实现，本章提出一种基于 SVR 的瞬态油耗模型，仅选择数量较少且最常用的发动机参数和车辆状态参数作为模型输入，同时采用数据分析和工况重构的方法来提高模型的预测精度。

7.2 建模数据与数据预处理

7.2.1 建模数据

本研究用于建立瞬态油耗模型的数据也是来自美国阿贡国家实验室的D3数据库。该数据库提供了十多种车型的油耗数据，选择其中 2013 款现代索纳塔的数据进行建模。该车型配置 2.4L 的直列四缸发动机和 6AT 变速箱，最大功率为 147kW，最大转矩为 250N·m。实验数据包括 Steady-state 循环、UDDS 循环、US06 循环和 Highway 循环四种工况，数据采样频率为 10Hz，共有 52394 个样本数据。

7.2.2 数据预处理

为避免异常数据对建模的影响，需要对原始的实验数据进行预处理，改善数据质量。数据预处理采用 VSP-3σ 法和平均值滤波法。具体算法与之前第 4~6 章的方法相同。图 7.1 为 US06 循环 0~200s 时间段数据经过预处理后的结果。

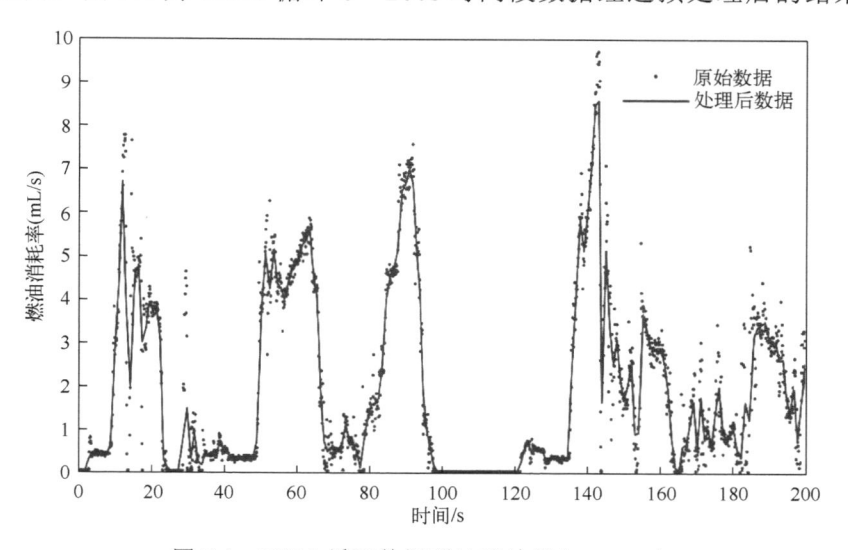

图 7.1 US06 循环数据预处理结果 (0~200s)

7.3 瞬态油耗模型

本油耗模型针对车速、车辆加速度、发动机转速和发动机转矩这四项关键参数进行研究，前两项可以反映车辆运行的瞬态情况，后两项则可以反映坡道条件和车辆负载对燃油消耗的影响。考虑到车辆在瞬态过程中的发动机转矩很难准确测量，不适合直接作为油耗模型的输入参数，故使用转矩拟合的方法，并在工况重构的基础上采用"稳态初估+瞬态修正"的结构。其中，稳态模块用于进行转矩的拟合，得到稳态估计油耗，再通过瞬态模块进行瞬态修正，进而得到最终的预测油耗。稳态模块和瞬态模块均使用 SVR 算法训练模型，实现油耗的预估。

7.3.1 SVR 模型

SVR 的目标是找到一个函数 $f(x)$，使得每个训练点 x 偏离响应 y_i 的值不大于 ε，同时尽可能平滑。由于 SVR 使用了核函数，可以将非线性问题转化为高维空间中的线性问题，因此非常适用于解决非线性回归问题，也被认为是一种非参数的技术。

假设有一组训练数据 $\{(x_1,y_1),(x_2,y_2),\cdots,(x_i,y_i),i=1,2,3,\cdots,n\}$，SVR 通过式 (7.1) 来近似该组数据的函数关系：

$$f(\boldsymbol{x}) = \boldsymbol{\omega} \cdot \varphi(\boldsymbol{x}) + b \tag{7.1}$$

式中，$\boldsymbol{\omega}$ 为权重向量；b 为偏置项；$\varphi(\boldsymbol{x})$ 表示将输入空间的 $\boldsymbol{x}$ 映射到高维特征空间的变换；$\boldsymbol{x} \in X$ 为 N 维输入向量，X 为输入向量空间；y_i 为响应值；n 为训练样本数。

$\boldsymbol{\omega}$ 和 b 通过最大化间隔带宽度和最小化损失获得，其数学表达如下：

$$\begin{aligned} J &= \min_{\boldsymbol{\omega},b} \frac{1}{2}\|\boldsymbol{\omega}\|^2 + C\sum_{i=1}^{n} L_{\varepsilon}(f(\boldsymbol{x}_i),y_i) \\ L_{\varepsilon}(f(\boldsymbol{x}_i),y_i) &= \begin{cases} 0, & \text{如果}\,|y_i - f(\boldsymbol{x}_i)| \leqslant \varepsilon \\ |y_i - f(\boldsymbol{x}_i)| - \varepsilon, & \text{其他} \end{cases} \end{aligned} \tag{7.2}$$

式中，ε 为在线性函数 $f(\boldsymbol{x})$ 两侧人为制造的间隔带的间距，也叫作容忍偏差。常数 C 为框约束，用于控制对位于 ε 之外的样本施加的惩罚。损失函数 L_{ε} 根据响应值 y_i 与 ε 之间的距离来计算，忽略 ε 范围内的误差。

在实际中，一般很难直接确定合适的 ε，确保大部分样本都能在间隔带内，因此为每一个样本点引入松弛变量 ξ_i 和 ξ_i^*，得到如下目标方程：

$$\begin{aligned} J &= \min_{\boldsymbol{\omega},b,\xi_i,\xi_i^*} \frac{1}{2}\|\boldsymbol{\omega}\|^2 + C\sum_{i=1}^{n}(\xi_i + \xi_i^*) \\ \text{s.t.} & \\ & \begin{cases} \forall i: y_i - (\boldsymbol{\omega} \cdot \varphi(\boldsymbol{x}_i) + b) \leqslant \varepsilon + \xi_i \\ \forall i: (\boldsymbol{\omega} \cdot \varphi(\boldsymbol{x}_i) + b) - y_i \leqslant \varepsilon + \xi_i^* \\ \forall i: \xi_i \geqslant 0 \\ \forall i: \xi_i^* \geqslant 0 \end{cases} \end{aligned} \tag{7.3}$$

通过构造拉格朗日对偶方程来求解目标方程。最终 $f(\boldsymbol{x})$ 将仅依赖于支持向量实现预测，即式(7.3)变成如下形式：

$$f(\boldsymbol{x}) = \sum_{i=1}^{n}(\alpha_i - \alpha_i^*)G(\boldsymbol{x}_i, \boldsymbol{x}) + b \tag{7.4}$$

式中，α_i 和 α_i^* 为拉格朗日乘子；$G(\boldsymbol{x}_i, \boldsymbol{x})$ 为核函数，$G(\boldsymbol{x}_i, \boldsymbol{x}_j) = \varphi(\boldsymbol{x}_i)^T \cdot \varphi(\boldsymbol{x}_j)$；如果 α_i 或 α_i^* 中有一个不为零，即落在 ε 之外的样本，那么该样本就被称为支持向量。

高斯核函数（又名径向基核函数）是核函数中应用最广的一个，无论大样本还是小样本都有比较好的性能，而且参数较少，已经在相关研究中得到应用。因此本文的 SVR 模型选择高斯核函数进行研究，其计算公式如下：

$$G(\boldsymbol{x}_i, \boldsymbol{x}_j) = \exp(-\gamma \|\boldsymbol{x}_i - \boldsymbol{x}_j\|^2) \tag{7.5}$$

使用高斯核函数后，SVR 模型主要有三个关键参数需要设置，分别是框约束 C、容忍偏差 ε 和式(7.5)中核缩放参数 γ。这三个参数对模型的精度影响很大，为了正确地选择这三个参数，在训练过程中采用贝叶斯优化方法进行超参数优化，确定最佳的 C、ε 和 γ。超参数优化的最大迭代次数设置为 30 次，每一次优化都进行五倍交叉验证，最终找到将交叉验证损失最小化的超参数，以此获得效果最佳的 SVR 模型。

7.3.2 稳态初估模块

车辆在实际运行过程中的发动机转矩通常都难以准确测量，因此在大多数情况下，发动机转矩都是估计出来的。与瞬态工况相比，稳态工况下的发动机运行状态稳定，发动机转速和转矩具有明显的相关性。因此，可以基于稳态工况的数据，拟合出发动机转矩关于发动机转速的多项式。将模型分为稳态模块和瞬态模块，可以充分结合稳态工况数据的发动机特性和瞬态工况数据的瞬态油耗特性。此外，稳态初估模块以发动机转速和转矩为输入，利用发动机的稳态数据来提供稳态燃油消耗估计，可以充分考虑车辆负载和坡道变化等对燃油消耗的影响，与传统的发动机稳态油耗模型结构一致。

稳态模块的建模数据为 Steady-state 循环，从图 7.1 中可以看出 Steady-state 循环工况包含了 15~130km/h 的车辆匀速速度及燃油消耗数据。在进行数据预处理时，还需要将 Steady-state 循环中车速变化超过 0.1m/s^2 的数据剔除，以免其瞬态过程对稳态预测造成影响。选择三次多项式进行发动机转矩的拟合，得到稳态工况下的发动机转速和转矩关系如下：

$$\begin{cases} T = \beta_1 \left(\dfrac{n}{1000}\right)^3 + \beta_2 \left(\dfrac{n}{1000}\right)^2 + \beta_3 \left(\dfrac{n}{1000}\right) + \beta_4, & n \geqslant 800\text{rpm} \\ T = 0, & n < 800\text{rpm} \end{cases} \quad (7.6)$$

式中，$n(\text{rpm})$ 为发动机转速，$T(\text{N·m})$ 为发动机转矩，$\beta_{1\sim 4}$ 为多项式系数。

将 Steady-state 循环数据中的发动机转速和发动机转矩作为输入向量，燃油消耗率作为响应变量，对 SVR 模型进行训练，训练完成后即得到基于 SVR 的稳态初估模块，其结构如图 7.2 所示。在实际使用时，将发动机转速和发动机转矩输入稳态模块，其中，发动机转矩可通过多项式拟合得到，无须直接测量，输出即为稳态估计的燃油消耗率，为后续的瞬态修正做准备。

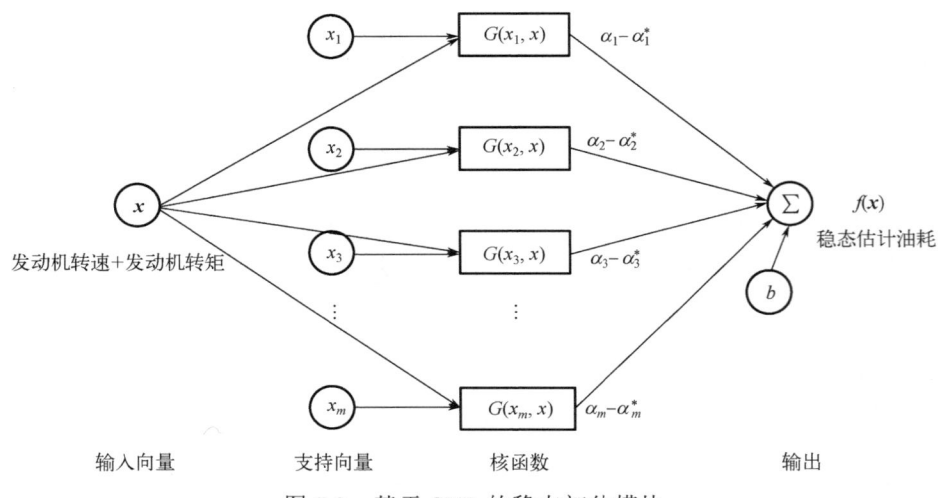

图 7.2 基于 SVR 的稳态初估模块

7.3.3 瞬态修正模块

1. 数据分析

不同工况下的车辆燃油消耗特性会有很大的不同，通过对稳态估计油耗和瞬态油耗之间的油耗差值进行数据分析，将瞬态油耗模型进行合理的分类可以有效地提高模型预测效果。首先观察油耗差值与各车辆参数间的关系，发现油耗差值与车辆加速度有明显的相关性，如图 7.3 所示。车辆在正加速度和负加速度下的油耗特性有很大的差异，其中，在正加速度时的油耗差值基本都大于 0，在负加速度时的油耗差值则相反，有必要对瞬态修正模块进行分类处理。因此，将瞬态模块的建模数据按照车辆加速度的正负初步分为加速工况和减速工况。

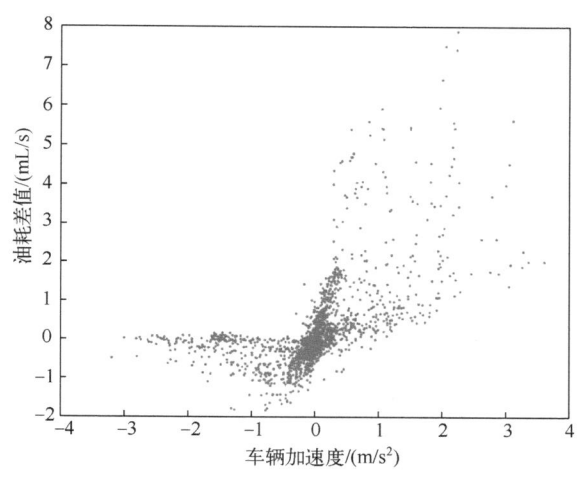

图 7.3 油耗差值与车辆加速度的关系

为了能进一步对工况进行准确分类，采用高斯混合模型（Gaussian mixture model，GMM）对建模数据进行分析。GMM 是一种常用的无监督学习算法，可以看作是 K-means 算法的扩展，具有强大的聚类分析能力。GMM 假设存在一定数量的高斯分布，并且每个分布代表一个类簇，将属于同一分布的样本分组在一起。同一个类簇中的样本通常具有高度相似性，而不同类簇中的样本则差异较大，进而揭示样本之间的内在性质和联系规律。

在使用 GMM 之前，需要确定假定的高斯分布数量，也就是聚类分析的类簇数。对于 GMM 而言，通常使用 BIC 来确定最优的类簇数，这里的 BIC 定义如下[15]：

$$\text{BIC} = 2 \cdot \log(\hat{\theta}) - k\log(N) \tag{7.7}$$

式中，N 为样本数，k 为模型参数的数量，$\log(\hat{\theta})$ 表示模型的最大对数似然目标函数值。

在相同数据集下，BIC 的值越大，说明模型的拟合效果越好。为了避免分类过于复杂，同时又能保障分类的有效性，将类簇数的选取范围设置为 1 到 3。BIC 的计算结果如图 7.4 所示，可以发现，对于加速工况，类簇数为 2 时模型的 BIC 值最大；对于减速工况，类簇数为 1 时模型的 BIC 值最大。因此，将 GMM 聚类分析的类簇数确定为两类来对加速工况进行进一步分析，减速工况则无须进一步细分。

将 UDDS 循环和 US06 循环数据整合在一起，命名为 UDDS&US06 循环，这样就能兼顾车辆在高速和低速运行时的燃油消耗特性，从而使后续所建油耗模型的适用性更好。

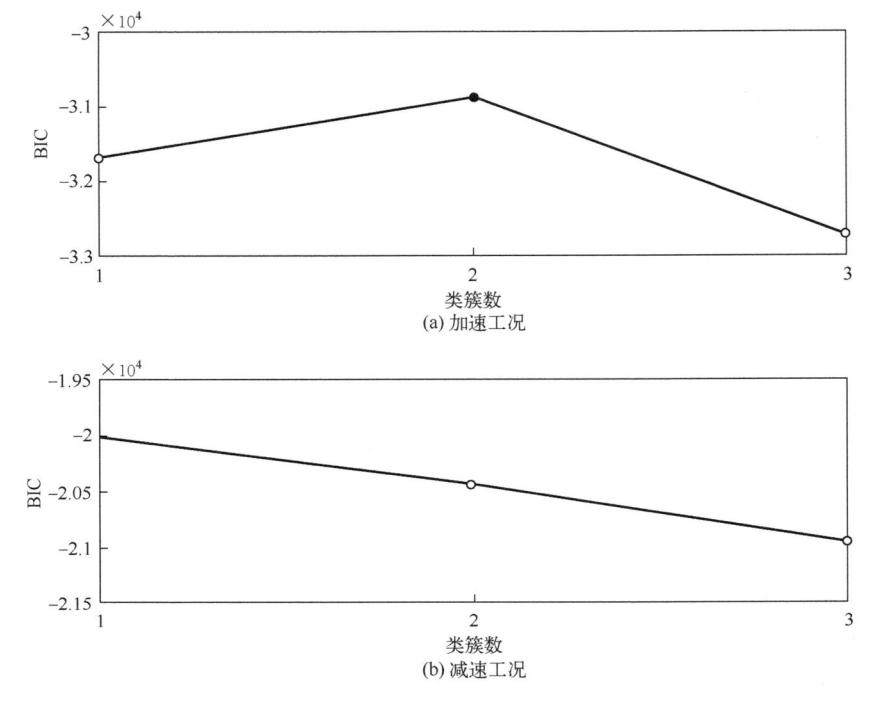

图 7.4　不同类簇数的 BIC 值计算结果

选择 UDDS&US06 循环数据，提取其中的车速、车辆加速度、发动机转速和油耗差值这四项参数组成四维向量进行 GMM 聚类分析。由于四维向量无法可视化表现，故将分类后的数据投影到三维空间，得到的聚类分析结果如图 7.5 所示。从图 7.5 可以看出，加速工况的样本数据被分成了两簇，簇与簇之间有比较明显的界限。

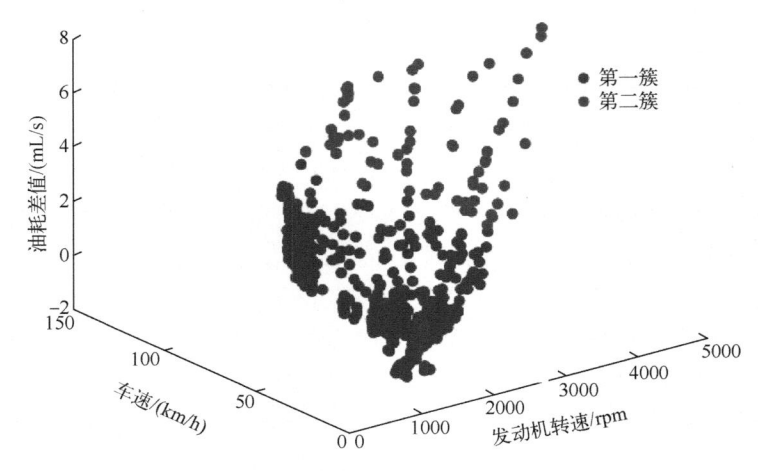

图 7.5　GMM 聚类分析结果（见彩图）

2. 工况重构

为了使建立的瞬态油耗模型的预测效果更好，可以根据车辆运行过程中的主要参数特性进行工况分区，进而结合不同工况的数据特性来训练模型，提高预测精度。

将 GMM 聚类分析得到的加速工况下的两个类簇视为两种工况进一步分析。经过观察，发现分类结果与发动机转速高度相关，而对于其他几项参数则没有表现出明显差异，于是对这两种工况数据的发动机转速进行单独分析。

图 7.6 为这两种工况的发动机转速的详细分布情况，根据图 7.6 所示的结果并结合车辆的实际参数意义，基于车辆加速度和发动机转速重构出三种工况，最终的工况分区结果如表 7.1 所示。

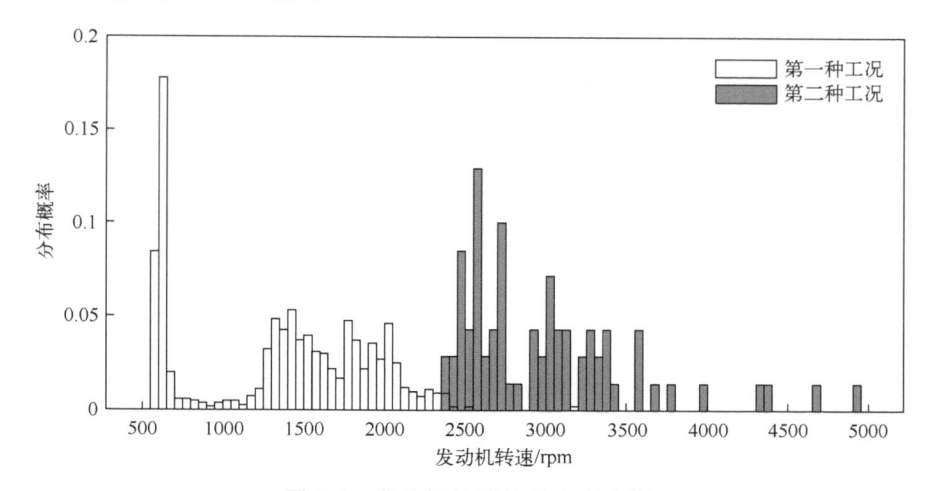

图 7.6 发动机转速的分布直方图

表 7.1 三种行驶工况的分区结果

工况	车辆参数	
	车辆加速度	发动机转速/rpm
第一种工况	$a \geq 0$	$n \leq 2400$
第二种工况	$a \geq 0$	$n > 2400$
第三种工况	$a < 0$	—

计算 GMM 聚类分析得到的加速工况下的两类数据对应到第一种工况和第二种工况的准确率，结果分别为 98.9880%、97.1429%，准确率极高，说明 GMM 聚类分析对实验数据进行了有效的分类。

3. 瞬态修正模块

瞬态模块的作用是对稳态模块初始估计的油耗进行修正,以车速和车辆加速度等易测量的瞬态变量作为输入,稳态估计油耗和瞬态油耗的差值作为输出,最终稳态估计油耗与修正的油耗差值相加即为预估的瞬态油耗。

将 UDDS&US06 循环随机取四分之三的数据命名为 UDDS&US06 循环 D 组,用于瞬态模块的构建,剩余部分命名为 UDDS&US06 循环 V 组,用于模型的验证。

以 UDDS&US06 循环 D 组数据中的车速和车辆加速度作为输入变量,燃油消耗差值作为响应变量,针对工况重构后的三种工况,对每一种工况分别使用一个 SVR 模型进行训练,训练完成后即得到基于 SVR 的瞬态修正模块,其结构同图 7.2 一致,其中,输入向量变成车速和加速度,输出则变为瞬态修正油耗。最后,通过两个模块的 SVR 模型对瞬态燃油消耗率进行预测,其数学表达式如下:

$$\begin{aligned} \mathrm{FC}_s &= \sum_{i=1}^{m}(\alpha_i - \alpha_i^*)G(\pmb{x}_i, \pmb{x}) + b & \pmb{x} \in [n, T] \\ \mathrm{FC}_t &= \mathrm{FC}_s + \sum_{j=1}^{p}(\alpha_j - \alpha_j^*)G(\pmb{x}_j, \pmb{x}) + b & \pmb{x} \in [v, a] \end{aligned} \quad (7.8)$$

式中,FC_s (mL/s) 为稳态估计的燃油消耗率;FC_t (mL/s) 为瞬态燃油消耗率;$\pmb{x}_i$ 和 $\pmb{x}_j$ 为支持向量;α_i、α_i^*、α_j 和 α_j^* 为拉格朗日乘子;b 为偏置;n (rpm) 为发动机转速;T(N·m) 为发动机转矩;v (km/h) 为车速;a (m/s^2) 为车辆加速度。

在工况重构的基础上结合稳态模块和瞬态模块,得到最终的瞬态油耗模型,新模型以发动机转速、车速和车辆加速度作为输入,瞬态燃油消耗率作为输出,模型结构如图 7.7 所示。

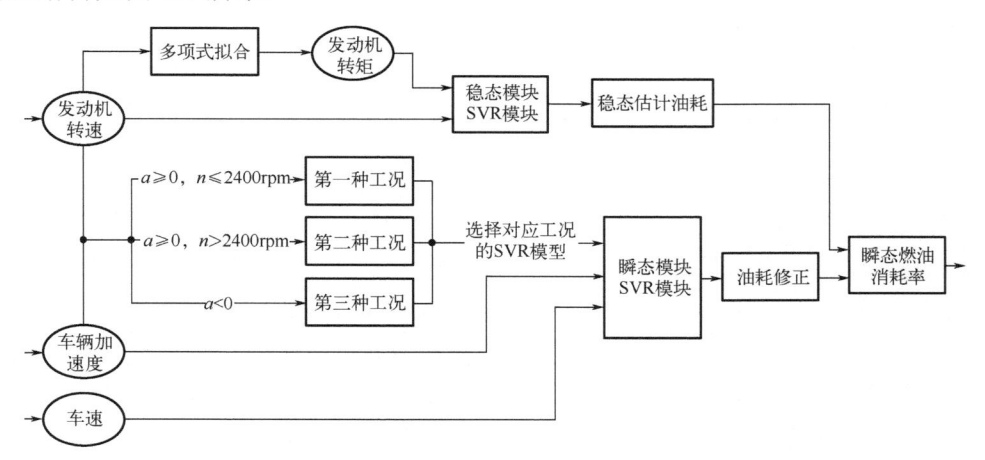

图 7.7 瞬态油耗模型结构

7.4 模型性能验证及对比

7.4.1 模型性能验证

为了能有效地评价油耗模型的性能，引入三个模型评价指标，分别为平均绝对误差（mean absolute error，MAE）、MAPE 和 RSME。三种评价指标的值越小，预测值就越接近实测值，模型的性能也就越好。RSME 和 MAPE 的计算公式见式(4.12)和式(4.13)。MAE 的计算公式如下：

$$\text{MAE} = \frac{1}{n_v}\sum_{i=1}^{n_v}\left|\dot{m}_p(i)-\dot{m}_m(i)\right| \tag{7.9}$$

式中，$\dot{m}_p(i)$ (mL/s) 为第 i 个预测的燃油消耗率，$\dot{m}_m(i)$ (mL/s) 为第 i 个实测的燃油消耗率，n_v 为用于模型验证的总样本数。

使用 UDDS&US06 循环 V 组数据和 Highway 循环数据对本节所建立瞬态油耗模型（称作 BIT-SVR）的性能进行验证，验证结果如表 7.2 所示。

表 7.2 模型验证结果

验证数据集	MAE/(mL/s)	MAPE/%	RMSE/(mL/s)
UDDS&US06 循环 V 组	0.1526	13.6896	0.2137
Highway 循环	0.1164	10.7814	0.1620

从表 7.2 中的模型验证结果可以看出，本节建立的 BIT-SVR 模型的 MAPE 值低于 15%，满足油耗模型的工程应用标准[9]。经计算，UDDS&US06 循环 V 组的平均燃油消耗率为 1.1256mL/s，最大燃油消耗率为 8.1392mL/s；Highway 循环的平均燃油消耗率为 1.0798mL/s，最大燃油消耗率为 3.9764mL/s。相比之下，它们的平均绝对误差仅为 0.1526mL/s 和 0.1164mL/s，说明每个数据的误差值要比数据本身小一个数量级，因此，BIT-SVR 模型表现出了较高的预测精度。图 7.8 为 US06 循环 0~200s 时间段的实测油耗和预测油耗的对比结果，从图中可以看出，BIT-SVR 模型可以很好地反映车辆瞬态燃油消耗的变化趋势，在大部分时间内预测值都与实测值极为接近，模型表现出很好的预测效果。另外，从模型的实用性来看，BIT-SVR 模型基于最常见的车辆瞬态参数和发动机状态参数，同时考虑了车辆在实际运行时发动机转矩不易测量的问题，使模型易于预测油耗，具有很好的实现性，便于实际使用。

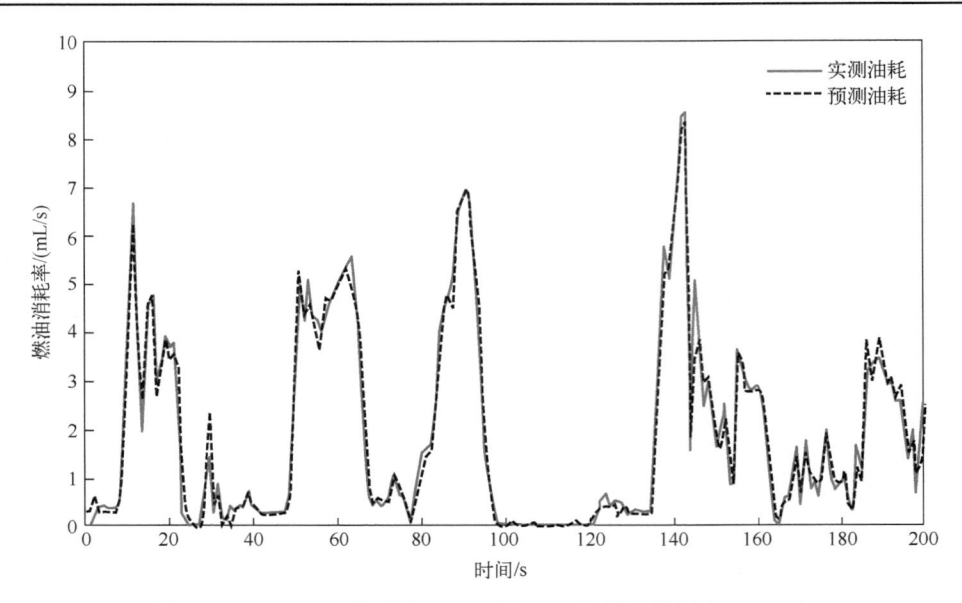

图 7.8　BIT-SVR 模型在 US06 循环下的预测效果（0～200s）

7.4.2　模型性能对比

为了进一步验证油耗模型的性能，将 BIT-SVR 模型与 BIT-DIS 模型、BIT-TFCM 模型、VT-Micro 模型和 VT-CPFM 模型进行对比，结果如表 7.3 所示。BIT-TFCM 模型、VT-Micro 模型和 VT-CPFM 模型都是比较经典的瞬态油耗模型，BIT-DIS 模型则是最新提出来的瞬态油耗模型，模型精度很高，因此也是本模型的主要比较对象。

表 7.3　瞬态油耗模型性能对比

模型	UDDS&US06 循环 V 组			Highway 循环		
	MAE/(mL/s)	MAPE/%	RMSE/(mL/s)	MAE/(mL/s)	MAPE/%	RMSE/(mL/s)
BIT-SVR	0.1526	13.6896	0.2137	0.1164	10.7814	0.1620
BIT-DIS	0.1948	17.7429	0.3021	0.1664	15.4079	0.2129
BIT-TFCM	0.2449	23.7030	0.3654	0.2497	24.2414	0.3159
VT-Micro	0.3140	27.2880	0.4842	0.3015	27.9189	0.3520
VT-CPFM	0.2484	21.5873	0.3717	0.1989	18.4181	0.2536

从表 7.3 中的结果可以看出，BIT-SVR 模型的 MAE、MAPE 和 RMSE 值均小于其他几个模型，是预测误差最小的瞬态油耗模型。相比于 BIT-DIS 模型，BIT-SVR 模型在 UDDS&US06 循环 V 组下的 MAE 值降低了 0.0422mL/s，MAPE 值降低了

4.0533%；在 Highway 循环下 MAE 值降低了 0.05mL/s，MAPE 值降低了 4.6265%。上述评价指标的数值表明，BIT-SVR 模型具有较高的预测精度。

选择对比模型中性能最好的 BIT-DIS 模型和 BIT-SVR 模型进行回归分析，并计算其决定系数 R^2，以此来进一步对比模型的整体性能表现，验证结果如图 7.9 所示。R^2 是预测值和实测值之间的相关性指标，R^2 的大小越接近 1，说明模型的预测性能越好。由图 7.9 可知，BIT-SVR 模型在 UDDS&US06 循环 V 组下的 R^2 高达 0.9720，在 Highway 循环下的 R^2 为 0.9125，十分接近 1。此外，BIT-SVR 模型在两个验证集下的 R^2 也均大于 BIT-DIS 模型。结果表明，BIT-SVR 模型的预测油耗要更接近实测油耗，整体性能表现更好。

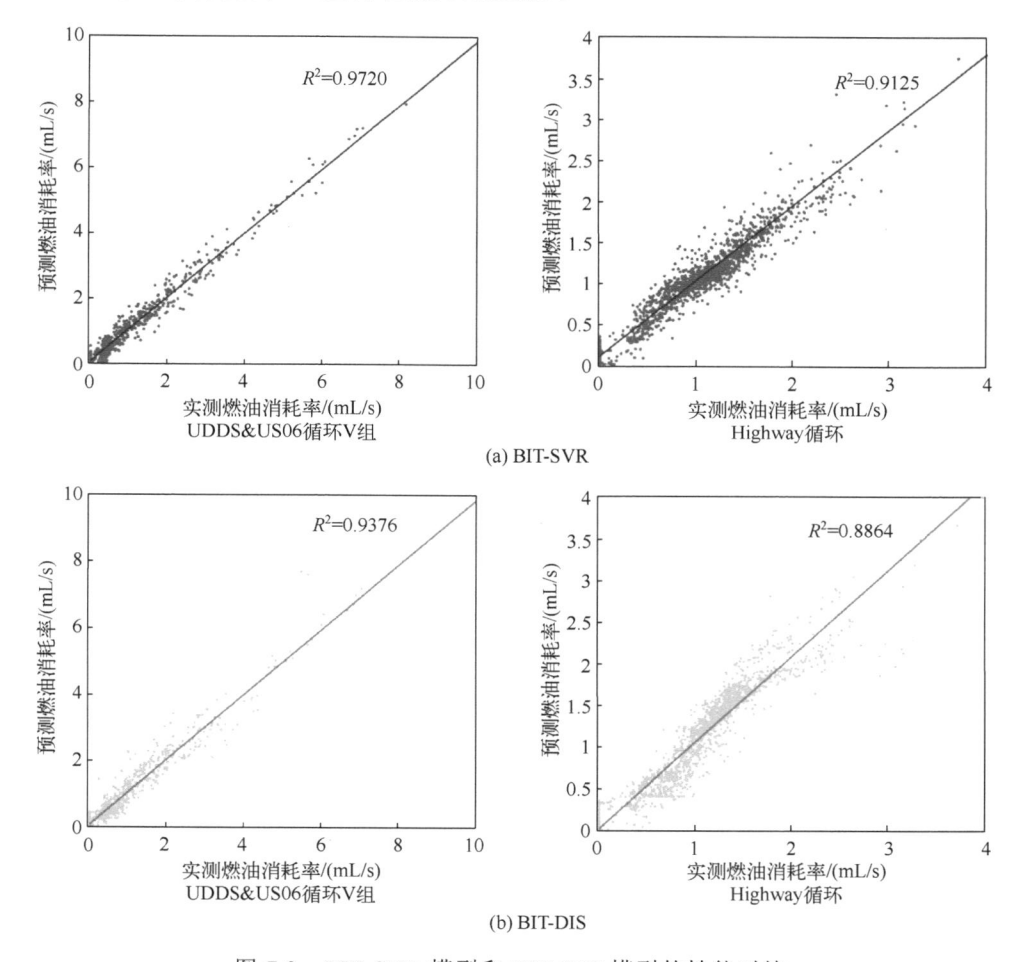

图 7.9 BIT-SVR 模型和 BIT-DIS 模型的性能对比

除了模型预测精度更高之外，本节所提出的 BIT-SVR 模型在模型结构方面也具有许多优势。VT-Micro 模型直接使用车速和车辆加速度来建立瞬态油耗模型，结构简单，却无法反映车辆负载等对油耗的影响。VT-CPFM 模型基于车辆的工作原理，模型的搭建需要大量的车辆状态参数、车辆结构参数、发动机状态参数、环境参数和燃油参数，如果得不到准确的各项特征参数，VT-CPFM 模型的调参环节就会很困难，这不仅增加了模型的复杂度，也降低了模型的适用性。BIT-TFCM-1 模型由于稳态模块采用二维插值的方法，每一次预测都要进行一次插值运算，导致计算速度较慢。相比之下，BIT-SVR 模型使用最常见的车辆瞬态参数和发动机状态参数，参数获取难度低，且通过机器学习将车辆的运行工况进行准确的分区，结合不同工况的数据特性来训练模型，提高预测精度。BIT-DIS 模型采用的是多项式结构，该结构对车型的依赖度较高，通常需要调整多项式结构的最高幂次和项数以适应新的车型，而 BIT-SVR 模型则是基于数据驱动，模型的适用性更强。除此之外，BIT-SVR 模型还考虑了车辆在实际运行时发动机转矩不易测量的问题，相比于 BIT-TFCM-1 模型和 BIT-DIS 模型直接以发动机转矩作为模型输入，BIT-SVR 模型的可实现性显然要更高，在实际使用中进行油耗预测的难度也更低。

图 7.10 为不同数据量下的各油耗模型所需的计算时间。从图中可以看出，BIT-TFCM 模型由于需要进行多次插值运算，导致其计算时间明显超过其他模型，而剩下的四个模型的计算速度则相差不大。总的来说，本节提出的 BIT-SVR 模型在数据量为 10000 时所需的计算时间低于 0.1s，耗时极短，具有较高的计算速度。此外，随着计算机技术的发展，硬件设备的计算能力逐年增强，数据驱动型油耗模型将在满足实时性要求的同时更好地发挥其精度高的优势。

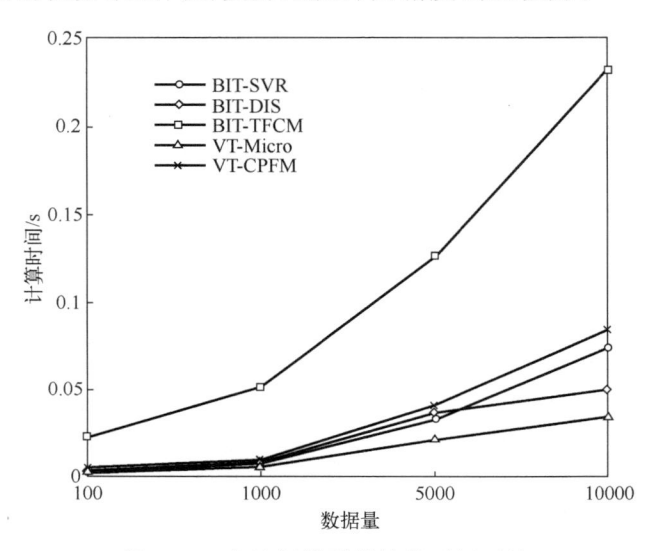

图 7.10 各油耗模型的计算时间对比

第三篇　高实时性的动态规划方法研究

对于智能车辆坡道和弯道的行驶车速规划问题，经典动态规划算法可以规划出全局最优的速度轨迹和挡位序列，但是这种方法计算效率低，无法满足在线实时应用的要求，这是国内外都面临的难题。为此我们分别通过变步长迭代动态规划、动态规划和群体智能优化算法的融合，以及自适应动态规划等方法来提升动态规划的计算效率，提高算法的计算速度。这几种方法从不同的角度分别进行动态规划的改进，他们虽然各有特点，但都可以实现在与经典动态规划的精度差别很小的前提下，极大地提高经典动态规划的计算速度，相较于经典动态规划可以减少70%~95%的计算时间，为实现动态规划的在线实时应用提供了可能。本篇由三章组成。

第8章提出了一种基于迭代动态规划(iterative dynamic programming, IDP)算法的高效车速轨迹规划方法。IDP算法的核心是通过多次迭代计算来减小搜索域的大小。为了进一步提高IDP的计算效率，在IDP算法的基础上，进一步提出了一种基于行驶位移可变步长的i-IDP算法，该算法针对控制函数和代价函数值变化迅速的区域，自动增加这些区域中行驶位移步长的采样频率，获得了很好的效果。

第9章提出了动态规划算法与群体智能优化算法融合的规划方法，主要思想是扩大动态规划(dynamic programming, DP)算法的网格间距，加快DP算法的计算速度，然后将DP算法的初始规划结果作为群体智能算法的初始值，避免其陷入局部解。具体利用人工蜂群算法和粒子群算法组成新的融合算法，仿真结果显示该新算法可显著提高计算效率，节省计算时间。

第10章提出了一种自适应动态规划(adaptive dynamic programming, ADP)算法。ADP算法采用的是强化学习思想，通过智能体与环境交互，采取不同行为从而获得奖励来对动作进行改进。在ADP算法的基础上，提出了一种基于行驶位移可变步长的i-ADP算法，减少在非兴趣区域的计算，增加在兴趣区域的采样频率，进行更合理的采样点分配。这两种方法在大幅提高计算速度的同时，依然保持着较高的计算精度。

第8章 迭代动态规划算法与计算效率

针对经典动态规划求解效率低的问题，引入了迭代动态规划算法(IDP)，在保证计算精度的同时，提高了整体计算效率，大大减少了计算时间。迭代动态规划算法的核心在于每一轮计算结束后，根据上一轮的计算结果进行计算网格的重构，在缩减因子的作用下逐渐减小状态步长和控制步长，使得搜索的范围逐渐趋近最优解附近。为了获得最优的迭代动态规划算法配置，对控制量离散、状态量(车速)离散、迭代计算轮次等进行了多次试验，获得了非常好的效果。为了充分利用迭代动态规划算法的计算特征，进一步提高计算效率，提出了一种变步长的迭代动态规划方法。

8.1 经典动态规划算法

离散系统的最优控制问题是一个典型的多阶段最优决策问题，所谓多阶段决策，是指把整个过程按自变量分解成若干段，然后每段逐一做出"最优决策"，使得整个过程取得性能最优。动态规划是 Bellman 于 20 世纪 50 年代提出的，是解决多阶段决策全局优化问题的有效方法之一。其基本思想是：首先将待优化过程按时间或空间划分成若干步或阶段，其次将多阶段的决策问题分解成多个节点计算，然后从末端状态开始，以逆向求解的方式求解每个节点的最优指标，直至初始端，最后进行最优决策序列的顺序重构。以燃油经济性问题为代表的动态规划算法，其计算流程如图 8.1 所示。

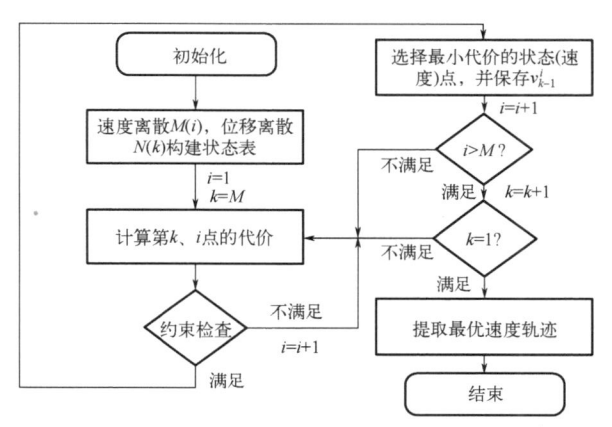

图 8.1 动态规划计算流程图

8.1.1 车辆起步经济性驾驶策略

起步场景假定智能车通过某 150 m 长的加速直道,道路全程无其他车辆干扰,行驶路况良好,要求智能车从 5km/h(离合器完全接合)加速到巡航经济性车速 v_{eco},起步全程发挥最大节油潜力,获得良好的燃油经济性。

根据案例场景,平路起步坡度值 $\theta=0$,状态转移方程:

$$\frac{\mathrm{d}v}{\mathrm{d}s} = \frac{3.6}{v} \frac{3.6}{\delta mr} \left(i\eta T_e - r \left(\frac{C_D A}{21.15} v^2 + mgf \right) \right) \tag{8.1}$$

可以得到平坦道路的车辆最佳经济性巡航车速,因此初末态状态约束可设置为

$$\begin{cases} v_{ini} = 5 \text{ km/h} \\ v_{end} = v_{eco} \end{cases} \tag{8.2}$$

v_{ini} 设置为 5 km/h 是为了保证离合器完全接合,便于算法求解。

根据图 8.1 动态规划的求解思路,最终计算得到最优的经济性起步车速轨迹和挡位序列,如图 8.2 所示,可以看出在加速初期,算法根据全局提前升挡,以较长时间保持在 4 挡加速,在加速末端升到 5 挡,完成从起步到经济性车速的过渡,在略微降低加速效率的同时,使得发动机转矩输出保持在稳定区间,发动机工作点保持在高效区域,提升整个加速过程的燃油经济性水平。

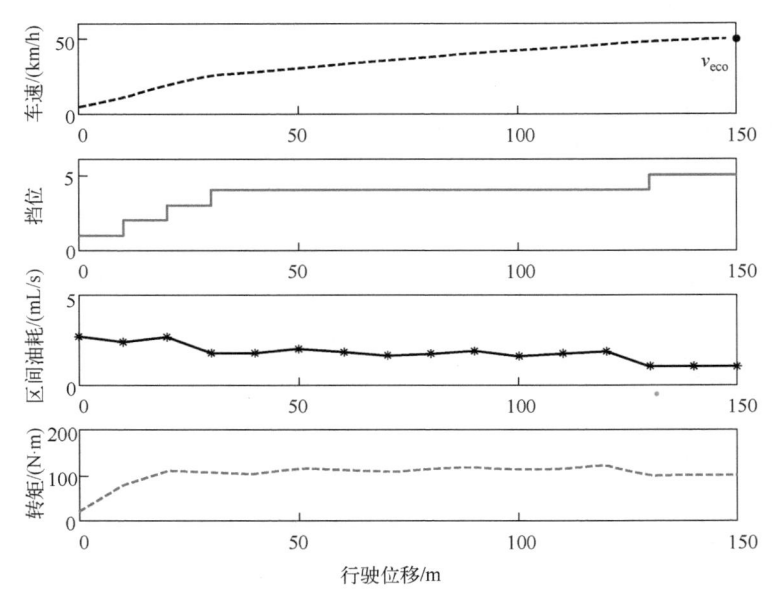

图 8.2 150m 起步经济性车速规划结果

为了验证算法计算的速度曲线和挡位序列具有良好的节油特性，进行了与典型驾驶员速度跟随模式的对比实验，验证实验在 MATLAB/Simulink 和 CarSim 仿真平台进行。DP 优化组跟踪已计算得到的最优速度轨迹和挡位序列。对照组通过简单比例-积分算法(proportional integral，PI)驾驶员模型来控制节气门开度和制动踏板开度，进而来跟踪定速 v_{eco}，仿真结构如图 8.3 和图 8.4 所示。

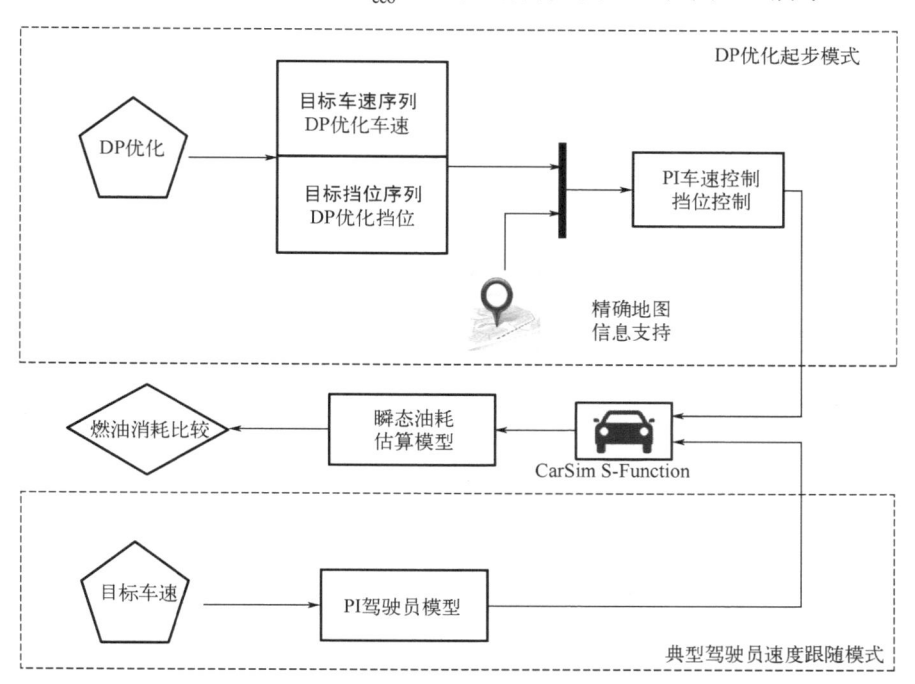

图 8.3　MATLAB/Simulink 和 CarSim 联合仿真结构

图 8.4　CarSim 仿真场景

图 8.5 是仿真结果，从图中可以看到，经 DP 优化的速度轨迹显著降低了燃油消耗，150m 的加速位移内，DP 优化的起步模式较典型驾驶员速度跟随模式节油

约 9.37%；从通行效率看，表 8.1 的 DP 平均速度仅比对照组相差-3.18km/h，对通行效率影响不大，最优速度轨迹和挡位序列从理论上指导了经济起步的最优行驶策略，具体表现为以下特征：

①提前升入高挡，在保持加速性能的前提下取高挡来维持最优燃油经济性水平；

②车速曲线尽量避免急加速，防止发动机功率突变；

③发动机尽可能保证均匀的功率输出，发动机转矩输出保持相对稳定的水平；

④车辆驶离加速段时，保证末端经济性巡航车速和经济巡航挡位。

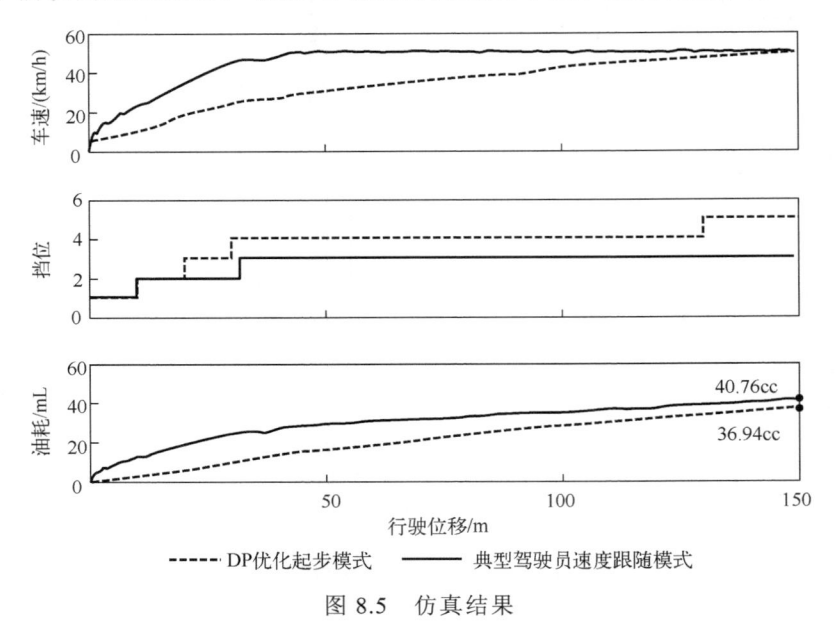

图 8.5 仿真结果

表 8.1 起步平均速度比较

模型	油耗/mL		平均车速/(km/h)
DP 优化模型	36.94	↓9.37%	7.37
PID 驾驶员模型	40.76	—	10.55

8.1.2 车辆坡道行驶经济性驾驶策略

坡道场景假定智能车通过某 1km 长的坡路（图 8.6），道路全程无其他车辆干扰，行驶路况良好，要求智能车从驶入坡道到驶离坡道过程中，全程发挥最大节油潜力，获得良好的燃油经济性。

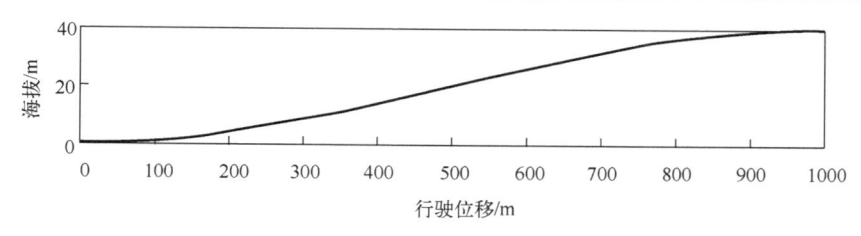

第 8 章　迭代动态规划算法与计算效率

图 8.6　1km 坡路图

考虑到坡道因素 θ，状态转移方程如下所示：

$$\frac{\mathrm{d}v}{\mathrm{d}s} = \frac{3.6}{v} \frac{3.6}{\delta mr}\left(i\eta T_e - r\left(\frac{C_D A}{21.15}v^2 + mgf\cos\theta + mg\sin\theta\right)\right) \quad (8.3)$$

对于平坦道路，可以计算车辆最佳经济性巡航车速，统一起见，在进入坡道和驶离坡道时，也要求车辆保持经济性车速，初末态状态约束设置为如下：

$$\begin{cases} v_{\mathrm{ini}} = v_{\mathrm{eco}} \\ v_{\mathrm{end}} = v_{\mathrm{eco}} \end{cases} \quad (8.4)$$

根据图 8.1 所示的动态规划求解方法，本节选择 4%、6%、8% 和 10% 的坡道场景来规划车速和相应的挡位序列（图 8.7 和图 8.8）。

由图 8.7 可以分析得知，4% 的坡道场景下，车辆以平路经济性车速进入坡道，先轻微提前加速；进入坡道最陡处，重力势能和车辆动能相互转换，车速趋于降低，最后驶离坡道时，重新保持平路经济性车速，该场景下算法并未降挡，满足小坡道场景下尽可能采用高挡位行驶。其他坡道场景下算法均采用了降挡，特别是随着坡度的增加，算法所采取的最优挡位趋于选择低挡，以获得较小的发动机转速和更大的驱动力输出，以保持良好的燃油经济性。

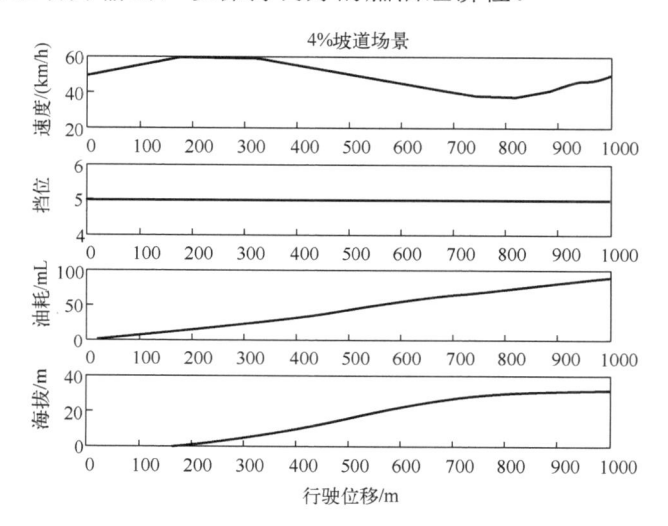

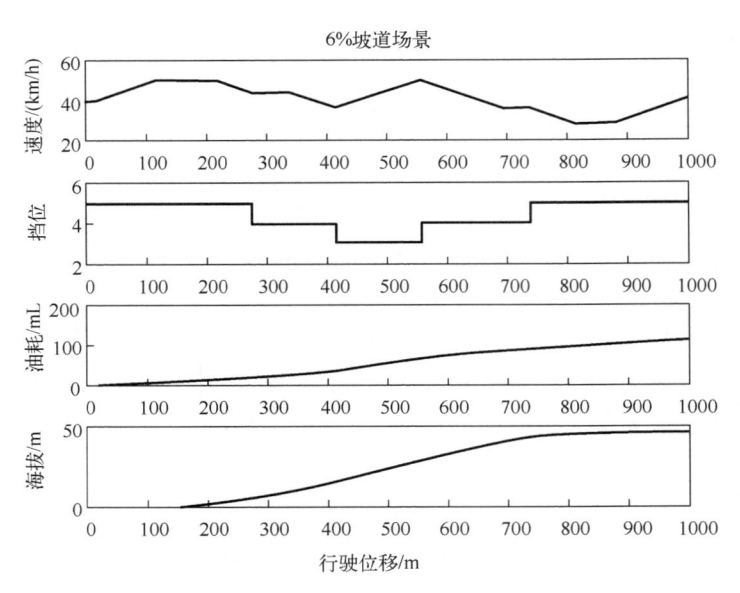

图 8.7　4%和 6%坡道规划车速

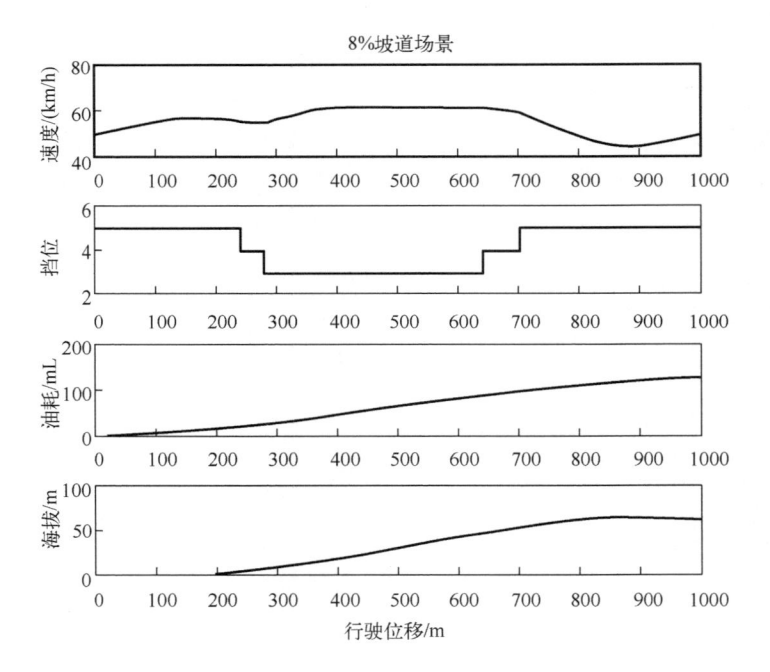

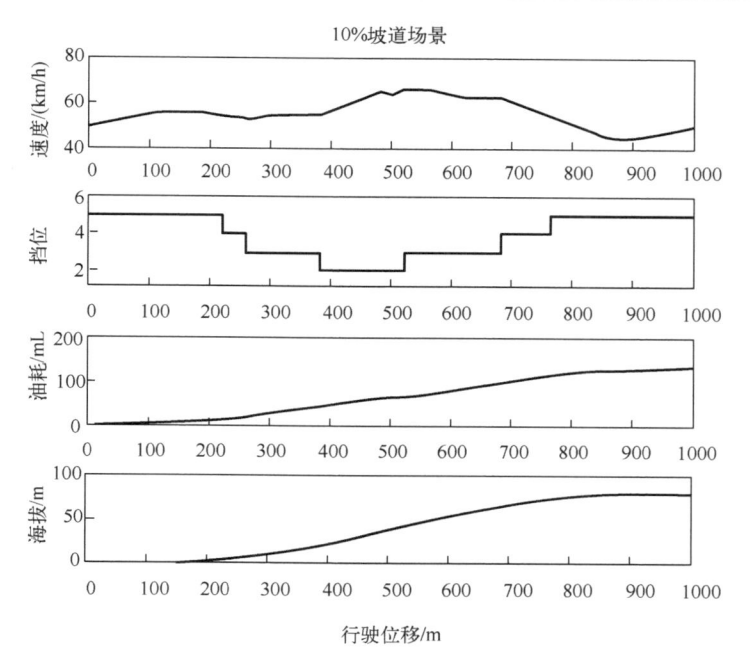

第 8 章 迭代动态规划算法与计算效率

图 8.8 8%和 10%坡道规划车速

为了验证规划车速的有效性，以 4%坡道场景下为例，本文采用定速巡航（fixed-speed cruise control, FCC）和速度设定方法[15]（velocity set-point, VS）作为对照组，验证坡道经济性规划车速的有效性。

定速巡航方法采用平路的巡航经济车速，如式(8.5)所示。

$$v_{\text{FCC}} = v_{\text{eco}} \tag{8.5}$$

速度设定方法获取的车速值和坡度值有关联，车速的确定方法如式(8.6)所示，以期获得较好的燃油经济性。

$$v_{\text{VS}} = \begin{cases} \dfrac{v_{\text{set}}}{1+K_{\text{uh}}\theta_k}, & \theta_k > 0 \\ \dfrac{v_{\text{set}}}{1+K_{\text{dh}}\theta_k}, & \theta_k < 0 \end{cases} \tag{8.6}$$

v_{set}本节设置为v_{eco}，由 VS 方法可知，当坡道坡度值大于 0 时，车速与坡道值成反比关系，即坡度值越大，车速越低。为方便比较，本节对 FCC、VS 方法和 DP 规划车速的平均值进行约束，以保持车速相对一致的仿真效果。

$$v_{\text{ave}} = \sum_{i=1}^{N} v_i^U / N \quad U \in \{\text{DP}, \text{FCC}, \text{VS}\} \tag{8.7}$$

N 表示行驶位移离散点的数量,根据位移离散点可获得各点位置对应的坡度值。VS 方法中 K_{uh} 设置为 1.7,其平均车速值如表 8.2 所示。考虑到 VS 方法在上坡过程中的降速策略,以及初始进入和末尾驶离坡道的平路经济性车速约束,VS 方法获得的平均车速会较 DP 和 FCC 方法获得的车速有所降低。但总体上,三种规划的车速结果保持在相近的水平,并且均保持在 5 挡且无换挡行为。

表 8.2 三种车速规划方法对应的平均车速值

符号	车速平均值/(km/h)	相对变化量
$v_{\text{ave}}^{\text{DP}}$	50.3	—
$v_{\text{ave}}^{\text{FCC}}$	49.8	↓0.99%
$v_{\text{ave}}^{\text{VS}}$	47.4	↓5.76%

采用 MATLAB/Simulink 和 CarSim 联合仿真环境,对三种车速轨迹进行仿真验证。CarSim 软件提供了较高精度的车辆模型以及道路仿真场景,并且提供丰富的对外接口,这有利于外部对车辆的状态施加相关的控制,图 8.9 是 CarSim 仿真场景。本节在 Simulink 环境中搭建了 PI 控制器,输入为车辆的当前车速和目标车速的偏差,输出为 CarSim 车辆模型的加速踏板值和制动踏板值,以实现车辆对目标车速的准确跟踪。式(8.8)和式(8.9)是建立的 PI 控制器,图 8.10 是建立的 MATLAB/Simulink 和 CarSim 联合仿真模型,图 8.11 是三种不同车速规划方法下的油耗结果。

$$\text{Throttle}(s) = \begin{cases} 0, & (v_{\text{tar}} - v_{\text{act}}) \leqslant 0 \\ K_{P1}(v_{\text{tar}} - v_{\text{act}}) + K_{I1}\int_0^s (v_{\text{tar}} - v_{\text{act}})\text{d}s, & (v_{\text{tar}} - v_{\text{act}}) > 0 \end{cases} \quad (8.8)$$

$$\text{Brake}(s) = \begin{cases} 0, & (v_{\text{tar}} - v_{\text{act}}) \geqslant 0 \\ K_{P2}(v_{\text{tar}} - v_{\text{act}}) + K_{I2}\int_0^s (v_{\text{tar}} - v_{\text{act}})\text{d}s, & (v_{\text{tar}} - v_{\text{act}}) < 0 \end{cases} \quad (8.9)$$

图 8.9 CarSim 仿真场景

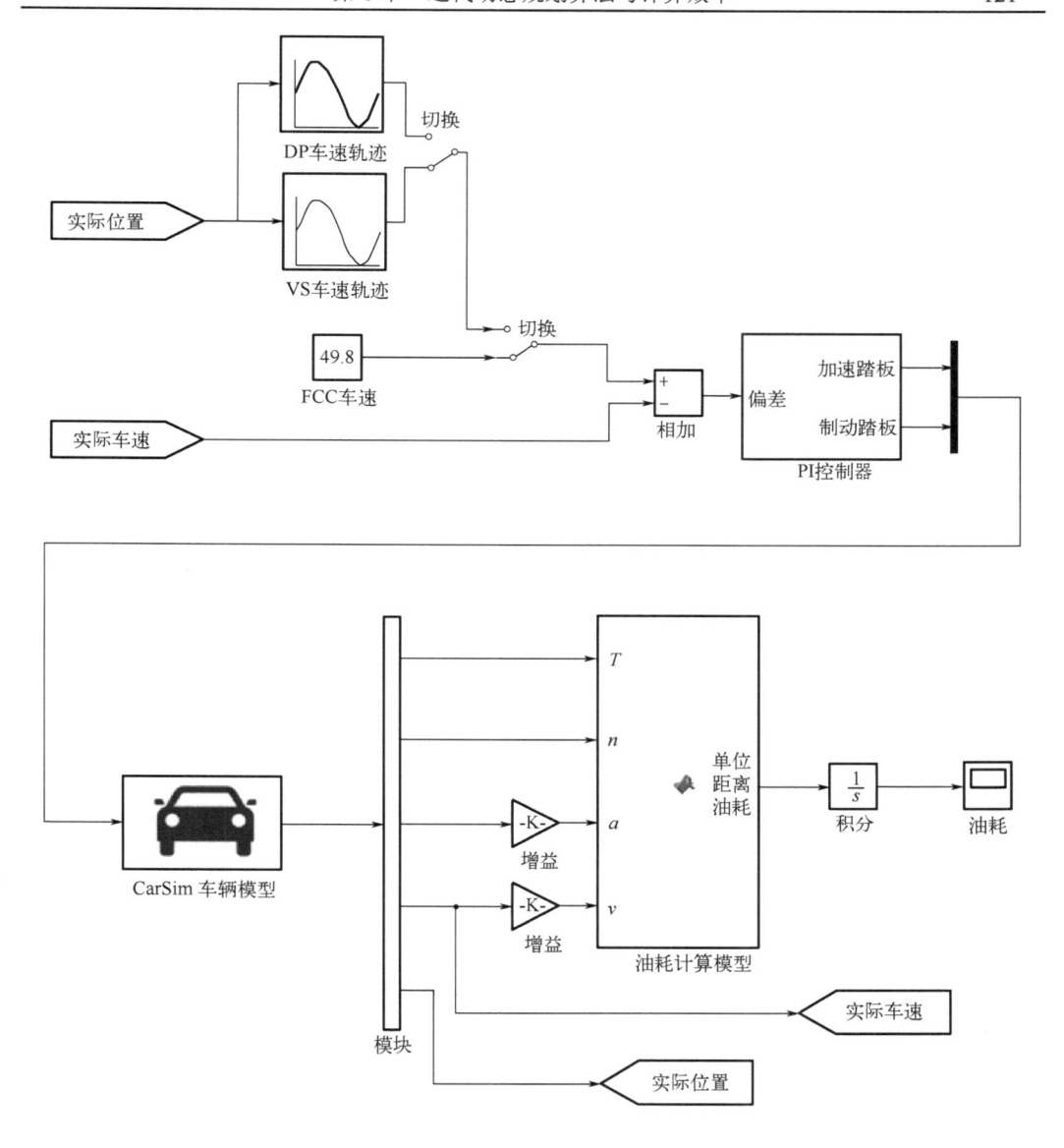

图 8.10 MATLAB/Simulink 和 CarSim 联合仿真场景

从表 8.3 可以看出，DP 速度轨迹对应的累计油耗值在三者中最小，定速巡航策略 FCC 对应的油耗值最高，而 VS 的随坡度值降低车速策略对应的油耗值居中，这充分说明，经过 DP 算法优化后的车速轨迹表现出了最佳的节油效果。

图 8.11 三种车速规划方法的结果

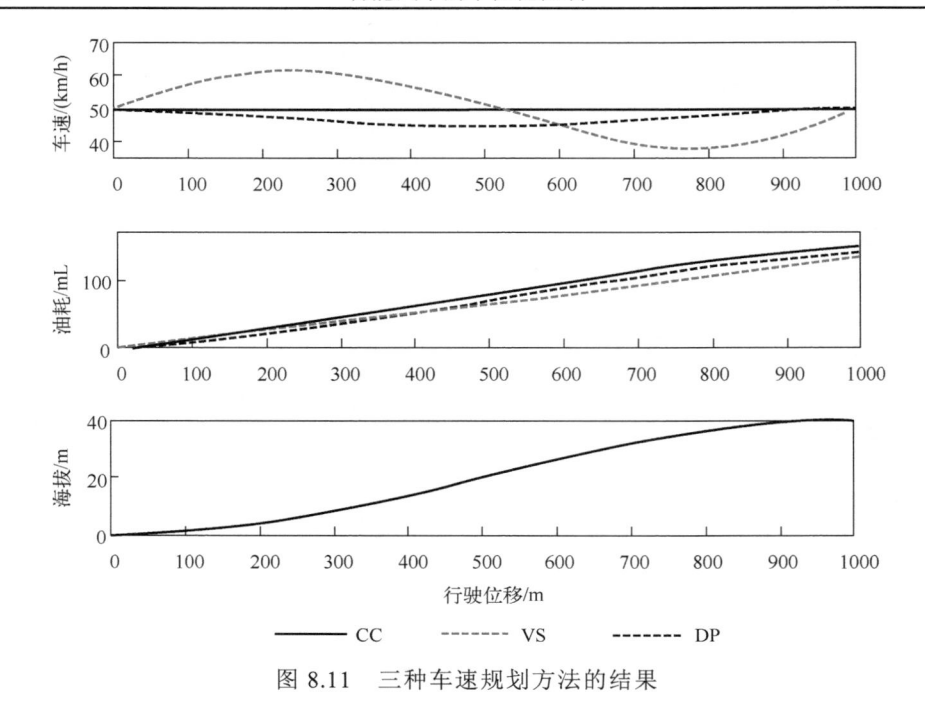

表 8.3 三种车速规划方法油耗值比较（4%坡道）

车速规划方法	累计油耗/mL	相对变化值
DP	102.06	—
VS	114.72	+12.40%
FCC	148.28	+45.29%

8.1.3 计算复杂度分析

动态规划遵循贝尔曼最优性原理，即满足子节点的最优路径值一定满足父节点的最优路径值，所有遍历节点的计算量可表示为

$$M^2(N-1)G_{\text{gear}} \tag{8.10}$$

式中，M 表示为状态量（速度）的离散个数，N 表示行驶位移离散个数，G_{gear} 对应挡位数，即每个计算节点需要重复计算的数量，速度规划问题中的状态量即是速度，其速度搜索过程如图 8.12 所示。

为了分析动态规划的计算效率，分别选取速度离散数[20,500]区间和行驶位移离散数[10,100]区间进行分析，其计算结果如图 8.13 所示。分析得知，从速度离散数看，对于计算精度，速度离散数低于 200 时，油耗值波动较大，这说明计算误差比较大；当离散数大于 200 时，逐渐趋于稳定，在 100mL 附近保持；而对计算时间而言，计算时间随离散数的增加而增加。对于行驶位移离散数同样也满足如上规律。因此对于动态规划算法而言，存在计算效率与计算精度之间的矛盾，即较小的离散数无法获得较高的油耗计算精度；而对于较大的离散数，又存在计算时间过长的问题，因此对于车速规划问题的求解，无法很好地满足实时性计算的要求。

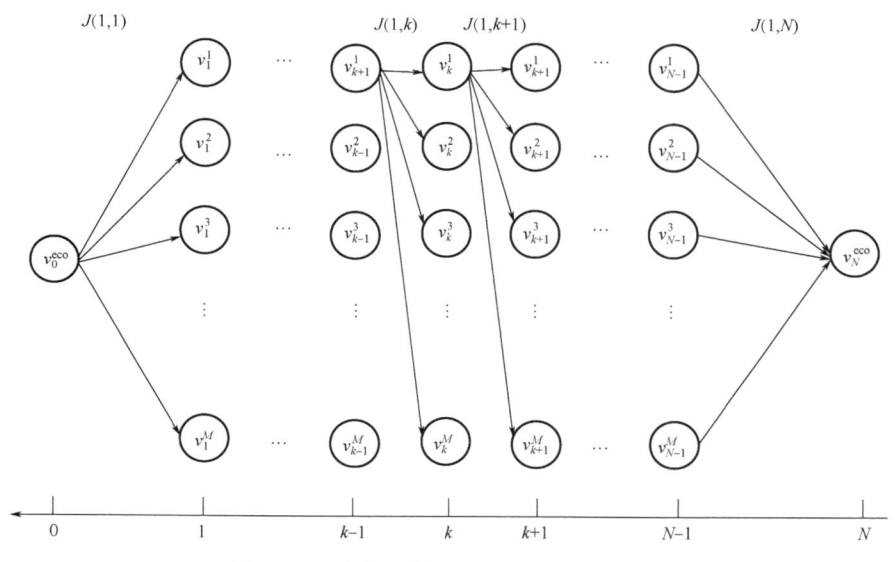

图 8.12 动态规划算法求解过程示意图

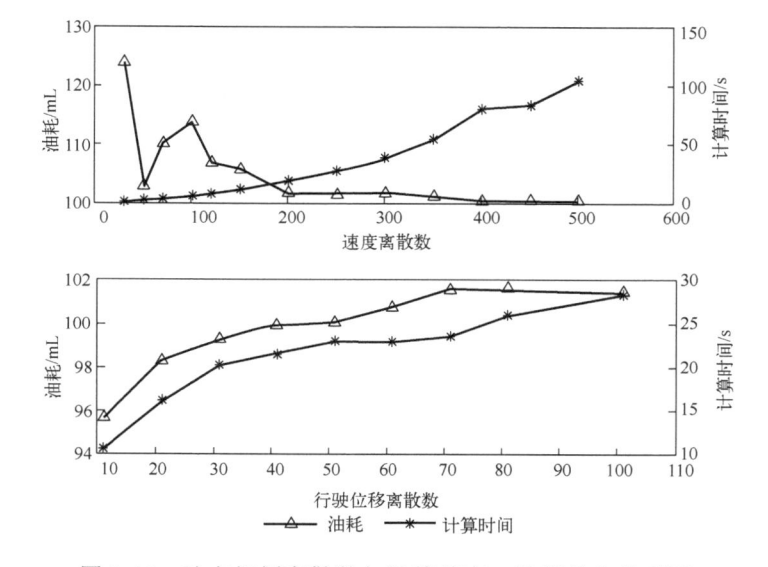

图 8.13 动态规划离散数与计算精度、计算效率关系图

8.2 迭代动态规划算法

迭代动态规划（iterative dynamic programming，IDP）算法由 Luus 于 1989 年将网格离散和区域缩减思想引入动态规划而提出。IDP 算法无须求解哈密顿-雅可比-贝尔曼方程，而是将连续系统从时间/空间的角度离散，根据初始状态量形成一组网格，在每个时间/空间内应用离散的初始控制量进行迭代计算，其寻优原理仍然是贝尔曼最优原理。在第一轮迭代结束后，记录最优的状态轨迹和控制轨迹，重新生成状态网格和控制网格，并根据收缩因子缩减网格步长，再进行第二轮迭代计算，直到最优轨迹和性能指标收敛或者达到收敛精度。

相比较于传统的动态规划，迭代动态规划算法的优势在于初始轮迭代的网格大小可以设置得相对"粗糙"，如图 8.14 所示，这样得到较少的速度离散个数和控制量离散个数，网格规模的减小使得迭代动态规划单轮次的计算时间极大地减小，提高单次寻优的计算速度；并且随着迭代轮次的增加，在收缩因子的作用下速度搜索空间和控制量搜索空间逐渐收敛到最优轨迹附近，因而精度逐渐提高，这样有效地解决了传统动态规划算法计算效率与计算精度之间的矛盾。

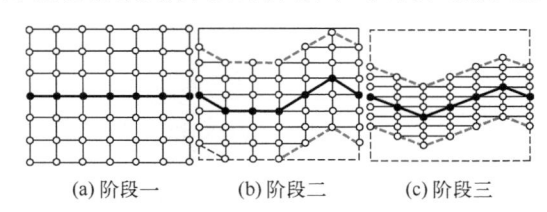

(a) 阶段一　　(b) 阶段二　　(c) 阶段三

图 8.14　迭代动态规划网格生成图

IDP 算法的核心在于每一轮计算结束后，根据上一轮的计算结果进行计算网格的重构，在缩减因子 ζ 的作用下逐渐减小状态步长和控制步长，使得搜索的范围逐渐趋近最优解附近。

$$\begin{cases} \hat{v} := \{v_k^0 \pm [\tau/(M-1) \cdot \zeta_v], \tau = 2, 4, \cdots, M-1\} \\ \hat{T} := \{T_k^0 \pm [\tau/(P-1) \cdot \zeta_T], \tau = 2, 4, \cdots, P-1\} \end{cases} \quad (8.11)$$

式中，$\hat{v}$ 和 $\hat{T}$ 分别表示状态量网格和控制量网格，其生成过程依赖于上一次的计算结果 v_k^0 和 T_k^0；ζ_v 和 ζ_T 分别为状态量和控制量的步长，其值随迭代轮次变化而变化。

$$\begin{cases} \zeta_v^{it+1} = \zeta_v^{it} \cdot \kappa_v^{it-1} \\ \zeta_T^{it+1} = \zeta_T^{it} \cdot \kappa_T^{it-1} \end{cases} \quad (8.12)$$

式中，κ_v 和 κ_T 分别是状态量和控制量的步长缩减因子，随着迭代轮次的增加，步长呈现指数缩小。

综合上面，IDP 算法的基本步骤总结如算法 8.1 所示。

算法 8.1 $v_{opt} = \text{IDP}(v_{ini}, T_{ini}, \kappa_v, \kappa_T, \varUpsilon_{iterations})$

---

1. Mesh generation
   $k = \{1, 2, \cdots, N\}$, $\zeta_v := \zeta_v^0$, $\zeta_T := \zeta_T^0$
   $\hat{v} := \{v_k^0 \pm [\tau/(M-1) \cdot \zeta_v], \tau = 2, 4, \cdots, M-1\}$, $\hat{T} := \{T_k^0 \pm [\tau/(P-1) \cdot \zeta_T], \tau = 2, 4, \cdots, P-1\}$
2. While   it $\leqslant \varUpsilon_{iterations}$, do
     (a) $k := N-1$
        for $i = 1, \cdots, M$
           $v := \hat{v}(i, k)$
           for $j = 1, \cdots, P$
              i. $T := \hat{T}(j, k)$
              ii. $n := F(v, g)$, $a := G(v_k, v_{k+1})$
              iii. $J := \text{cost}(v, n, T, a)$
              iv.   Reverse optimization based on the Bellman principle.
     (b) Set $\zeta_v^{it+1} = \zeta_v^{it} \cdot \kappa_v^{it-1}$ and $\zeta_T^{it+1} = \zeta_T^{it} \cdot \kappa_T^{it-1}$, and reset the mesh.

为了选取最优的 IDP 算法配置，对控制量离散、状态量（车速）离散、迭代计算轮次进行了多次试验，结果如图 8.15 所示。基于 IDP 的最优配置，本节获取了一组计算结果，并与 DP 计算结果进行了对比。

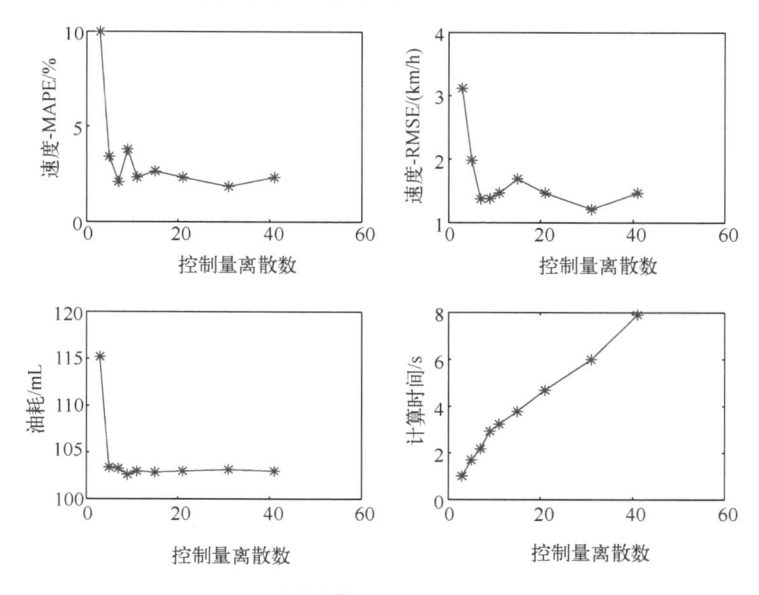

(a) 速度离散数：21；迭代次数：10

(b) 控制量离散数:5；迭代次数:10

(c) 速度离散数:21；控制量离散数:5

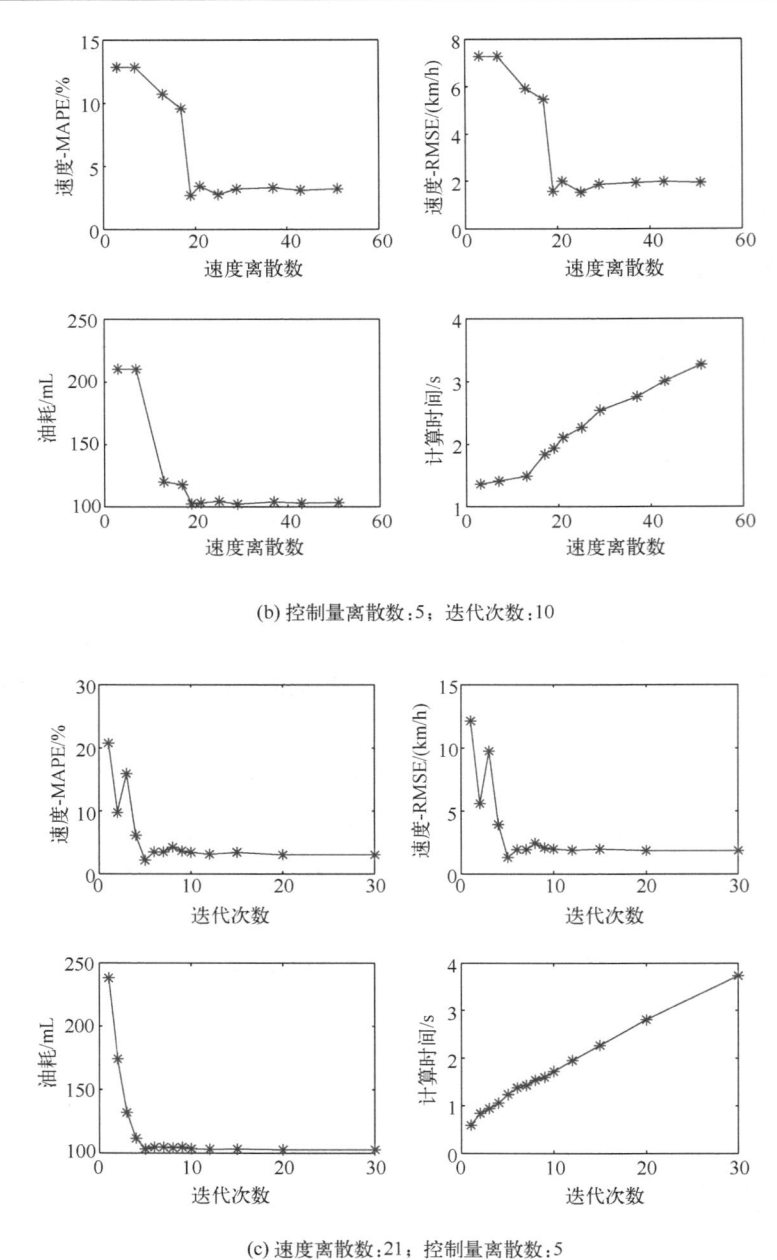

图 8.15 IDP 算法配置优化

从表 8.4 分析得知，由于状态变量和控制变量的离散个数较少，IDP 单次迭代的计算时间仅为 0.24s，从计算精度来看，第 10 次迭代后的油耗计算结果与经典的 DP 算法非常接近，如图 8.16 所示。具体来说，第 5 次迭代中的 MAPE 值与经典 DP 结果仅相差 2.14%，但 IDP 计算时间仅为 1.24s，节省时间高达 93.07%。该算法采用初始粗网格和收缩因子，有效地保证了计算效率和计算精度。

表 8.4 DP 算法和 IDP 算法的计算结果比较

	参数	DP	IDP(第 3 次)	IDP(第 5 次)	IDP(第 7 次)	IDP(第 10 次)
算法配置	行驶位移步长/m	20	20			
	速度步长/(km/h)	0.2	1.54	1.25	0.91	0.74
	控制步长/(N·m)	—	12.96	10.50	7.65	6.20
	缩减因子（速度）	—	0.9			
	缩减因子（控制）	—	0.9			
	计算时间/s	17.90	单轮迭代计算			0.24
			0.94	1.24	1.54	1.72
	节约时间/%	—	94.75%	93.07%	91.40%	90.39%
	油耗/mL	101.49	131.98	103.12	102.28	102.02
	MAPE（速度）	—	15.90%	2.14%	2.01%	1.98%

通过 DP 和 IDP 计算的最佳速度轨迹如图 8.16 所示。可以看出，在这两种算法下，车辆在进入斜坡路段前会轻微提前加速。在坡道后半部分，车辆开始减速，

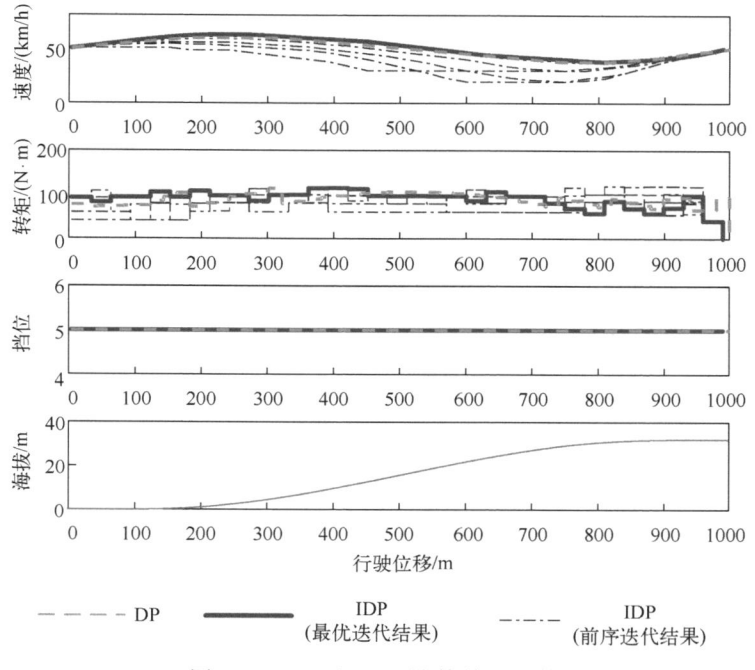

图 8.16 DP 和 IDP 计算结果比较

并充分利用其动能,在驶离斜坡路段时平稳地切换到平坦道路的最佳经济速度。从而达到最佳的燃油经济性。这两种算法在 4%坡度的情况下都不会产生换挡行为,这表明经济目标在缓坡道路上显得更为重要。随着坡度角的增大,优化过程最终需要更多地关注车辆的爬坡能力,在这样的驾驶场景下过分追求经济性会导致行驶效率低下。因此,研究陡坡路段的经济速度轨迹意义不大。

8.3 改进迭代动态规划算法

为了充分利用 IDP 算法的计算特征,进一步提高计算效率,提出一种变步长的 IDP 计算策略(i-IDP)。首先,在 IDP 算法的基础上,将初始迭代中的行驶位移序列和控制序列平均划分为 N 段。

$$\begin{cases} s(k) = s_k - s_{k-1} \\ u(k) = \{u_1, u_2, \cdots, u_{N-1}\} \end{cases} \quad k = 1, 2, \cdots, N \tag{8.13}$$

从第二次迭代开始,在迭代过程中改变采样频率,进一步划分控制值和代价函数值变化较大的点的行驶位移步长。为此,定义了一个评估因子 $\Pi(\Delta, k)$ 来测量这两个量的变化,如下所示:

$$\Delta u_k = |u_k(k) - u_k(k-1)| \tag{8.14}$$

$$\Delta J_k = \left| \int_{s_{k-1}}^{s_k} f(s_k, u_k, \theta_k) \, \mathrm{d}s - \int_{s_k}^{s_{k+1}} f(s_{k+1}, u_{k+1}, \theta_{k+1}) \, \mathrm{d}s \right| \tag{8.15}$$

式中,Δu_k 和 ΔJ_k 分别是连续两个阶段中控制函数和成本函数的变化值。由于控制函数和成本函数值对采样频率的影响不同,因此引入因子 α 和 β 作为权重并归一化 $\Pi(\Delta, k)$,如式(8.16)所示。在本节中,α 和 β 的值在经验上分别调整为 0.4 和 0.6。

$$\Pi(\Delta, k) = \alpha \frac{\Delta u_k}{\sum_{k=1}^{N-1} \Delta u_k} + \beta \frac{\Delta J_k}{\sum_{k=1}^{N-1} \Delta J_k} \tag{8.16}$$

$$\sum_{k=1}^{N-1} \Pi(\Delta, k) = 1 \tag{8.17}$$

根据图 8.17 中的 $\Pi(\Delta, k)$ 值,本节选择分割点来细化采样步长,具体来说,通过选择值相对较大的点,从而获得下一次迭代的行驶位移序列。

$$s(k) = \{s_1, s_2, \cdots, s_m, s_{K_m}, s_{m+1}, \cdots, s_N\}, \quad k = 1, 2, \cdots, N + K \tag{8.18}$$

式中,s_{K_m} 表示新插入的节点数量,K 表示新插入的个数。

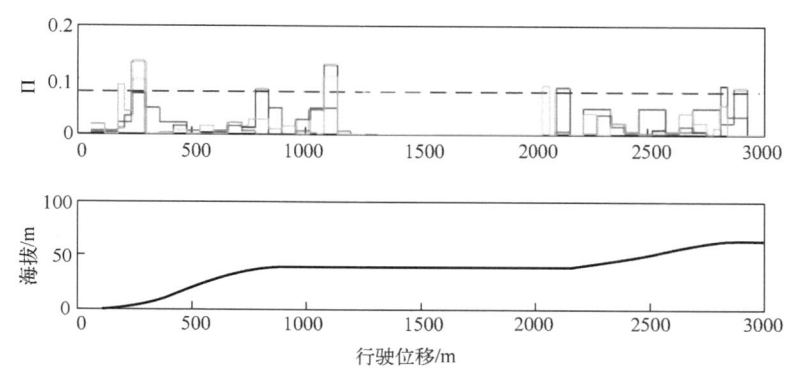

图 8.17　不同迭代轮次 Π 的变化

根据上面思路和 IDP 算法的基础，算法 8.2 总结了 i-IDP 算法的具体过程。

算法 8.2　　$v_{opt} = \text{i-IDP}(v_{ini}, T_{ini}, \kappa_v, \kappa_T, Y_{iterations})$

1. Mesh generation
   $k = \{1, 2, \cdots, N\}$, $\zeta_v := \zeta_v^0$, $\zeta_T := \zeta_T^0$
   $\hat{v} := \{v_k^0 \pm [\tau / (M-1) \cdot \zeta_v], \tau = 2, 4, \cdots, M-1\}$, $\hat{T} := \{T_k^0 \pm [\tau / (P-1) \cdot \zeta_T], \tau = 2, 4, \cdots, P-1\}$
2. (a) i-IDP$(v_{ini}, T_{ini}, \kappa_v, \kappa_T, Y_{iterations})$
   (b) Calculate $\Pi(\Delta, k)$, and reset the distance steps to $s := \{s_1, s_2, \cdots, s_m, s_{K_m}, s_{m+1}, \cdots, s_N\}$
   (c) Set $\zeta_v^{it+1} = \zeta_v^{it} \cdot \kappa_v^{it-1}$ and $\zeta_T^{it+1} = \zeta_T^{it} \cdot \kappa_T^{it-1}$, and reset the mesh based on s.

8.4　计算效率验证

为了更好地说明变步长算法的有效性，考虑一个 3km 的斜坡场景，由 3%的斜坡部分和 5%的斜坡部分组成，中间由一个水平道路隔开，水平道路主要用于验证行驶位移步长的离散效果，如图 8.18 所示。针对该道路场景，本节分别采用经典 DP 算法与 IDP 和 i-IDP 算法对该场景进行车速规划，统计其计算用时。

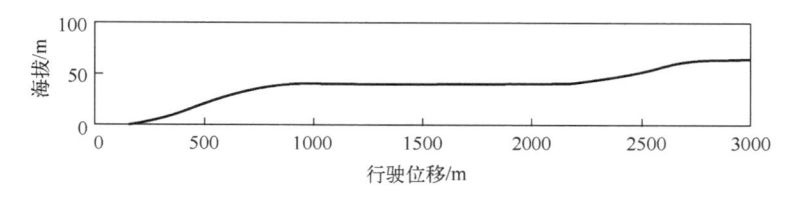

图 8.18　3 km 坡道组合场景

在图 8.19 中，采用 i-IDP 算法计算可以看到一个显著的特征：该算法自动增加坡道坡度变化更快的行驶位移步长的密度。从另一个角度来看，i-IDP 算法仅在"感兴趣区域"中增加步长密度，如车辆从平坦道路进入斜坡路段或退出斜坡道路路段的区域。在坡道坡度变化不大的区域，行驶位移步长的采样频率较小，从而保持了较高的计算效率。图 8.20 和表 8.5 比较了 DP、IDP 和 i-IDP 算法的计算结果。从计算精度看，与 IDP 相比，i-IDP 的 MAPE 值较低，为 6.76%；从计算时间看，i-IDP 节约的计算时间，相比 IDP 的 83.25%，进一步提升到 92.89%。因此，i-IDP 的变步长策略不仅提高了计算效率，而且提高了计算精度。

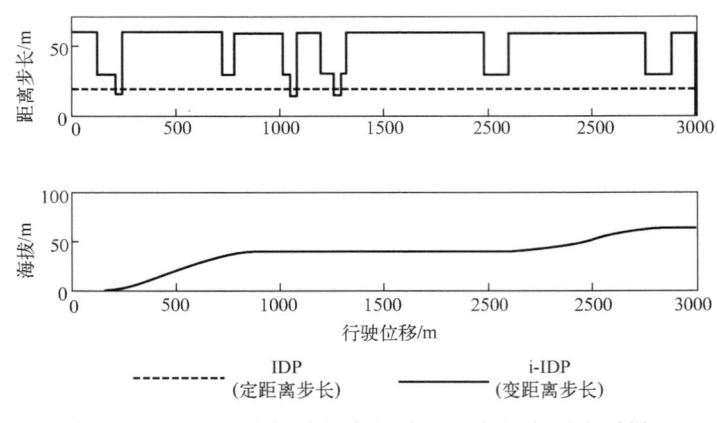

图 8.19 i-IDP 迭代过程中行驶位移步长自适应采样

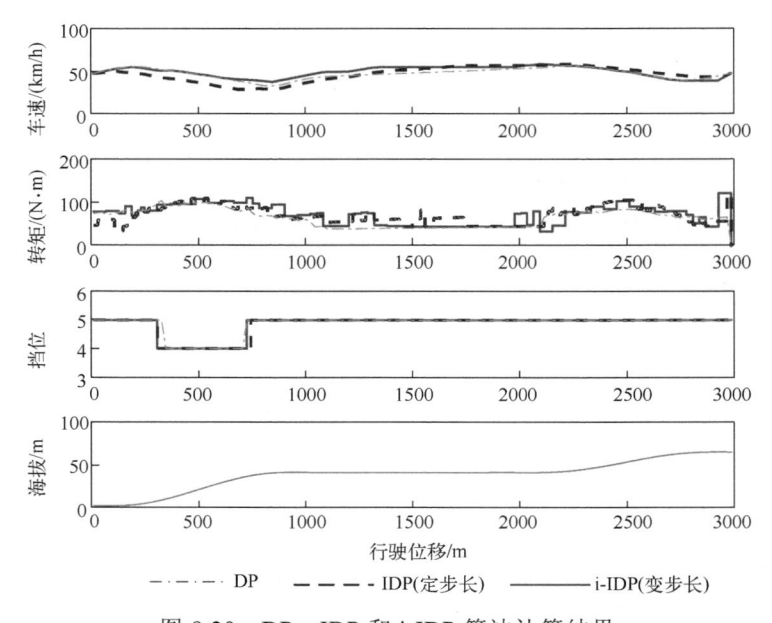

图 8.20 DP、IDP 和 i-IDP 算法计算结果

表 8.5 DP、IDP 和 i-IDP 算法的计算结果比较

	DP	IDP	i-IDP
行驶位移步长/m	20	20	可变
迭代次数	—	5	5
计算时间/s	51.76	8.67	3.68
节约时间/%	—	83.25	92.89
MAPE-速度/%	—	8.11	6.76
RSME-速度/(km/h)	—	4.86	4.61

IDP 算法的核心方法是减小搜索空间的大小，避免不必要的搜索区域的遍历，并实现变步长的车速和发动机转矩。在保持离散步数不变的情况下，随着迭代次数的增加，步长逐渐减小。从而在提高单次迭代计算速度的同时，提高了计算精度。作为进一步的改进，i-IDP 算法在改变行驶位移步长时自动调整采样频率。与 IDP 算法相比，i-IDP 算法进一步提高了计算效率，获得了更高的计算精度。变行驶位移步长策略的优点是它能自动寻找控制值和性能函数值变化较大的区域，而对于"非兴趣区域"，该算法通过使用较低的采样频率来加快计算速度，这种方法重点关注计算范围内对全局性能指标有较大影响的特征区域。

第 9 章　动态规划和群体智能优化算法融合的规划方法

为了提高动态规划算法的计算效率，本章提出了动态规划算法与群体智能优化算法融合的规划方法，主要思想是扩大动态规划算法的网格间距，加快动态规划算法的计算速度，然后将动态规划算法的初始规划结果作为群体智能算法的初始值，避免其陷入局部解。具体方法是：首先利用动态规划算法进行初始的速度轨迹优化，此处的迭代网格大小设置得相对"粗糙"，这样较少的速度离散个数就可以使得动态规划的计算时间大大减小。依托于粗略动态规划的计算，可确定初始最优速度序列，将此速度序列作为人工蜂群算法搜索位置的初始值，由此缩小了人工蜂群算法的搜索空间，显著提高收敛速度。粒子群算法的实现过程与此类似。利用人工蜂群算法和粒子群算法组成的新算法，可显著提高计算效率，节省计算时间。人工蜂群算法偏向种群少、迭代次数多的场合，粒子群算法偏向种群多、迭代次数少的场合。

9.1　坡道行驶经济性车速轨迹研究问题描述

高精度电子地图指精细化定义的地图，在未来无人驾驶领域扮演着重要角色，可以让车辆预知前方道路的复杂信息，如坡度、曲率等，为智能车辆提前规划决策提供支撑。利用高精地图提供的丰富信息，可以有效改善智能车辆在坡道行驶时的各项性能。智能车辆坡道行驶的经济性车速轨迹规划问题可以划归为最优控制问题：车辆在初始位置以某一初始速度行驶，前方道路信息已通过高精地图获得，充分利用这些信息提前计算出合适的速度轨迹，以减少车辆在坡道上行驶时的燃油消耗，改善其燃油经济性。为简单起见，研究不考虑周围环境(周围车辆、红绿灯、非机动车等)对所研究车辆的影响。

1. 系统的状态方程

将车辆在坡道上行驶的状态作为研究对象，假设汽车在坡道上行驶时一直保持直线行驶，不存在拐弯行为，则动力学模型只需考虑车辆的纵向运动。在纵向运动中，车辆所受驱动力为 F_p，所受阻力包括坡道阻力 F_i、空气阻力 F_a、滚动阻力 F_f 和加速阻力 F_j。

行驶过程中受力平衡方程为

第9章 动态规划和群体智能优化算法融合的规划方法

$$F_\mathrm{p} = F_\mathrm{i} + F_\mathrm{a} + F_\mathrm{f} + F_\mathrm{j} \tag{9.1}$$

将上式展开为

$$\frac{T_\mathrm{e} i_k \eta}{r} = mg\sin\alpha + \frac{C_\mathrm{D} A}{21.15} v^2 + mgf\cos\alpha + \delta m a \tag{9.2}$$

式中,T_e(N·m)为发动机的输出转矩;i_k 为总传动比,大小为减速器传动比与变速器传动比的乘积;η 为传动系统的总传递效率;r 为车辆的轮胎半径;m(kg)为整车整备质量;g(m/s^2)为重力加速度;α(rad)为坡道角度;C_D 为空气阻力系数,A(m^2)为车辆的迎风面积;v(km/h)为车辆速度;f 为滚动阻力系数;δ 为旋转质量换算系数;a(m/s^2)为加速度。

将速度单位统一为 km/h,并写为牛顿第二定律的形式:

$$\frac{\mathrm{d}v}{\mathrm{d}t} = \frac{3.6}{\delta m r}\left[T_\mathrm{e} i_k \eta - r\left(mg\sin\alpha + \frac{C_\mathrm{D} A}{21.15}v^2 + mgf\cos\alpha\right)\right] \tag{9.3}$$

利用高精度电子地图获取前方道路详细信息,因此,将系统的状态方程由时间域转换为空间域,进行基于空间顺序的速度优化,利用如下公式:

$$\frac{\mathrm{d}v}{3.6\mathrm{d}t} = \frac{\mathrm{d}v}{3.6\mathrm{d}s}\frac{\mathrm{d}s}{\mathrm{d}t} = \frac{\mathrm{d}v}{3.6\mathrm{d}s}\frac{v}{3.6} \Rightarrow \frac{\mathrm{d}v}{\mathrm{d}t} = \frac{v}{3.6^2}\frac{\mathrm{d}v}{\mathrm{d}s},\quad v\neq 0 \tag{9.4}$$

将式(9.3)变换为

$$\frac{\mathrm{d}v}{\mathrm{d}s} = \frac{3.6^2}{v\delta m r}\left[i\eta T_\mathrm{e} - r\left(\frac{C_\mathrm{D} A}{21.15}v^2 + mgf\cos\theta + mg\sin\theta\right)\right] \tag{9.5}$$

上式的复杂非线性方程,很难获得解析解。因此,采用前向欧拉方法对式(9.5)进行离散化处理,离散后的系统状态方程如下:

$$v_{k+1} = v_k + \frac{\Delta s}{v_k}\frac{3.6^2}{\delta m r}\left[i_k \eta T_{\mathrm{e}k} - r\left(\frac{C_\mathrm{D} A}{21.15}v_k^2 + mgf\cos\theta_k + mg\sin\theta_k\right)\right] \tag{9.6}$$

式中,v_{k+1}(km/h)和 v_k(km/h)分别为第 $k+1$ 阶段和第 k 阶段的速度;Δs(m)为相邻两阶段之间的距离;i_k 为第 k 阶段的总变速比;$T_{\mathrm{e}k}$ 为第 k 阶段的发动机转矩;θ_k(rad)为在第 k 阶段此位置的坡道角度。

2. 系统的初始状态

Chang 等[16]通过研究发现,车辆在平直道路、弯道或较小坡道上行驶时,保持匀速行驶可使燃油消耗量最低。因此,车辆在驶入坡道前和驶出坡道后应以最优经济性车速行驶。设车辆在平直道路上的最优经济车速为 v_eco,对应的经济挡位为 i_eco,将 v_eco 设为车辆在规划路段的起始速度 v_ini 和终止速度 v_end,将 i_eco 设为起

始挡位 i_{ini} 和终止挡位 i_{end}，即

$$\begin{cases} v_{\text{ini}} = v_{\text{end}} = v_{\text{eco}} \\ i_{\text{ini}} = i_{\text{end}} = i_{\text{eco}} \end{cases} \tag{9.7}$$

3. 系统的约束

为保证规划结果符合车辆的实际情况，以及考虑到驾乘人员的舒适性因素，需对发动机转矩、转速、车速和加速度等变量的范围进行约束，所采取的约束如表 9.1 所示。

表 9.1 车辆变量约束

符号	含义	数值
$T_{e\max}$	发动机最大转矩	140 N·m
$T_{e\min}$	发动机最小转矩	−40 N·m
$n_{\max}$	发动机最大转速	3000rpm
$n_{\min}$	发动机最小转速	900rpm
$v_{\max}$	车辆最大速度	100km/h
$v_{\min}$	车辆最小速度	0km/h
$|a_{\max}|$	最大加速度	2m/s²
P_{hb}	后备功率最小值	0

4. 系统的成本函数

为提高智能车辆在坡道行驶的燃油经济性，选择总燃油消耗作为待优化的成本函数。依靠建立的油耗模型对行驶油耗进行估计，然后根据高实时性的优化方法对速度轨迹和挡位序列进行计算，使全程的总燃油消耗值最小。各个阶段的成本函数公式如下：

$$r_k = M_{\text{fk}} \tag{9.8}$$

燃油消耗 M_{fk} 依据前文中建立的油耗模型进行计算，每个阶段的燃油消耗为燃油消耗率和该阶段所需行驶时间的乘积：

$$M_{\text{fk}} = \int_{t_{\text{ini}}}^{t_{\text{end}}} \dot{m}_{\text{f}} \mathrm{d}t = \dot{m}_{\text{f}} t_k \tag{9.9}$$

则车辆在坡道上经济性行驶的成本函数为

$$J = \min \sum_{k=1}^{N} r_k = \min \sum_{k=1}^{N} M_{\text{fk}} \tag{9.10}$$

综合上述分析，构建智能车辆坡道行驶经济性车速轨迹规划问题的数学模型

表达式：

$$\begin{cases} J = \min \sum_{k=1}^{N} r_k = \min \sum_{k=1}^{N} M_{fk} \\ v_{k+1} = v_k + \dfrac{\Delta s}{v_k} \dfrac{3.6^2}{\delta mr} \left[i_k \eta T_{ek} - r \left(\dfrac{C_D A}{21.15} v_k^2 + mg f \cos\theta_k + mg \sin\theta_k \right) \right] \\ \text{subject to} \\ v_{\text{ini}} = v_{\text{eco}} \\ v_{\text{end}} = v_{\text{eco}} \\ v_k \in [v_{\min}, v_{\max}] \\ n_{ek} \in [n_{e\min}, n_{e\max}] \\ T_{ek} \in [T_{e\min}, T_{e\max}] \\ a_k \in [a_{\min}, a_{\max}] \\ P_{\text{hb}} \geqslant 0 \end{cases} \quad (9.11)$$

9.2 基于动态规划的坡道行驶经济性车速轨迹规划

本章研究的智能车辆坡道行驶经济性车速轨迹规划问题可以视为离散系统最优控制问题，求解车辆在坡道上行驶时的最优车速轨迹和挡位序列，以在不明显影响驾乘人员使用体验的情况下提高燃油经济性。离散系统最优化问题数值求解模型如下。

非线性离散系统状态方程：

$$x_{k+1} = f_k(x_k, u_k, \lambda_k) \quad k = 0, 1, \cdots, N-1 \quad (9.12)$$

约束条件：

$$g(x_k, u_k) \leqslant 0 \quad (9.13)$$

性能目标函数：

$$J = \varsigma_N(x_N) + \sum_{k=0}^{N-1} \varsigma_k(x_k, u_k, \lambda_k) \quad (9.14)$$

始末状态：

$$\begin{cases} x(0) = x_0 \\ x(N) = x_{\text{end}} \end{cases} \quad (9.15)$$

式中，$x_k \in X_k$ 是系统第 k 阶段的状态变量，$u_k \in U_k$ 是系统第 k 阶段的控制变量，

$\lambda_k \in D_k$ 是系统扰动量，$\varsigma_N(x_N)$ 是规划终止位置性能指标，$\varsigma_k(x_k,u_k,\lambda_k)$ 为第 k 阶段的性能指标。

离散系统最优控制问题归属于多阶段最优决策问题，指将一个连续过程按照时间顺序或空间顺序划分为若干段，每段都拥有一个决策控制，使最终整个过程取得最优的控制结果。动态规划体现了多段最优决策的一个重要规律，即最优性原理：不论初始状态和初始决策如何，其余（后段）决策（或控制）对于由初始决策所形成的状态来说，必定也是一个最优策略。换言之，一个最优策略的子策略也必定是最优的，最优策略只与当前所处的状态有关，与以前的过程无关。最优性原理是动态规划的理论基础。

在本章研究的智能车辆坡道行驶经济性车速轨迹规划问题中，基于高精度电子地图，可获得前方坡道的长度和坡度等信息，确定单次规划距离长度为 L。应用动态规划算法进行求解时，将速度 v 定为系统的状态变量，发动机的输出转矩 T_e 和变速器的挡位 g 定为控制变量，坡道角度 θ 定为扰动量。将单次规划距离 L 划分为 N 个等距且相互离散的阶段，步长为 Δs，即 $\Delta s = L/(N-1)$。接着将每一阶段的状态进行离散，速度 v 在车速允许区间内划分为 M 个等距阶段，步长为 Δv，即 $\Delta v = v/(M-1)$。挡位则根据车辆的实际参数确定为 n 个挡位。应用动态规划进行经济性车速规划的计算流程如第 8 章图 8.1 所示。

动态规划算法因为其处理非线性问题的全局最优性，一般将其作为规划研究中的标准方法，其规划结果即为全局最优结果。但是随着状态变量和控制变量的增加，其求解时间会呈指数级增长，面临着"维数灾难"问题，运算效率较低，无法满足实际应用时的实时性要求。如图 9.1 所示，车辆通过已规划路程的时间为 t_1，此时需对接下来的一段路程进行速度规划，规划所需时间为 t_2，为使汽车连续行驶，应保证 $t_1 > t_2$。本节所设规划距离最短为 1km，下文中车速变化范围为 [40,60]km/h，则通过 1km 路程最少需要 60s 时间，考虑到实际应用时，车辆会因其他车辆与红绿灯的干扰而无法遵循最优速度轨迹行驶，因而需对最优速度轨迹重新进行规划。为减少等待时间，规划算法用时越少越好，规划时间最好在 10s 以内。

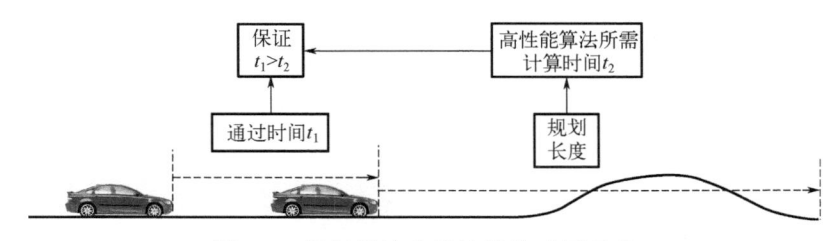

图 9.1 规划算法在线计算的时间要求

为改善动态规划算法的实时性,下面将通过动态规划算法与群体智能优化算法融合的规划算法(人工蜂群算法和粒子群算法)来提高计算效率,节省计算时间。

9.3 动态规划和人工蜂群算法融合的规划方法

9.3.1 人工蜂群算法原理

人工蜂群算法(artificial bee colony, ABC)由 Karaboga 依据蜜蜂采蜜行为于 2005 年提出,基本思想为蜂群通过分工合作及信息交流完成优质蜜源的寻找和采集任务。与其他优化方法相比,ABC 算法几乎没有目标函数和约束条件方面的要求,在搜索寻优过程中,将适应度函数作为迭代进化的依据,基本不利用外部信息。ABC 算法具有全局搜索能力强、搜索精度较高、参数少和鲁棒性强的优点。现如今已广泛应用于神经网络、数据挖掘、工程应用、图像识别等多个领域,并取得了优秀效果。

应用 ABC 算法对优化问题进行求解时,蜜源 $i(i=1,2,\cdots,N_p)$ 的位置即代表着问题的潜在解,N_p 为蜜源的数量,蜜源的质量对应于解的适应度 F_{fit},适应度代表解的优劣程度。ABC 算法将蜂群划分为三组:引领蜂、跟随蜂和探索蜂,引领蜂和跟随蜂的数量均等于蜜源的数量。引领蜂负责寻找最初的蜜源位置并评估蜜源质量,然后与跟随蜂分享信息,跟随蜂依据引领蜂提供的信息去采蜜,当某些蜜源因为质量较差被抛弃后,该位置的蜜蜂即转化为探索蜂,负责随机寻找新的蜜源来代替原有的蜜源。

假设待优化问题的维数为 D,蜜源 i 的位置可表示为 $X_i^t=[x_{i1}^t \quad x_{i2}^t \quad \cdots \quad x_{iD}^t]$,其中,$t$ 表示当前的迭代次数;$x_{id} \in (L_d, U_d)$,L_d 和 U_d 分别表示搜索区域的最小值和最大值,$d=1,2,\cdots,D$。蜜源 i 的初始位置在搜索区域随机产生,计算公式如下:

$$x_{id} = L_d + \text{rand}(0,1)(U_d - L_d) \tag{9.16}$$

在搜索初期,引领蜂在蜜源 i 的周围根据式(9.17)搜索产生一个新的蜜源:

$$v_{id} = x_{id} + \varphi(x_{id} - x_{jd}) \tag{9.17}$$

式中,d 是在 $[1,D]$ 中的一个随机整数,表示引领蜂会随机地选择一个蜜源进行搜索;$j \in \{1,2,\cdots,N_p\}$,$j \neq i$,表示在 N_p 个蜜源中随机选择一个不等于 i 的蜜源;φ 是 $[-1,1]$ 区间内均匀分布的随机数,代表扰动幅度。

将新蜜源 $V_i = [v_{i1} \quad v_{i2} \quad \cdots \quad v_{iD}]$ 的适应度与蜜源 X_i 进行比较，采取贪婪选择的方式找出最优的一个。当所有的引领蜂对初始蜜源进行搜索评估后，飞回信息交流区与跟随蜂共享蜜源信息。根据所获得的蜜源信息，跟随蜂按照一定概率对引领蜂进行跟随，跟随概率计算公式如下：

$$p_i = \frac{F_{\text{fit}}(i)}{\sum_{k=1}^{N_p} F_{\text{fit}}(k)} \quad (9.18)$$

计算出跟随概率后，跟随蜂采取轮盘赌的方法选择引领蜂，在[0,1]范围内生成一个随机数 r，如果 $r < p_i$，该跟随蜂即选择跟随引领蜂，按式（9.17）在蜜源 i 的周围探索一个新蜜源，将新蜜源与原有蜜源质量进行比较，利用贪婪选择的方法确定保留的蜜源。

搜索过程中，如果蜜源 X_i 不是目前最好的蜜源，且经过 trial 次迭代搜索到达阈值（limit）后而没有找到更好的蜜源，该蜜源 X_i 将会被放弃，与之对应的引领蜂角色转变为探索蜂。探索蜂将在搜索区域内随机探索，产生一个新的蜜源代替 X_i，上述过程如式（9.19）：

$$X_i^{t+1} = \begin{cases} L_d + \text{rand}(0,1)(U_d - L_d), & \text{trial}_i \geq \text{limit} \\ X_i^t, & \text{trial}_i < \text{limit} \end{cases} \quad (9.19)$$

综上所述，应用 ABC 算法解决问题的核心流程为引领蜂搜索蜜源，然后将蜜源信息分享给跟随蜂，跟随蜂按照一定的概率选择蜜源进行搜索，当某些蜜源因质量差被抛弃时，此处的蜜蜂转为探索蜂在搜索区域随机搜索。

9.3.2 动态规划和人工蜂群算法融合

为提高动态规划算法的计算效率，解决其无法实时应用的问题，将动态规划与群体智能优化算法相结合，以提高计算速度。本节将动态规划算法（DP）与 ABC 算法相结合（DPABC），基本思想为：首先利用动态规划算法进行初始的速度轨迹优化，与前文中不同之处为此处的迭代网格大小设置得相对"粗糙"。采用通常动态规划算法将速度离散为 400 份，速度间隔为 0.075km/h，迭代网格密集，此处的速度离散为 60 份，速度间隔为 0.5km/h，两者的速度范围均为[35,65]km/h，这样较少的速度离散个数可以使得动态规划的计算时间极大减小。依托于粗略动态规划的计算，可确定初始最优速度序列 $V_{\text{opt}} = [v_1 \quad v_2 \quad \cdots \quad v_N]$，将此速度序列 V_{opt} 作为 ABC 算法搜索位置的初始值。因为动态规划速度间隔为 0.5km/h，因此 ABC 算法的搜索空间为 $V_{\text{opt}} \pm 0.5$km/h，由此缩小了 ABC 算法的搜索空间，显著提高了收敛速度。

DPABC 方法应用于智能车辆坡道行驶经济性车速轨迹规划研究中，将行驶距离离散为 N 份，由此确定待优化参数为 N 个。动态规划计算出的初始速度序列 V_{opt} 即为 ABC 算法搜索位置的初始值。另外将适应度函数设置为式(9.10)中的代价函数 $F_{fit}(i)=J$，适应度函数值越小则表明适应度越好，依据式(9.18)计算跟随蜂的跟随概率 p_i，此处设计为当 p_i 小于 r 时，跟随蜂按式(9.17)在蜜源 i 附近生成一个新的蜜源，与引领蜂一致，采用贪婪选择的方法确定需保留的蜜源。综上所述，DPABC 算法的基本步骤总结如下：

①利用动态规划算法进行粗略规划，获得初始速度序列 V_{opt}。

②在 $V_{opt}\pm 0.5$km/h 范围内随机生成 N_p 组序列值，作为引领蜂的初始蜜源位置，每个食物源是潜在的一个解。引领蜂对各个蜜源的质量(适应度)进行评估后，将这些蜜源信息与所有的跟随蜂共享。

③跟随蜂根据得到的蜜源信息，采用轮盘赌的方式选择跟随一个蜜源，候选蜜源的质量越好，可吸引到的跟随蜂就越多。质量差的蜜源因无法吸引跟随蜂会逐渐被舍弃，由探索蜂新发现的蜜源代替。

④信息传递完成后，引领蜂在原来蜜源附近探索新的蜜源，采取贪婪选择的方法保留适应度较好的蜜源。同时，跟随蜂在自己选择的蜜源附近生成新的蜜源，同样依据适应度数值选择要保留的食物源。

⑤引领蜂和跟随蜂完成信息更新后，记录所有蜜源中质量较好的，较差的食物源被舍弃，通过这一过程，加快最优速度序列的搜索过程。

9.4 动态规划和粒子群算法融合的规划方法

9.4.1 粒子群算法原理

粒子群优化算法(particle swarm optimization, PSO)由 Kennedy 和 Eberhart 于 1997 年提出，核心思想来源于鸟群捕食行为，通过群体中的个体互相交流和共享位置，从而找出群体最佳捕食位置。PSO 算法中每个"粒子"被想象成一只鸟，是寻优问题的潜在解。每一个粒子都具有学习的能力，通过探索比较，可以记住搜寻过程中碰到的最佳位置。每个粒子都具有一个速度，来决定粒子飞行的方向和距离，该速度根据粒子自身的搜寻经验和与群体交流获得的食物信息来实时调整，使得群体不断向最优位置靠近。每个粒子都具有四个属性：位置、经验、速度、适应度。位置代表函数的自变量值，经验代表粒子搜寻过程中经过的距离食物最近的位置，速度代表位置的变化值，适应度代表当前位置与食物的距离。如此将实际问题抽象为数学函数问题，来求解函数的最值问题。

初始时，粒子群在一个包含目标函数解的空间里行动，随机给定每个粒子一个位置来搜寻最优解，此时种群无法确定最优的位置。粒子被赋予了鸟群中的学习能力和信息交换能力，通过这些能力和搜寻规则，种群中每个粒子能够利用适应度函数估计当前自身位置的优劣。通过自身记忆功能，在不断搜寻过程中记录接触过的最佳位置，即局部最优解，同时也注意整个种群所搜寻到的最好位置，也就是全局最优解。根据这两个位置，不断调整自身速度，从而快速寻找到最优位置。

算法开始，在允许范围内随机分配每个粒子的初始位置，如在 D 维可行解空间中随机初始化 m 个粒子，构成种群 $X=\{X_1, X_2, \cdots, X_m\}$，其中每个粒子所在的位置为

$$X_i = [x_1 \quad x_2 \quad \cdots \quad x_D] \tag{9.20}$$

每个位置都代表优化问题的一个潜在解，根据适应度函数来评估每个粒子位置的优劣。然后在每次迭代时，粒子将通过自身的学习能力利用两个"极值"来更新自己的位置，一个是粒子本身搜索到的局部最优解，另一个是整个种群目前搜索到的全局最优解，依据这两个最优解来确定自己的搜索速度。

第 i 个粒子的速度为

$$V_i = [v_{i1} \quad v_{i2} \quad \cdots \quad v_{iD}] \tag{9.21}$$

第 i 个粒子截至目前搜索到的局部最优解为

$$P_{\text{best},i} = [p_{i1} \quad p_{i2} \quad \cdots \quad p_{iD}] \tag{9.22}$$

整个种群截至目前搜索到的全局最优解为

$$G_{\text{best}} = [g_1 \quad g_2 \quad \cdots \quad g_D] \tag{9.23}$$

在寻找局部最优解和全局最优解的过程中，粒子根据式(9.24)和式(9.25)来更新自己的速度和位置：

$$v_{id} = w v_{id} + c_1 r_1 (p_{id} - x_{id}) + c_2 r_2 (g_d - x_{id}) \tag{9.24}$$

$$x_{id} = x_{id} + v_{id} \tag{9.25}$$

式中，v_{id} 为第 i 个粒子速度在第 d 个维度上的值，$v_{id} \in [-v_{\max}, v_{\max}]$，$i=1,2,\cdots,D$，$v_{\max}$ 为常数；w 为惯性权重；c_1、c_2 为学习因子，通常 $c_1 = c_2 = 2$；r_1、r_2 为[0,1]范围内的两个随机数；p_{id} 为第 i 个粒子截至目前搜索到的局部最优解的第 d 个维度值；x_{id} 为第 i 个粒子位置在第 d 个维度上的值；g_d 为粒子截至目前搜索到的全局最优解的第 d 个维度值。

9.4.2 动态规划和粒子群算法融合

与9.3节中动态规划算法与ABC算法融合方法一致，将动态规划算法（DP）与PSO算法相结合（DPPSO）的基本思想为：首先利用粗糙步长的动态规划算法进行初始的速度轨迹优化，可确定初始最优速度序列 $V_{opt}=[v_1 \quad v_2 \quad \cdots \quad v_N]$，将此速度序列 V_{opt} 作为PSO算法搜索位置的初始值。由此缩小了PSO算法的搜索空间，显著提高收敛速度。

DPPSO方法应用于智能车辆坡道行驶经济性车速轨迹规划研究中，将行驶距离离散为 N 份，由此确定待优化参数为 N 个。动态规划计算出的初始速度序列 V_{opt} 即为PSO算法搜索位置的初始值。另外依然将适应度函数设置为式（9.10）中的代价函数 $F_{fit}(i)=J$，适应度函数值越小则表明适应度越好，依据适应度函数值确定各个粒子的局部最优解 $P_{best,i}$ 和全局最优解 G_{best}，依据这两个最优解利用式（9.24）和式（9.25）更新各个粒子的速度 v_i 和位置 x_i。综上所述，DPPSO算法的基本步骤总结如下。

① 利用动态规划算法进行粗略规划，获得初始速度序列 V_{opt}。

② 在 $V_{opt}\pm 0.5$ km/h 范围内随机生成 N_p 组序列值，作为粒子群中各个粒子的初始位置 x_i，并随机初始化各个粒子的搜索速度 v_i。

③ 更新各个粒子的适应度数值 $F_{fit}(i)$。

④ 对于每个粒子，比较它的 $F_{fit}(i)$ 和局部最优位置处的适应度 $F_{fit}(p_{best,i})$，如果 $F_{fit}(i)<F_{fit}(p_{best,i})$，则将 $p_{best,i}$ 更新为 x_i 的位置。

⑤ 比较每个粒子的 $F_{fit}(i)$ 和全局最优位置处的适应度 $F_{fit}(g_{best})$，如果 $F_{fit}(i)<F_{fit}(g_{best})$，则将 g_{best} 更新为 x_i 的位置。

⑥ 根据式（9.24）和式（9.25）更新各个粒子的速度 v_i 和位置 x_i。

⑦ 误差达到限制或者迭代达到最大循环次数限制后退出，否则返回第②步。

9.5 融合方法规划效果验证

9.5.1 平直道路行驶时的最优经济车速

在算法实现前首先确定平直道路上行驶的经济车速 v_{eco}，以此速度作为系统的初始状态。由之前提出的油耗模型进行油耗预测，将单位时间燃油消耗 $\dot{m}_f$(mL/s) 转化为单位距离的燃油消耗 $\dot{m}_{fpm}$(mL/m)：

$$\dot{m}_{\text{fpm}} = \frac{3.6\dot{m}_{\text{f}}}{v} \tag{9.26}$$

计算车辆在不同挡位、不同速度下的单位行驶距离燃油消耗，油耗最小值对应的速度即为车辆的最优经济车速。根据车辆运动平衡方程有：

$$\frac{\mathrm{d}v}{\mathrm{d}t} = \frac{3.6}{\delta mr}\left[T_e i_k \eta - r\left(mg\sin\alpha + \frac{C_D A}{21.15}v^2 + mgf\cos\alpha\right)\right] \tag{9.27}$$

由于车辆在平路上匀速行驶，因此加速度 $a=0$ 和道路坡道角 $\alpha=0$，将二者代入式(9.28)中，可得平直道路上车辆匀速行驶时发动机转矩为

$$T_e = \frac{r}{i_t \eta}\left(\frac{C_D A}{21.15}v^2 + mgf\right) \tag{9.28}$$

同时，可确定发动机转速为

$$n_e = \frac{i_t v}{0.377r} \tag{9.29}$$

由式(9.28)和式(9.29)可知，在确定车速和挡位后，发动机转矩和转速也已确定，进而可以利用油耗模型计算得出此刻的单位行驶距离燃油消耗，再比较各速度和挡位对应的单位行驶距离燃油消耗，便可确定平直道路的最优经济车速。

为了与之前标定好的燃油消耗模型相匹配，选择 CarSim 中的一款 A 级轿车作为后续研究对象，其发动机参数与标定油耗模型所用数据的车辆接近，车辆具体配置如表 9.2 所示，利用这款 A 级轿车的参数来确定经济车速 v_{eco}。

表 9.2 CarSim 某 A 级轿车配置

车辆参数	参数值
簧上质量	1270kg
变速器	5 速自动变速
传动比	[−3.168,3.78,2.12,1.36,1.03,0.84]
中央差速器速比	4.1
轮胎型号	175/65 R14
最大转矩	155N·m
最大功率	75kW
风阻系数	0.3
迎风面积	1.6m²

在不同挡位下，不同行驶速度所对应的单位行驶距离燃油消耗如图 9.2 所示。

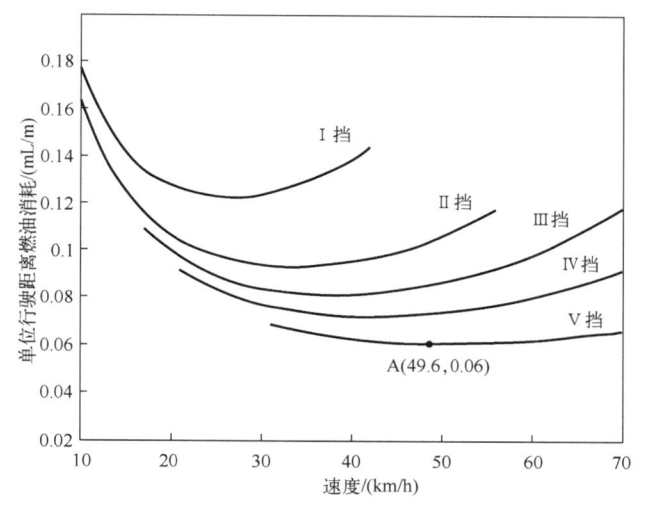

图 9.2 平直道路行驶时各挡位的燃油消耗

由图 9.2 可知，对同一挡位来说，燃油消耗随着速度的增加呈现先降后升的形态，这是因为随着车速的增加，空气阻力也逐渐加大，逐渐成为所受阻力的主要部分，造成油耗升高。对同一车速不同挡位来说，挡位越高，油耗越低，燃油经济性越好。图中所示 A 点的意义为当车辆在 V 挡下以 49.6km/h 的速度行驶于平直道路时，燃油消耗率最低，为 0.06mL/m。因此，49.6km/h 即为平直道路行驶时的理论最优经济车速。

9.5.2 规划效果验证

1. MATLAB/Simulink 与 CarSim 联合仿真模型

采用 MATLAB/Simulink 与 CarSim 联合仿真环境对规划出的车速轨迹进行仿真验证，如图 9.3 所示。CarSim 软件内置了多种车辆模型，并可构建各种道路仿真场景。在 Simulink 中构建 PI 控制器以维持车辆对规划车速的跟踪，将车辆实际速度与规划速度的偏差作为 PI 控制器的输入，将 CarSim 车辆的节气门开度和制动踏板力作为输出。PI 控制器的比例系数和积分系数取值如表 9.3 所示。

$$\text{Throttle}(s) = \begin{cases} 0, & (v_{\text{ref}} - v_{\text{act}}) \leqslant 0 \\ K_{\text{t}}(v_{\text{ref}} - v_{\text{act}}) + I_{\text{t}} \int_0^s (v_{\text{ref}} - v_{\text{act}}) \mathrm{d}s, & (v_{\text{ref}} - v_{\text{act}}) > 0 \end{cases} \quad (9.30)$$

$$\text{Brake}(s) = \begin{cases} 0, & (v_{\text{ref}} - v_{\text{act}}) \geqslant 0 \\ K_{\text{b}}(v_{\text{ref}} - v_{\text{act}}) + I_{\text{b}} \int_0^s (v_{\text{ref}} - v_{\text{act}}) \mathrm{d}s, & (v_{\text{ref}} - v_{\text{act}}) < 0 \end{cases} \quad (9.31)$$

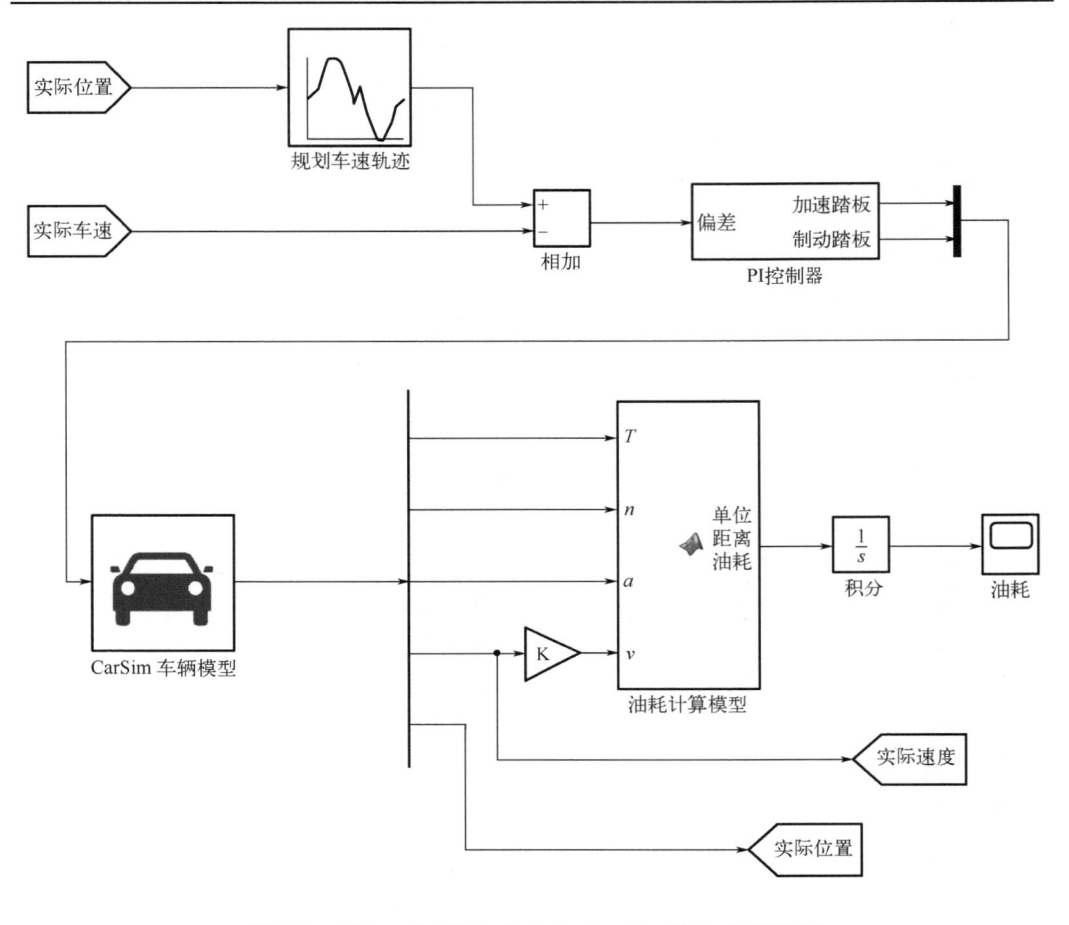

图 9.3　MATLAB/Simulink 与 CarSim 联合仿真模型

表 9.3　PI 控制器参数设置

变量	比例系数 K	积分系数 I
Throttle(t)	0.06	0.03
Brake(t)	0.07	0.02

2. 动态规划算法规划效果

为了验证动态规划算法规划车速的有效性，本节采用速度设定方法(velocity set-point，VS)[17]作为对照组，验证坡道行驶经济性规划对燃油经济性的提升效果。VS 方法与传统的定速巡航算法不同，其车速值与坡道相关，设定速度值 v_{set} 后，由坡道对实际速度值进行控制，这样相比定速巡航算法，可在一定程度上提高燃油经济性。

$$v_{\text{VS}} = \begin{cases} \dfrac{v_{\text{set}}}{1+K_{\text{uh}}\theta_k} & \theta_k > 0 \\ \dfrac{v_{\text{set}}}{1+K_{\text{dh}}\theta_k} & \theta_k < 0 \end{cases} \tag{9.32}$$

式中，K_{uh} 和 K_{dh} 为常量控制系数，且 $K_{\text{uh}} > K_{\text{dh}}$，使车辆在上坡路段的速度设定值比下坡路段的速度设定值减小得更多；θ_k 为坡道角度。

中华人民共和国交通运输部在 2003 年修订了《公路工程技术标准》[18]，对公路坡度与坡长限制等方面开展了研究。中华人民共和国住房和城乡建设部在 2010 年修订了《城市道路交叉口设计规程》[19]，根据相应道路的类别、等级、控制标高等方面设计城市道路交叉口。这些文件均对道路的最大纵坡度进行了限制，如表 9.4 和表 9.5 所示。

表 9.4 最大纵坡度

设计速度/(km/h)	120	100	80	60	40	30	20
最大坡度/%	3	4	5	6	7	8	9

表 9.5 机动车道最大纵坡度

设计速度/(km/h)	100	80	60	50	40
最大纵坡度推荐/%	3	4	5	5.5	6
最大纵坡度限制/%	5	6	7		8

根据上文的结论，车辆在平直道路匀速行驶的经济性车速 v_{eco} 为 49.6km/h，则考虑车辆行驶时的速度在 v_{eco} 附近变化，根据表 9.4 和表 9.5，设计坡道最大纵坡为 5%，因此以平均坡度为 3%，最大坡度为 4.71%的单调递增的 1km 半正弦坡道为试验路面，如图 9.4 所示，坡道的高程 h 表达式如下：

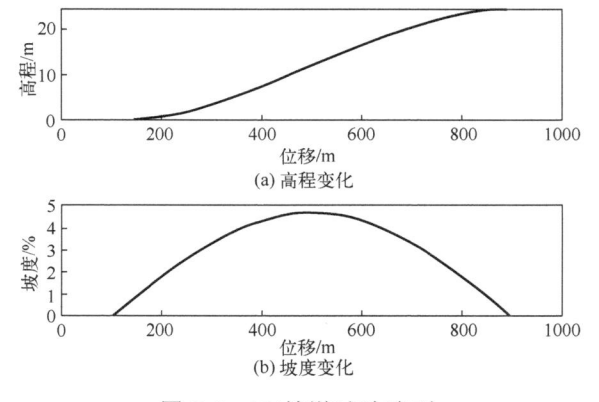

(a) 高程变化

(b) 坡度变化

图 9.4 3%坡道试验路面

$$h(s) = \begin{cases} 0 & s \in [0,100] \\ 4i\sin\left(\dfrac{s-500}{800}\pi\right) + 4i & s \in (100,900) \\ 8i & s \in [900,1000] \end{cases} \quad (9.33)$$

式中，$s(\mathrm{m})$ 为路程；$i(\%)$ 为道路坡度。

两种规划方法的对比结果如表 9.6 和图 9.5 所示。相比速度设定方法，DP 算法规划结果可节省 14.57% 的油耗。由图 9.5 可以看出，DP 算法在车辆驶入坡道前已经开始加大转矩增速，以避免车辆在坡道行驶时因速度不够而急加速，而 VS 算法在车辆爬坡时开始减速，在快驶出坡道时进行加速，这样以较低的速度驶入坡道，为保证爬坡过程中有足够的速度和动力，会在坡道上使用大油门来输出大转矩，因此在爬坡初期虽然 DP 算法的油耗高于 VS 算法，但从整段行程来看，DP 算法可节省油耗 14.57%，表明 DP 算法在坡道行驶环境中确实可有效减少燃油消耗。

表 9.6 DP 和 VS 方法规划结果对比

车速规划方法	累计油耗/mL	相对变化值
VS	96.6	—
DP	82.53	14.57%

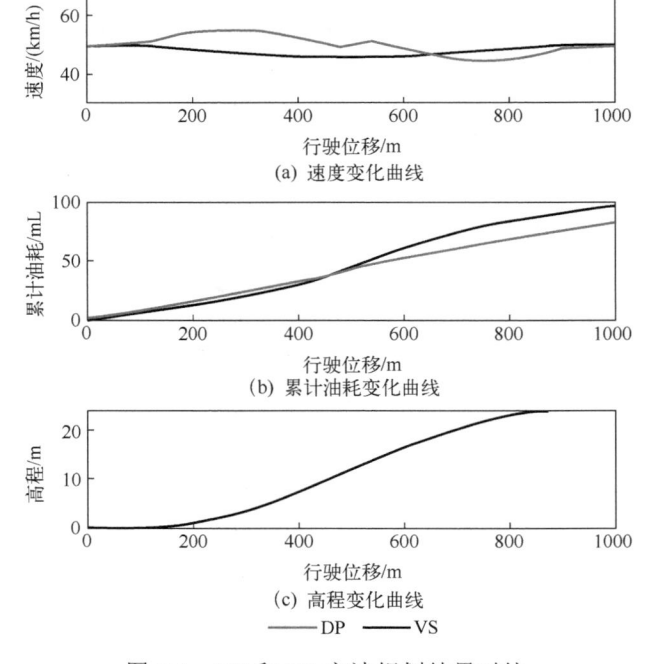

(a) 速度变化曲线

(b) 累计油耗变化曲线

(c) 高程变化曲线

图 9.5 DP 和 VS 方法规划结果对比

3. 融合方法规划效果

本节对动态规划和群体智能优化算法融合规划的效果进行验证，图 9.6 表示的 1km 坡道为试验路面，将此 1km 行驶距离离散为 50 段，每段距离为 20m，将速度离散为 60 份，速度间隔为 0.5km/h，速度约束范围为[35,65]km/h，依此较少的离散个数进行粗略计算，可极大减少动态规划计算时间，获得初始速度序列 V_{opt}，该简易 DP 算法的规划结果如图 9.6 所示。

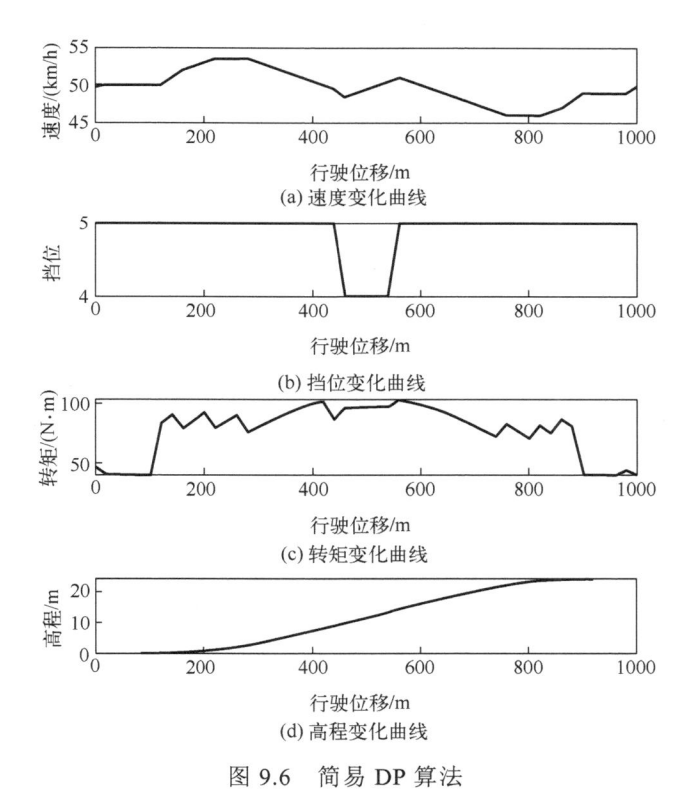

图 9.6 简易 DP 算法

由图 9.6 可知，该规划结果的转矩存在较多波动，速度曲线不够平滑，这说明简易 DP 算法虽能提高计算效率，但无法保证规划结果的精确性，初始规划不够细致。

依据上文融合规划算法的介绍，将初始速度序列 V_{opt} 作为群体智能优化算法的输入值，因为简易 DP 算法速度离散间隔为 0.5km/h，因此群体智能优化算法的搜索空间为 $V_{opt} \pm 0.5$km/h，由此缩小了算法的搜索空间，可显著提高收敛速度。对 DPABC 和 DPPSO 的参数进行设置，数值分别为表 9.7 和表 9.8 所示。

表 9.7 DPABC 参数

参数	D	N	N_p	N_{limit}	N_{max}
数值	51	10	5	10	500

表 9.8 DPPSO 参数

参数	D	N	N_p	v_{max}	w	c_1	c_2	N_{max}
数值	51	40	40	0.5	0.9	1	1	100

DPABC 和 DPPSO 的规划结果如图 9.7 所示。

(a) 速度变化曲线

(b) 挡位变化曲线

(c) 转矩变化曲线

(d) 高程变化曲线

—— 简易DP　—— DPABC　---- DPPSO

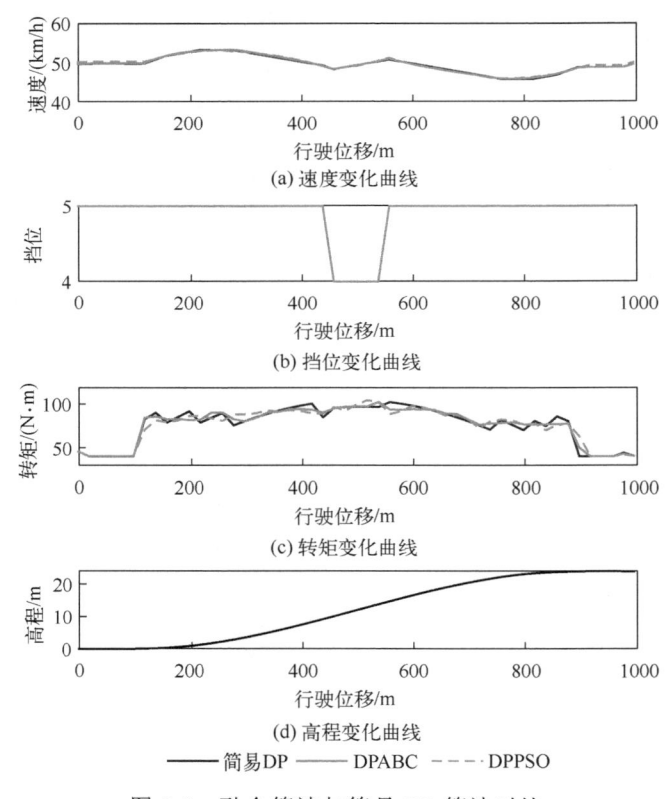

图 9.7 融合算法与简易 DP 算法对比

由图 9.7 可以看出，融合算法规划结果中，挡位与简易 DP 算法一致，融合算法提升了速度曲线和转矩序列的平滑度，DPABC 和 DPPSO 的转矩规划序列相比简易 DP 算法更符合实际使用情况。

融合算法与完整 DP 算法对比如图 9.8 和表 9.9 所示。由图 9.8 可以看出，融合算法的速度趋势与完整 DP 算法规划结果一致，转矩序列不如完整 DP 算法规划结果平滑，但总体趋势一致仅在较小范围内波动。由表 9.9 可以看出，融合算法相比完整 DP 算法，计算效率有大幅提升，DPABC 提升了 83.12%，DPPSO 提升了 74.30%。从计算精度来看，DPABC 和 DPPSO 的 MAPE 值分别为 2.24%和 2.29%，RMSE 值分别为 1.3 和 1.33，融合算法的规划速度和完整 DP 算法规划结果差距很小，油耗仅略微增加，增量可以忽略。ABC 算法具有操作简单、控制参数少、搜索精度较高和鲁棒性较强的特点，在每次迭代时，ABC 算法仅针对解中的某一个参数进行寻优，PSO 算法针对解中的所有参数进行寻优，因此，在本节的参数设计中，ABC 算法偏向种群少、迭代次数多的方法，PSO 算法偏向种群多、迭代次数少的方法，综合计算效率和计算精度，确定了各自最后的种群数量和迭代次数，具体参数值如表 9.7 和表 9.8 所示。总的来说，在速度序列精度、燃油消耗基本不变的情况下，动态规划和群体智能优化算法融合的规划算法可以显著提高计算效率，节省计算时间，提供了实时应用的可能性。

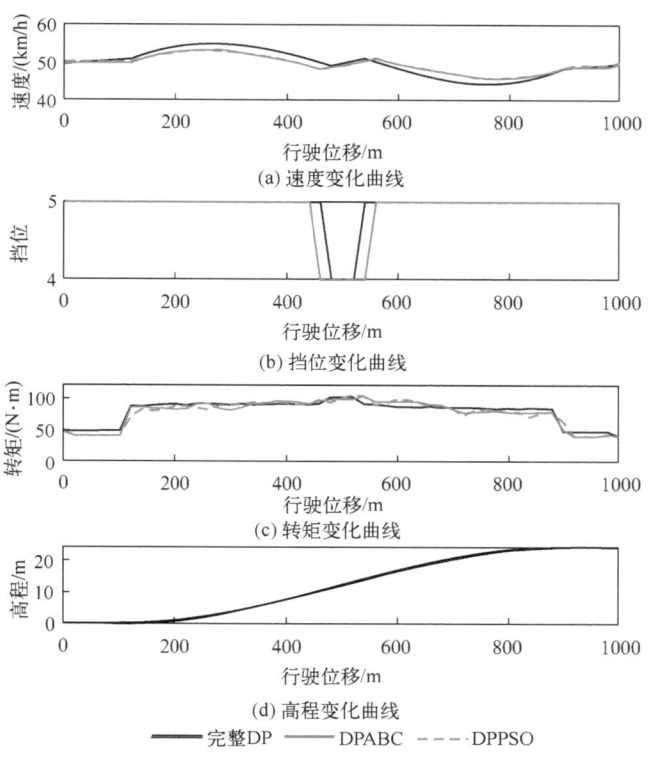

图 9.8 融合算法与完整 DP 算法对比

表 9.9 融合算法与完整 DP 算法对比

参数	完整 DP	DPABC	DPPSO
计算耗时/s	45.02	7.6	11.57
节约时间/%	—	83.12	74.3
油耗/mL	82.53	83.13	83.34
油耗增量/%	—	0.7	0.9
MAPE-速度/%	—	2.24	2.29
RMSE-速度/(km/h)	—	1.3	1.33

第 10 章 基于自适应动态规划的坡道行驶经济性车速轨迹规划

自适应动态规划算法(ADP)通过函数近似结构,利用当前状态量和控制量估计代价函数或代价函数对状态变量的导数,从而避免了对每个阶段所有状态量和控制量的精确求解,克服了动态规划的"维数灾难"问题。ADP 算法采用的是强化学习思想,通过智能体与环境交互,采取不同行为从而获得奖励来对动作进行改进。在 ADP 算法的基础上,本章提出了一种基于行驶位移可变步长的 i-ADP 算法,减少在非兴趣区域的计算,增加在兴趣区域的采样频率,进行更合理的采样点分配。

10.1 自适应动态规划

1. ADP 算法的结构发展

早期 Werbos[20]提出了启发式动态规划(heuristic dynamic programming,HDP)和双启发式动态规划(dual heuristic programming,DHP)两种结构。HDP 的算法结构如图 10.1 所示。

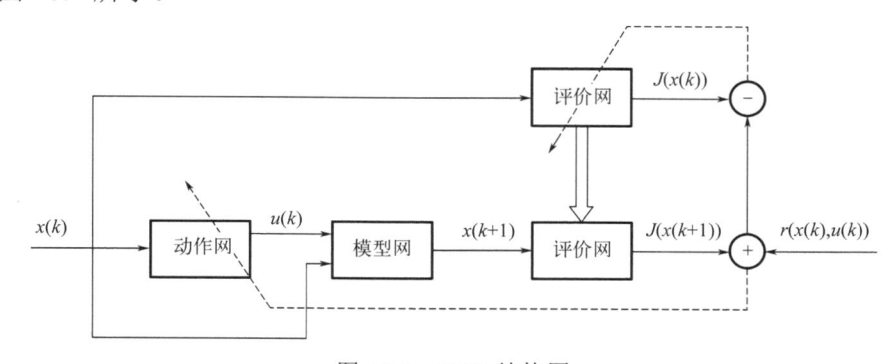

图 10.1 HDP 结构图

HDP 的结构由三部分组成:动作网、模型网和评价网。动作网用来近似最优控制策略,模型网利用上一阶段的控制和状态变量预估下一阶段的状态,评价网用来近似

系统的成本函数 $J(x_k)$。图中实线表示信号传递的方向，虚线表示误差传递的方向。DHP 与 HDP 的不同之处在于，其评价网的输出为成本函数的梯度 $\partial J(x(k))/\partial x(k)$，这样可以提高预测精度。若将评价网的输出改为成本函数及其梯度，则这种方法称为全局双启发式动态规划(globalized dual heuristic programming，GDHP)。上述方法均拥有完整的三模块结构，如果省略模型网，将系统状态 x_k 和动作网络的输出 u_k 作为评价网的输入，则上述三种结构被称为动作依赖(action-dependent)形式，即动作依赖启发式动态规划(action dependent heuristic dynamic programming，ADHDP)、动作依赖双启发式动态规划(action dependent dual heuristic programming，ADDHP)、动作依赖全局双启发式动态规划(action dependent globalized dual heuristic programming，ADGDHP)。对以上六种 ADP 的结构进行比较发现，其区别主要在于评价网的输入是否包含控制量、输出信息是代价函数还是其梯度，以及结构中有无模型网。评价网的输入及输出信息越丰富，表示获取的系统动态信息越多，则评价网对成本函数的近似精度越高。然而输入信息过多，会大幅增加计算负担，而且无效数据的加入，会使学习训练过程变缓，甚至使学习结果不理想。所以需根据具体问题具体分析，选择合理的 ADP 结构，采取适当的输入输出信息，提高该方法能有效应用的可能性。

He 等[21]在 ADHDP 的基础上，增设了一个参考网，该参考网可以自适应生成一个内部强化信号，与状态变量、控制变量一起作为评价网的输入，这样就可以促进整体的学习和优化过程。Padhi 等[22]对 ADP 的结构做了进一步改进，其提出了单网络自适应评价的方法(single network adaptive critic，SNAC)，舍弃了动作网，只保留了评价网，ADP 结构更加简化，这种结构的计算负担只有双模结构的一半，可显著提高计算效率。因为舍弃了动作网，该结构消除了动作网的近似误差。该方法可以应用的前提是，最优化问题的控制方程可以通过状态变量和协状态变量显式表达。因此，该方法可以应用于拥有二次型代价函数的仿射非线性控制系统，机器人、航空航天和汽车等领域的部分问题可用此方法求解。

2. 策略迭代与值迭代

基于神经网络的函数泛化能力，ADP 算法通过不断迭代学习来对非线性系统的成本函数或其梯度进行近似，不必再对哈密顿-雅可比-贝尔曼方程进行精确求解，由此解决了动态规划算法计算效率低的问题。

ADP 算法的迭代方式分为两种：策略迭代和值迭代。策略迭代由策略评估和策略提高两个阶段组成，策略评估为给定一个初始稳定的控制策略，利用值函数对现在的控制策略进行价值评估，不断迭代，直至值函数收敛，然后基于值函数对控制策略进行更新，当控制策略收敛后进行下一轮的策略评估，直到值函数和控制策略全部收敛时，策略迭代才算全部完成。值迭代算法与策略迭代算法不同，其不需要初始稳定的控制策略来保证值迭代可以收敛到最优,刘毅等[23]指出初始将成本函数设定为半正定函数即可保证值迭代的最优收敛性。在给定初始值函数后,值迭代对比不同动作下的值函数估值,选择其中最大的值函数来更新动作,不断迭代直到值函数收敛,由此可得到最优控制策略。

策略迭代中的策略评估由于需要多次遍历状态集,可能产生冗长的迭代计算,造成计算负担过重的问题。针对此问题,很多研究者提出多种方法来对策略评估阶段的迭代次数进行有效限制,且保证策略迭代的收敛性,如将收敛阈值设置得大一些、对策略评估迭代次数进行设定等,假如策略评估仅进行一次迭代计算,此时即为值迭代算法。值迭代算法在每次迭代时有效结合了一次策略评估和一次策略提高。因为策略迭代要求初始稳定的控制策略,所以一般来说其收敛性更好,但是计算量相对较大,比较耗时。而当优化问题的状态空间较大时,值迭代常常无法收敛到最优值控制策略和值函数。因此根据具体问题需具体分析,选择合适的迭代方式来解决问题。

3. 离线迭代算法和在线迭代算法

ADP 算法的应用方式可以分为两种:离线迭代算法和在线迭代算法。与在线迭代算法相比,离线迭代算法对系统模型的要求更高一些。离线迭代算法需对函数近似结构如神经网络提前进行学习训练,训练完毕后再应用于被控对象。当系统模型发生较大变化时,由于不可重新对神经网络进行训练调整,原有模型的控制效果就会降低。因此当系统状态比较稳定或训练场景覆盖很大范围的可能情况时,离线迭代算法能实现比较好的控制效果。在线迭代算法,顾名思义,就是在线对神经网络进行迭代训练,可针对系统模型的变化,自适应地调整控制策略。但是由于该方法需要在线计算,占用的计算资源较多,其对硬件系统的计算能力提出了较高要求,为了获得较好的实时性还需合理选择 ADP 算法的结构。另外,在线迭代应用过程中,不可避免地会受到干扰信号的影响,其抗干扰能力较弱,干扰过多会导致神经网络一直处于学习训练的状态,无法实现最优性收敛。虽然如此,在线迭代算法研究刚刚起步,未来具有广阔的应用前景。在应用 ADP 算法解决实际问题时,需合理选择离线或在线迭代方式,以获得最优效果。

4. ADP 算法的实时性分析

实时性是评估 ADP 算法的一个重要指标,很多研究者对 ADP 算法的实时性进行了分析。Ali 等[24]将基于规则的算法、DP 算法与 ADP 算法进行了定性比较,基于规则的算法因为其结构简单所以实时性最好,ADP 算法相对于 DP 算法可大幅提升计算速度,这也是很多研究者利用 ADP 代替 DP 算法进行全局规划的原因,以节省计算时间。因此,如果注重 ADP 算法的实时性表现,可选择省去了模型网的动作依赖式 ADP 算法,其为双模块结构。单网络自适应评价方法仅包含评价网,其计算速度更快、实时性更好,但是其应用场景相对有限。

10.2 基于 ADP 的坡道行驶经济性车速轨迹规划

依据上文中对 ADP 算法的分析,结合智能车辆坡道行驶经济性车速轨迹规划研究的具体问题,综合考虑计算精度和计算速度,本章选取动作依赖启发式动态规划(ADHDP)进行车辆坡道行驶规划研究,ADHDP 控制系统结构如图 10.2 所示。

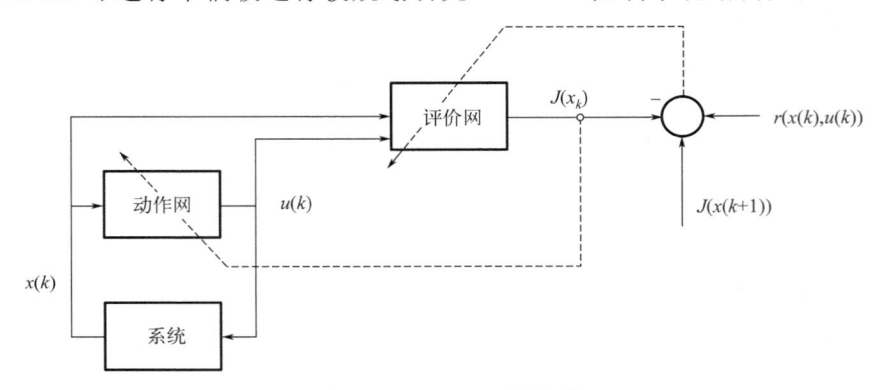

图 10.2 ADHDP 结构图

ADHDP 仅包含动作网和评价网,省略模型网可去除模型网的近似误差。动作网用来近似控制策略,评价网用来近似成本函数 $J(x_k)$。系统模块依据动作网输出的控制量 u_k 和前一状态 x_k,输出目标的下一状态 x_{k+1}。图中实线表示信号传递的方向,虚线表示误差传递的方向。实际应用的值函数近似方法有神经网络、线性基函数和分段线性函数,本节中动作网和评价网均采用神经网络作为函数近似结构。

10.2.1 ADHDP 评价网及权值更新

评价网用来近似系统的代价函数 $J(x_k)$,通过输入当前状态量 x_k 和控制量 u_k,直接输出 k 阶段的近似代价函数 $\hat{J}(x_k)$,避免了后面多重阶段的精确计算,可节省大量计算时间。评价网络的结构如图 10.3 所示。

评价网包含三层网络,输入层根据输入量 x 和 u,包含 $m+n$ 个神经元,隐含层和输出层分别有 N_c 和 1 个神经元,$W_c^{(1)}$ 和 $W_c^{(2)}$ 分别为从输入层到隐含层及隐含层到输出层的权重矩阵,输入层到隐含层神经元 k 的加权和如下式:

$$\sigma_{cj}(k) = \sum_{i=1}^{m} w_{cji}^{(1)}(k)x_i(k) + \sum_{l=1}^{n} w_{cjl}^{(1)}(k)u_l(k) \tag{10.1}$$

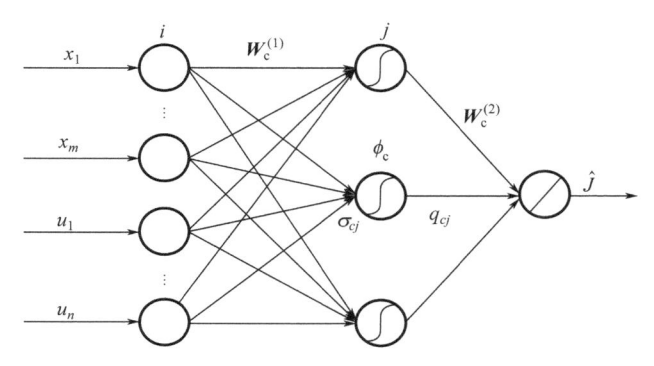

图 10.3 评价网结构图

隐含层的激活函数选择双曲正切函数：

$$\phi(x) = \frac{1-\mathrm{e}^{-2x}}{1+\mathrm{e}^{-2x}} \tag{10.2}$$

隐含层神经元 k 的输出为

$$q_{cj}(k) = \phi(\sigma_{cj}(k)) = \frac{1-\mathrm{e}^{-2\sigma_{cj}(k)}}{1+\mathrm{e}^{-2\sigma_{cj}(k)}} \tag{10.3}$$

输出层的输出为

$$\hat{J}(x_k) = w_c^{(2)}(k)q_c(k) = \sum_{j=1}^{N_c} w_{cj}^{(2)}(k)q_{cj}(k) \tag{10.4}$$

评价网的误差为

$$e_c(k) = \hat{J}(x_{k-1}) - [\lambda \hat{J}(x_k) + r(x_k, u_k)] \tag{10.5}$$

式中，λ 为衰减系数，用来权衡当下奖励和未来奖励对代价函数的影响。

当 $e_c = 0$ 对所有的阶段 k 均成立时：

$$\begin{aligned}
\hat{J}(x_k) &= r(x_k, u_k) + \lambda \hat{J}(x_{k+1}) \\
&= r(x_k, u_k) + \lambda [r(x_{k+1}, u_{k+1}) + \lambda \hat{J}(x_{k+2})] \\
&= \cdots \\
&= \sum_{i=k}^{\infty} \lambda^{i-k} r(x_i, u_i)
\end{aligned} \tag{10.6}$$

即实现了对代价函数 $J(x_k)$ 的精确近似。评价网的学习目标为通过调整权值 w_c 使得误差 e_c 趋近于 0，定义误差函数：

$$E_c(k) = \frac{1}{2}e_c^2(k) \tag{10.7}$$

依据梯度下降法对评价网的权值进行更新：

$$w_c^{(q+1)}(k) = w_c^{(q)}(k) + \Delta w_c^{(q)}(k) \tag{10.8}$$

$$\Delta w_c^{(q)}(k) = \eta_c \left[-\frac{\partial E_c^{(q)}(k)}{\partial w_c^{(q)}(k)} \right] \tag{10.9}$$

$$\frac{\partial E_c^{(q)}(k)}{\partial w_c^{(q)}(k)} = \frac{\partial E_c^{(q)}(k)}{\partial e_c^{(q)}(k)} \frac{\partial e_c^{(q)}(k)}{\partial \hat{J}^{(q)}(k)} \frac{\partial \hat{J}^{(q)}(k)}{\partial w_c^{(q)}(k)} \tag{10.10}$$

式中，η_c 为评价网的学习率，q 代表迭代次数，则具体的权值更新公式为

$$\Delta w_{cj}^{(2)}(k) = -\eta_c e_c(k) \lambda q_{cj}(k) \tag{10.11}$$

$$\Delta w_{cj}^{(1)}(k) = -\eta_c e_c(k) \lambda w_{cj}^{(2)}(k)[1 - q_{cj}(k)^2]x_k \tag{10.12}$$

式中，x_k 指所有的输入量。

10.2.2 ADHDP 动作网及权值更新

动作网用来近似控制策略，依据输入的状态量 x_k 输出最优控制量 u_k^*，使得近似成本函数 $\hat{J}(x_k)$ 最小。

$$u_k^* = \arg\min_{u_k} \hat{J}(x_k) \tag{10.13}$$

动作网的结构如图 10.4 所示。与评价网类似，动作网包含三层神经网络，输入层含 m 个神经元，隐含层和输出层分别有 N_a 和 1 个神经元，$W_a^{(1)}$ 和 $W_a^{(2)}$ 分别为从输入层到隐含层及隐含层到输出层的权重矩阵，隐含层的激活函数选择双曲正切函数，则各层神经网络的输出依次为

$$\sigma_{aj}(k) = \sum_{i=1}^{m} w_{aji}^{(1)}(k) x_i(k) \tag{10.14}$$

$$q_{aj}(k) = \phi(\sigma_{aj}(k)) = \frac{1 - e^{-2\sigma_{aj}(k)}}{1 + e^{-2\sigma_{aj}(k)}} \tag{10.15}$$

$$u(k) = w_a^{(2)}(k) q_a(k) = \sum_{j=1}^{N_a} w_{aj}^{(2)}(k) q_{aj}(k) \tag{10.16}$$

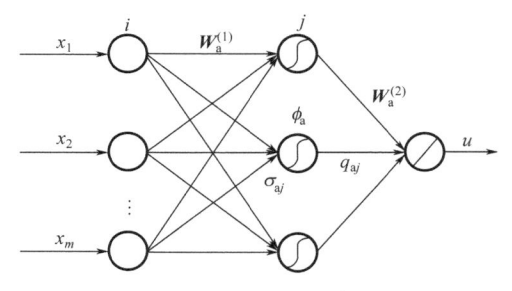

图 10.4 动作网结构图

动作网的误差为

$$e_a(k) = \hat{J}(x_k) \tag{10.17}$$

定义误差函数为

$$E_a(k) = \frac{1}{2}e_a^2(k) \tag{10.18}$$

依据梯度下降法对动作网的权值进行更新：

$$w_a^{(q+1)}(k) = w_a^{(q)}(k) + \Delta w_a^{(q)}(k) \tag{10.19}$$

$$\Delta w_a^{(q)}(k) = \eta_a \left[-\frac{\partial E_a^{(q)}(k)}{\partial w_a^{(q)}(k)} \right] \tag{10.20}$$

$$\frac{\partial E_a^{(q)}(k)}{\partial w_a^{(q)}(k)} = \frac{\partial E_a^{(q)}(k)}{\partial e_a^{(q)}(k)} \frac{\partial e_a^{(q)}(k)}{\partial \hat{J}^{(q)}(k)} \frac{\partial \hat{J}^{(q)}(k)}{\partial u^{(q)}(k)} \frac{\partial u^{(q)}(k)}{\partial w_a^{(q)}(k)} \tag{10.21}$$

式中，η_a 为动作网的学习率，q 代表迭代次数，则具体的权值更新公式为

$$\Delta w_{aj}^{(2)}(k) = -\eta_a e_a(k) w_{cj}^{(2)}(k)[1-q_{cj}(k)^2] w_{cj}^{(1)}(k) q_{aj}(k) \tag{10.22}$$

$$\Delta w_{aj}^{(1)}(k) = -\eta_a e_a(k) w_{cj}^{(2)}(k)[1-q_{cj}(k)^2] w_{cj}^{(1)}(k) w_{aj}^{(2)}(k)[1-q_{aj}(k)^2] x_k \tag{10.23}$$

10.2.3 坡道行驶经济性车速轨迹规划

基于 ADP 算法实现车辆在坡道行驶时的转矩控制，以期达到经济行驶目标。经过多次试验，选择车辆的速度 v 和坡道值 θ 作为状态变量 x，发动机的转矩输出 T_e 为控制变量 u。基于 ADP 的坡道经济性行驶控制策略如图 10.5 所示，车辆模型输出车辆状态及环境信息，换挡控制由车辆自有的换挡策略进行控制，依据当前挡位和车辆状态，自动计算下一挡位，新的挡位信息和车辆状态信息输入 ADP 算法模块，计算出转矩输出发送给车辆模型，依此顺序进行全程计算。

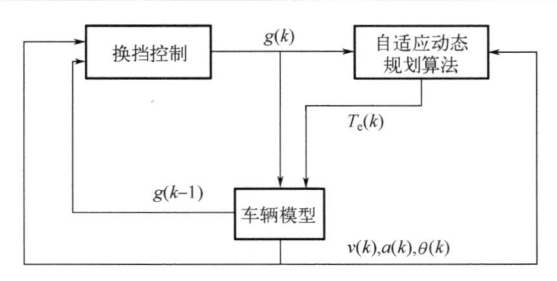

图 10.5 基于 ADP 的坡道经济性行驶控制策略

评价网和动作网的初始权值在[−1, 1]范围内随机选择。在每一个时间步，基于式(10.11)、式(10.12)和式(10.22)、式(10.23)分别对评价网和动作网的权值进行更新，权值更新有两个停止准则：一是误差函数 E_c、E_a 小于误差阈值 T_c、T_a，此时说明精度已满足要求；二是内部迭代次数达到最大值 N_{max}，以避免无限次迭代。在给定的道路环境下，整个行驶周期的训练视为一次试验，训练持续进行，直到网络权重经过多次迭代达到收敛或试验数达到最大次数。具体参数设置如表 10.1 所示。

表 10.1 ADP 算法参数设置

参数	N_c	N_a	η_c	η_a	λ	N_{max}	T_c	T_a
数值	10	10	0.4	0.4	0.95	50	0.05	0.05

坡道行驶规划时，依然将单次坡道环境的规划距离 L 划分为 N 个等距且相互离散的阶段，步长为 Δs，即 $\Delta s = L/(N-1)$。代价函数、约束条件等依据第 9 章内容设定，初始速度和挡位使用第 9 章计算结果。在迭代计算过程中，当参数值超出约束范围，即判定该次试验失败，进行下一次试验循环。

综上所述，ADP 算法应用于智能车辆坡道经济性行驶的伪代码如算法 10.1 所示。

算法 10.1　ADP 算法伪代码

1. State variable: $x_k = [v_k, \theta_k]$；
2. Control variable: $u_k = T_e(k)$；
3. Input of critic network: x_k, u_k；
4. Output of critic network: $\hat{J}(x_k)$；
5. Input of action network: x_k；
6. Output of action network: u_k；
7. for 1 to N do
　　Calculate
　　$E_c(k) = \frac{1}{2}(\hat{J}(x_{k-1}) - \lambda \hat{J}(x_k) - r(x_k, u_k))^2$；

Set $q=0$；
while $E_c(k) > T_c$ and $q < N_{max}$ do
    i. $w_c^{(q+1)}(k) = w_c^{(q)}(k) + \Delta w_c^{(q)}(k)$；
    ii. $\hat{J}(x_k) = f_c(x_k, u_k, W_c)$；
    iii. Calculate $E_c(k)$；
    iv. Set $q = q+1$；
end while；
Calculate $\hat{J}(x_k)$；
Calculate $E_a(k) = \frac{1}{2}(\hat{J}(x_k))^2$；
while $E_a(k) > T_a$ and $q < N_{max}$ do
    i. $w_a^{(q+1)}(k) = w_a^{(q)}(k) + \Delta w_a^{(q)}(k)$；
    ii. $u_k = f_a(x_k, W_a)$；
    iii. $\hat{J}(x_k) = f_c(x_k, u_k, W_c)$；
    iv. Calculate $E_a(k)$；
    v. Set $q = q+1$；
end while；
Update state variable: $x_{t+1} = f(x_t, u_t)$；
8. end for

10.3 基于改进 ADP 的坡道行驶经济性车速轨迹规划

为进一步提高计算效率，应用自适应变步长方法减少在非兴趣区域的计算次数，增加在兴趣区域的采样频率。首先，将初始迭代中的行驶位移序列平均划分为 N 段：

$$s = [s_1 \quad s_2 \quad \cdots \quad s_N] \tag{10.24}$$

从第二个迭代周期开始，将控制量数值和代价函数值变化较大的点之间的步长缩短，增加该部分的计算次数，将此方法名为 i-ADP。为此，定义一个评估因子 $\Pi(\Delta, k)$ 来测量这两个量的变化：

$$\Delta u_k = |u_k - u_{k-1}| \tag{10.25}$$

$$\Delta J_k = |r_k - r_{k-1}| \tag{10.26}$$

$$\Pi(\Delta, k) = \alpha \frac{\Delta u_k}{\sum_{k=1}^{N-1} \Delta u_k} + \beta \frac{\Delta J_k}{\sum_{k=1}^{N-1} \Delta J_k} \tag{10.27}$$

$$\sum_{k=1}^{N-1} \Pi(\Delta, k) = 1 \qquad (10.28)$$

式中，Δu_k 和 ΔJ_k 分别为连续两个阶段中控制量和代价函数的变化值，由于控制函数和成本函数量纲不统一，对采样频率的影响不同，因此通过权重 α 和 β 将两者归一化为 $\Pi(\Delta, t)$，本节中 α 和 β 分别依靠经验取值为 0.4 和 0.6。

设定一个评估因子阈值 Π_{max}，当评估因子 $\Pi(\Delta, k) > \Pi_{max}$ 时，即在这两个阶段中插入采样点，提高控制的精确度。为了防止位移步长过度细化，当步长约在一个车身长度(5m)的时候就不再细分步长。

$$s = [s_1 \quad s_2 \quad \cdots \quad s_m \quad s_{K_m} \quad s_{m+1} \quad \cdots \quad s_N] \qquad (10.29)$$

式中，s_{K_m} 表示新插入的节点，K 表示新插入的节点个数。

i-ADP 的核心思想是减少不必要搜索区域的采样次数，提高计算速度，自动寻找控制值和代价函数值变化较大的区域，在此"兴趣区域"增加采样频率，提高计算精度，这种位移步长疏密结合的方式既保证了精度，又可进一步提升计算速度。

10.4　规划效果验证

10.4.1　基于 ADP 的坡道行驶经济性车速轨迹规划效果验证

选择图 9.5 中 3%的 1km 坡道为试验道路，依据第 9 章中搭建的 MATLAB/Simulink 与 CarSim 联合仿真模型作为试验环境，对比动态规划算法，验证 ADP 算法计算效率的有效性。表 10.2 和图 10.6 为 ADP 算法和 DP 算法的规划结果比较。

表 10.2　ADP 和 DP 算法规划结果比较

参数	DP	ADP
计算耗时/s	45.02	1.91
节约时间/%	—	95.76
油耗/mL	82.53	86.41
油耗增量/%	—	4.70
MAPE-速度/%	—	5.38
RMSE-速度/(km/h)	—	3.24

从计算时间看，ADP 算法的规划时间仅为 1.91s，相比 DP 算法节约时间

95.76%，大大提高了计算效率。从燃油消耗看，ADP 算法增加了 4.70%的油耗，由图 10.6 可以看出，DP 和 ADP 算法的挡位控制相差不大，在转矩控制中，DP 算法在驶入坡道前已经开始加大转矩增速，以避免车辆在坡道行驶时因速度不够而急加速。ADP 算法在车辆入坡时才加大转矩，而且其峰值转矩也比 DP 算法规划结果要大，因此造成了一定程度的油耗增加。从计算精度看，ADP 算法的规划速度 MAPE 值为 5.38%，与 DP 算法规划速度相差很小。因此，在油耗有些许提升的代价下，ADP 算法可在保证计算精度的同时，大大提高计算效率，实现在线应用的可能性。

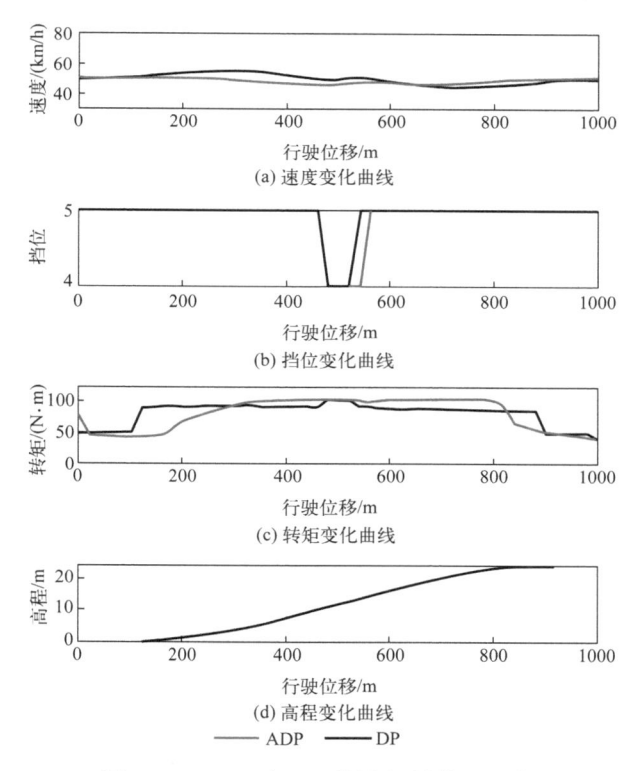

图 10.6 ADP 和 DP 算法规划结果比较

10.4.2 基于改进 ADP 的坡道行驶经济性车速轨迹规划效果验证

为进一步提升计算效率，应用自适应变步长方法减少在非兴趣区域的计算，增加在兴趣区域的采样频率。i-ADP 算法依据图 9.5 中的行驶工况，比较初始步长为 20m、25m 和 50m 的优化结果，评估因子阈值设为 0.08，以初始步长 50m 的优化结果为例，评估因子和步长的变化如图 10.7 所示。

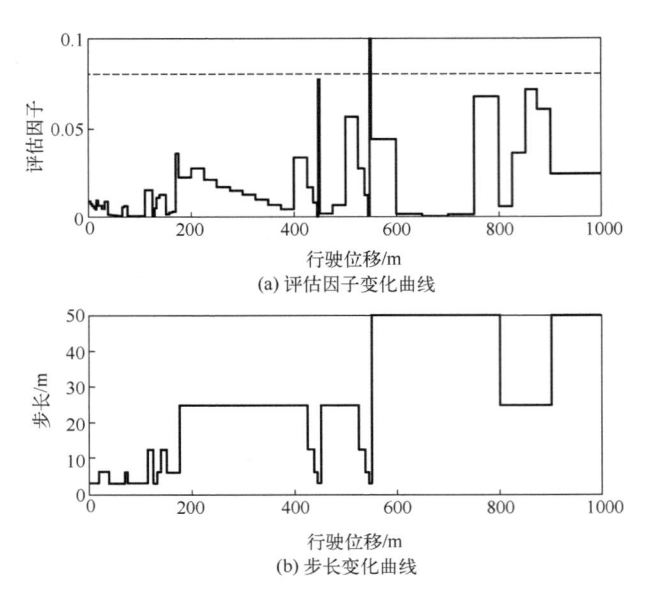

图 10.7 评估因子和步长变化图

由图 10.7 中的评估因子变化可知，最终大部分位置的评估因子均在阈值 0.08 以下，550m 处评估因子虽大于评估阈值，但此处的位移间隔小于一个车身长度，因此停止继续细分。由步长变化图可知，在 0~180m、400~550m、800~900m 三个区间里步长细化次数较多，这三个区间分别代表上坡前、坡道中间、出坡前三个阶段，该三个阶段坡度变化较大，由此造成车辆控制变量和代价函数变化较大。在该部分增加采样频率，节点间的步长在 25m 以下，由此可显著提高计算精度。在其他变化小的地方采用大步长，来节省计算时间。初始步长为 50m 的 i-ADP 算法与 DP 和 ADP 的对比结果如表 10.3 和图 10.8 所示。

表 10.3 三种方法规划结果比较

参数	DP	ADP	i-ADP		
位移初始步长/m	固定 20	固定 20	20	25	50
计算耗时/s	45.02	1.91	2.35	1.86	1.28
节约时间/%	—	95.76	94.78	95.87	97.16
油耗/mL	82.53	86.41	86.26	86.35	86.73
油耗增量/%	—	4.70	4.52	4.63	5.09
MAPE-速度/%	—	5.38	5.16	5.17	5.42
RMSE-速度/(km/h)	—	3.24	3.08	3.13	3.36

由图 10.8 可以看出，i-ADP 算法的转矩控制和速度规划与 ADP 算法较为一

致，表明 i-ADP 通过步长的自适应控制可实现原固定步长的计算精度。表 10.3 中比较了三种初始步长的 i-ADP 算法的计算结果。当初始步长为 50m 时，计算时间仅为 1.28s，相比 DP 算法节省时间 97.16%，相比固定步长的 ADP 算法，也有 32.98% 的计算速度提升，进一步缩短了计算时间，而且速度的 MAPE 值与固定步长 ADP 算法相差不大。当初始步长为 20m 时，由于在 20m 的位移间隔上进行细分，迭代次数增加，因此相比固定 20m 步长的 ADP 算法，计算时间略有增加。初始步长为 25m 时，在增加节点后，所需计算时间与固定 20m 步长的 ADP 算法相差不大。综上比较，引进自适应步长的 i-ADP 算法可减少非必要区域内的计算，增加兴趣区域的采样频率，对位移步长进行自适应疏密结合，由此在保证计算精度的前提下，进一步提升了计算效率。

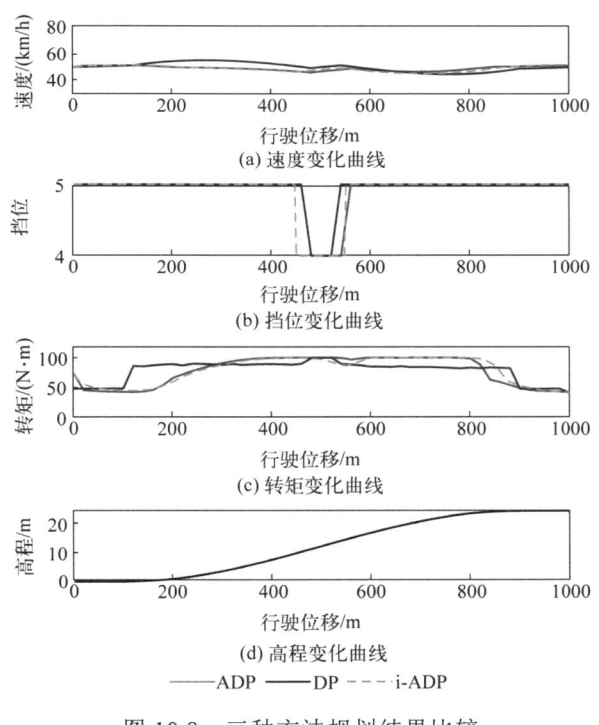

图 10.8 三种方法规划结果比较

10.4.3 多种规划方法综合比较

第 9 章针对改善 DP 算法计算效率的问题，进行了动态规划和群体智能优化算法融合的规划方法研究，并对 DPABC 和 DPPSO 算法进行了验证。本章基于人工智能领域的 ADP 算法进行了智能车辆坡道行驶经济性车速轨迹规划研究，且利用自适应步长思想对 ADP 进行改进,本节将这些方法进行综合对比,各个方法的计算结果和对比图如表 10.4 和图 10.9 所示。

表 10.4　多种方法规划结果比较

参数	DP	DPABC	DPPSO	ADP	i-ADP
位移初始步长/m	固定 20	固定 20	固定 20	固定 20	50
计算耗时/s	45.02	7.6	11.57	1.91	1.28
节约时间/%	—	83.12	74.3	95.76	97.16
油耗/mL	82.53	83.13	83.34	86.41	86.73
油耗增量/%	—	0.7	0.9	4.70	5.09
MAPE-速度/%	—	2.24	2.29	5.38	5.42
RMSE-速度/(km/h)	—	1.3	1.33	3.24	3.36

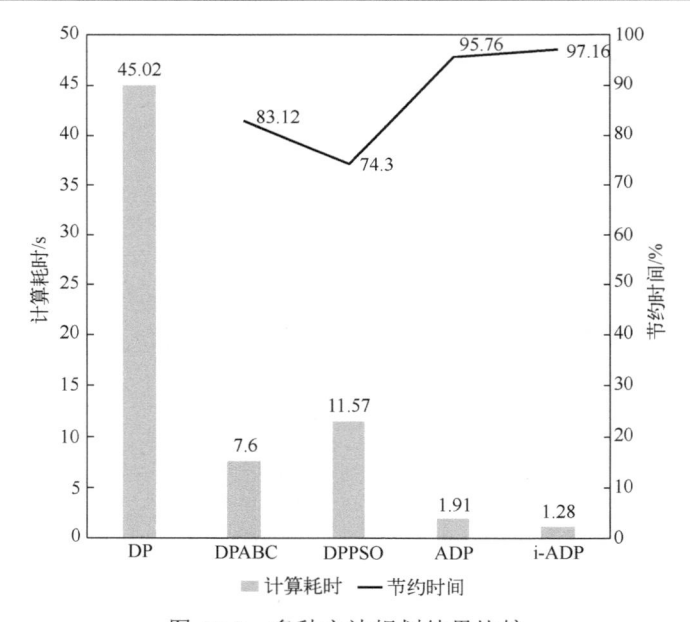

图 10.9　多种方法规划结果比较

从计算速度看,四种方法均大大提高了规划程序的计算速度,以 ADP 和 i-ADP 算法的效果最为显著,计算时间分别为 1.91s 和 1.28s,计算效率分别提升了 95.76% 和 97.16%。从计算精度看,DPABC 和 DPPSO 的油耗增量和速度 MAPE 值均比 ADP 和 i-ADP 要小,该方法的节油效果更佳。

依据具体问题可适当选择不同方法进行应用,若更注重计算效率,则可以选择 ADP 和 i-ADP 算法进行应用。若 DPABC 和 DPPSO 算法的实时性满足规划问题的应用要求,则可以实现更好的节油效果,提高车辆行驶的经济性表现。

10.4.4 多坡道规划方法效果验证

1. 3km 理想坡道规划效果验证

为验证多坡道环境下最佳规划长度研究的有效性，本节基于一个 3km 的斜坡场景进行试验，该斜坡由两个坡度为 4% 的半正弦斜坡部分组成，中间由水平道路隔开：

$$h(s) = \begin{cases} 0 & s \in [0, 600] \\ 4i\sin\left(\dfrac{s-1000}{800}\pi\right) + 4i & s \in (600, 1400) \\ 8i & s \in [1400, 1600] \\ 4i\sin\left(\dfrac{s-2000}{800}\pi\right) + 12i & s \in (1600, 2400) \\ 16i & s \in [2400, 3000] \end{cases} \quad (10.30)$$

选择图 10.10 中的 3km 坡道为行驶道路，依据第 9 章中搭建的 MATLAB/Simulink 与 CarSim 联合仿真模型作为试验环境，对比分段固定距离、自适应距离和全程 DP 算法三种方法的计算结果如图 10.11 所示。

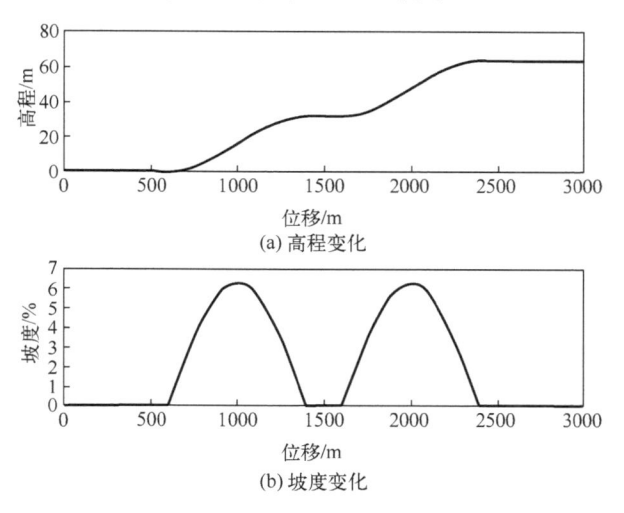

(a) 高程变化

(b) 坡度变化

图 10.10 多坡道试验环境

如表 10.5 所示，全程和自适应距离的 DP 算法均比固定距离算法的燃油消耗要少，全程 DP 算法节省油耗 8.3%，自适应距离算法节省油耗 7.09%，提升效果与全程 DP 接近。由图 10.11 可以看出，自适应距离算法油耗比全程 DP 算法略多的原因是，在 800～3000m 位置，自适应距离算法规划的速度比全程 DP 算法要大，这是因为全程 DP 算法考虑了全程的行驶因素，在驶出第一个坡道时，并没有将速度恢复到平直道路的经济车速 49.6km/h，而是在 1400～1600m 这段直路上慢慢加速，由此可在第一个坡道上行驶时减少燃油消耗，第二个坡道亦是同理，因此全程 DP 算法计算出的油耗是最少的。在行驶时间方面，全程 DP 算法和分段固定距离算法相差不大，而自适应距离算法相比固定距离算法节省行驶时间 5.3%，在节省油耗的基础上有效减少了行驶时间。

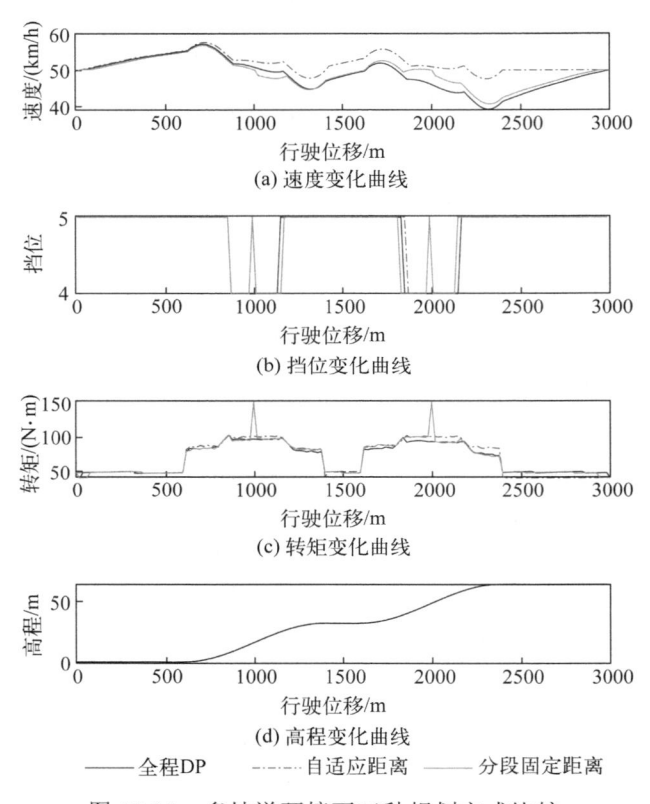

图 10.11 多坡道环境下三种规划方式比较

表 10.5 多坡道环境下三种规划方式比较

参数	分段固定距离	全程 DP	自适应距离
油耗/mL	267.58	245.37	248.61
节省油耗/%	—	8.30	7.09
行驶时间/s	225.77	225.36	213.71
节省时间/%	—	0.2	5.3

2. 真实道路数据规划效果验证

为了进一步验证多坡道环境下最佳规划长度研究的有效性，选取了北京到河北涿州市之间的一段 G4 国道，总长 10km。该段路程的真实海拔数据及坡度数据，如图 10.12 所示。将该段道路的真实海拔数据和位置信息输入到 CarSim 中建立仿真环境，验证自适应长度规划算法的有效性。

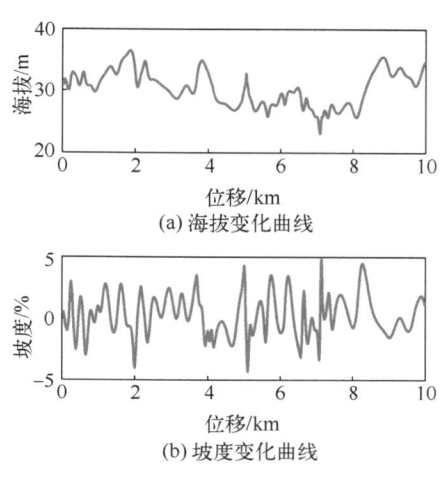

(a) 海拔变化曲线

(b) 坡度变化曲线

图 10.12　G4 国道部分道路数据

仿真结果如表 10.6 和图 10.13 所示。在 10km 的 G4 国道中，全程和自适应距离的 DP 算法均比固定距离 DP 算法的燃油消耗要少，全程 DP 算法节省油耗 5.4%，自适应距离算法节省油耗 3.83%。由图 10.13 可以看出，自适应距离算法与全程 DP 算法的规划速度十分接近，自适应距离算法将全程分成了 5 段进行规划，规划终止点分别在 2.69km、5.35km、6.57km、7.65km、10km 处。三种规划方法的挡位均维持在 5 挡，这是因为该段道路海拔在 [24, 36]m 之间，坡度较缓，且每次爬坡过程相对较短。在行驶时间方面，相比固定距离算法，全程规划算法节省时间 2.58%，自适应距离算法节省行驶时间 1.64%，证明自适应距离规划算法在节省油耗的基础上，可在一定程度上减少行驶时间。

表 10.6　真实坡道场景仿真结果

参数	分段固定距离	全程 DP	自适应距离
油耗/mL	664.81	628.94	639.35
节省油耗/%	—	5.40	3.83
行驶时间/s	726.61	707.83	714.71
节省时间/%	—	2.58	1.64

(a) 速度变化曲线

(b) 挡位变化曲线

(c) 转矩变化曲线

(d) 海拔变化曲线

——— 全程DP　－·－·－ 自适应距离　——— 分段固定距离

图 10.13　真实坡道场景仿真结果

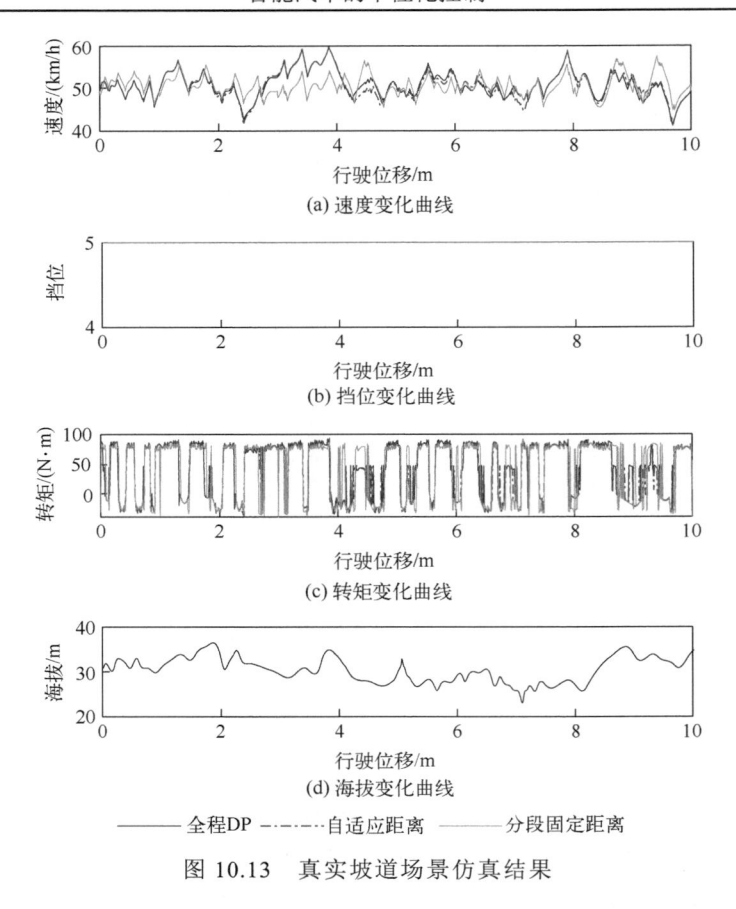

在真实道路的仿真结果中，自适应距离算法的节油比例低于理想道路的仿真结果，这是因为 3km 理想道路中只存在上坡工况且坡道较长，真实道路中不仅有下坡过程，上坡道路长度也较小，另外固定距离 DP 算法的规划终止点可能并不在中间位置附近，这些因素导致了真实道路仿真中自适应距离算法的节油比例低于理想道路的仿真结果。

综上所述，相比分段固定距离 DP 算法，自适应距离算法在上述提出的 3km 坡道上油耗减少 7.09%，行驶时间减少 5.3%，在 10km 的 G4 国道真实道路环境中，油耗减少 3.83%，行驶时间减少 1.64%，证明自适应距离算法可使得车辆更快、更经济地完成行驶过程，自适应距离算法在长距离的驾驶行程中对节省油耗具有重要作用。

第四篇　智能车辆的个性化控制

现在汽车上有很多控制系统，但所有人驾驶汽车时这些控制系统的控制参数都是完全相同的，这可能会导致不同风格驾驶员的不适应并影响他们对这些控制系统的接受程度。个性化控制的研究通过分析驾驶员的驾驶行为数据，对驾驶员进行合理分类，获取量化的驾驶风格分类指标，并根据驾驶员需求进行汽车的个性化控制。这是实现汽车智能化的发展方向之一。本篇由三章组成。

第 11 章进行车辆坡道个性化驾驶策略研究。根据主成分分析法挖掘出第一主成分作为驾驶员个性划分的指标。针对动态规划计算过程所需的性能指标函数，从主观和客观两个角度分别给出不同权重的设计方法：主观角度主要依据层次分析法；客观角度主要依据驾驶员的历史驾驶数据，基于第一主成分来给出驾驶激进因子。根据驾驶员对主、客观权重的接受程度，对主、客观权重进行了融合设计，得到了基于偏好因子的主、客观权重分配，并计算了不同权重组合下规划的车速轨迹和挡位序列。

第 12 章进行基于驾驶风格的 AEB 策略研究。利用驾驶风格识别结果设计了安全时间型的个性化 AEB 策略。根据紧急因子，设计了一级激进型 AEB 策略线和二级激进型 AEB 策略线。利用得到的冷静型驾驶员历史数据和中等型驾驶员历史数据，训练个性化纵向相对速度预测模型和个性化纵向相对距离预测模型。分析了所有紧急制动数据的减速度积分中值的频数分布情况，确定了一级制动减速度和二级制动减速度。

第 13 章进行基于个性化的纵向预测巡航控制研究。针对不同的驾驶风格制定了不同的安全车距策略，旨在提高纵向预测巡航控制系统的个性化适应能力。为了主车能及时紧跟前车进行巡航，使用 BILSTM 模型对前车速度进行预测，并将预测值作为目标速度，采用模型预测控制实现巡航控制。此外，将预测巡航控制和自适应巡航控制进行对比实验分析，预测巡航控制的速度和目标速度几乎同时发生变化，而自适应巡航控制的速度变化要滞后于预测巡航控制。本章设计的预测巡航控制系统具有很好的巡航性能和燃油经济性。

第 11 章 车辆坡道个性化驾驶策略研究

根据主成分分析法，从驾驶数据样本矩阵中挖掘出第一主成分作为驾驶员个性划分指标。针对动态规划计算过程所需的性能指标函数，从主观和客观两个角度分别给出了不同权重的设计方法，主观角度主要依据层次分析法，从驾驶员的主观偏好程度给出权重；客观方法主要依据驾驶员的历史驾驶数据，基于第一主成分来给出驾驶激进因子，以此作为客观的赋权。根据驾驶员对主、客观权重的接受程度，进一步对主客观权重进行了融合设计，得到了基于偏好因子的主客观权重分配。最后，根据动态规划算法，计算了不同权重组合下的车速轨迹和挡位序列。

11.1 个性化特征研究

11.1.1 驾驶数据采集

在对驾驶员特征进行的研究中，主要使用的参数可以分为两类：驾驶员操作参数，如加速踏板位置、加速踏板位置变化率等；车辆的状态参数，如车辆纵向速度、车辆纵向加速度等。本章研究驾驶员在车速控制、踏板操纵等方面的驾驶员个性驾驶行为，主要采集驾驶员和车辆本身所体现的驾驶风格数据。搭建了纵向起步的仿真场景，其驾驶模拟器如图 1.12 所示。驾驶实验选取了 24 名具有驾驶证的成年驾驶员(拥有 C1 级驾驶证)，采集其起步过程的驾驶相关数据，重复测试 10 组起步过程，得到 234 组有效数据。

如果只考虑驾驶员操作参数和车辆状态参数，难以对驾驶员特性进行较为详尽的描述，因此还需进一步利用这些参数的统计学特性(最值、平均值、方差等)作为参数对驾驶员特性进行描述。采集的 234 组驾驶数据如表 11.1 所示。

表 11.1 起步过程数据采集

采集条件	车速 [0,60](km/h) 范围								
原始数据	时间/ s	速度/ (km/h)	加速度/ (m/s^2)	加速踏板位置量/ m	油耗速率/ (mL/s)			
衍生数据	(a)速度均值/ (km/h)	(b)速度标准差/ (−)	(c)加速度均值/ (m/s^2)	(d)加速度标准差/ (−)	(e)加速度最大值/ (m/s^2)	(f)加速踏板位置量均值/ m	(g)加速踏板位置量变化率均值/ (m/s)	

续表

采集条件	车速 [0,60](km/h) 范围					
衍生数据	(h)加速踏板位置量标准差 (−)	(i)加速踏板位置量变化率标准差 (−)	(j)加速踏板位置量最大值 / m	(k)加速踏板位置量峰值速率 / (m/s)	(l)油耗速率平均值/ (mL/s)	(m)油耗速率标准差 (−)	(o)加速累计油耗/ mL

根据表 11.1，构建了一个 234×14 的驾驶数据样本矩阵 X：

$$X = \begin{bmatrix} a_1 & b_1 & \cdots & o_1 \\ a_2 & b_2 & \cdots & o_2 \\ \vdots & \vdots & \ddots & \vdots \\ a_{234} & b_{234} & \cdots & o_{234} \end{bmatrix} \qquad (11.1)$$

从驾驶数据样本矩阵 X 分析可知，有较多的参数可以对驾驶员特性进行描述。虽然参数越多，越能描述一个驾驶员的个性化特征，但过多的参数会增加实际计算的复杂度，而且某些驾驶特征参数存在一定的冗余性，即表达同样的驾驶特性。因此需要对这些参数进行分析，精简数据样本，获得最能描述驾驶行为的参数指标，因此本章主要基于驾驶数据样本矩阵进行驾驶特征的挖掘。

11.1.2 个性化特征提取

真实的数据里可能存在冗余的数据，比如车辆加速度和驾驶员踏板开度数据存在某种必然的关系，这样在处理数据时增加了数据的复杂程度和不必要的计算量。主成分分析法是一种用于降维的数学方法，其核心方法是根据原始数据，对其进行线性空间转换，获取数据的主要特征(主成分)，去除冗余特征，用数据里最主要的特征来代替原始数据。具体地，假如数据集是 m 维的，共有 n 个数据 $\{x^{(1)}, x^{(2)}, \cdots, x^{(m)}\}$ (构成一个 $n \times m$ 的数据矩阵)。希望将这 n 个数据的维度从 m 维降到 m' 维 ($m' < m$)，数据特征从 m 维降到 m' 维肯定会有损失，但是希望损失尽可能地小，使得这 n 个 m' 维的数据集尽可能地代表原始数据集。

以二维数据为例，数据点在 $O\text{-}xy$ 坐标系下分布如图 11.1 所示。出于精简数据和提取数据主要特征等目的，希望构造一个新的坐标系 $O'\text{-}w_1w_2$，使得数据在该坐标系下分布更加集中。图 11.1 中，w_1 轴上的数据显然更能代表整个数据的趋势，而 w_2 上的数据分布几乎可以忽略，这样就完成了将数据从二维到一维的降维，并且保留了数据的主要特征，新坐标系对数据的表达性更强。

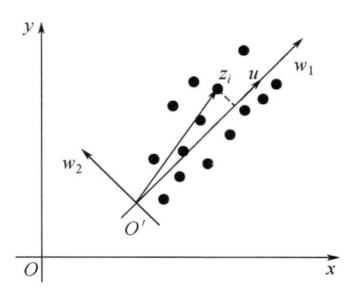

图 11.1 二维数据场景下 PCA 降维原理

11.1.3 主成分的数学原理

假设有数据集是 m 维的, 共有 n 个数据 (构成一个 $n \times m$ 的数据矩阵), $Y = \{y_1, y_2, \cdots, y_n\}$, 其中, y_i 为 $m \times 1$ 数据向量。

1. 数据预处理

为了处理上的方便, 一般需要对数据进行去中心化处理和归一化处理, 令

$$\boldsymbol{\mu}_{m \times 1} = \frac{1}{n} \sum_{i=1}^{n} \boldsymbol{y}_i \tag{11.2}$$

数据矩阵变化为

$$\boldsymbol{X} = \{\boldsymbol{x}_1, \boldsymbol{x}_2, \cdots, \boldsymbol{x}_n\} = \{\boldsymbol{y}_1 - \boldsymbol{\mu}, \boldsymbol{y}_2 - \boldsymbol{\mu}, \cdots, \boldsymbol{y}_n - \boldsymbol{\mu}\} \tag{11.3}$$

显然 $\boldsymbol{X}$ 满足 $\sum_{i=1}^{n} \boldsymbol{x}_i = 0$。

2. 主成分的计算

从数学上分析, 本章希望找到一个单位向量 $\boldsymbol{u}$ (第一主成分方向), 使得所有数据点在该方向上的投影最长。换言之, 在一个新变换的坐标空间里, 希望在某个坐标轴上的投影最长。假定这个新坐标空间可以表示为 $\boldsymbol{W} = (\boldsymbol{w}_1, \boldsymbol{w}_2, \cdots, \boldsymbol{w}_m)$, $\boldsymbol{w}_\zeta$ 为标准正交向量, 满足

$$\boldsymbol{w}_{\zeta_1}^{\mathrm{T}} \boldsymbol{w}_{\zeta_2} = 0 \tag{11.4}$$

那么在新坐标系下 $\boldsymbol{X}$ 的坐标为

$$\boldsymbol{W}^{\mathrm{T}} \boldsymbol{X} = (\boldsymbol{W}^{\mathrm{T}} \boldsymbol{x}_1, \boldsymbol{W}^{\mathrm{T}} \boldsymbol{x}_2, \cdots, \boldsymbol{W}^{\mathrm{T}} \boldsymbol{x}_n) \tag{11.5}$$

任意一个样本点 $\boldsymbol{x}_i$ 在新坐标系下的坐标为

$$\boldsymbol{z}_i = (\boldsymbol{w}_1^{\mathrm{T}} \boldsymbol{x}_i, \boldsymbol{w}_2^{\mathrm{T}} \boldsymbol{x}_i, \cdots, \boldsymbol{w}_m^{\mathrm{T}} \boldsymbol{x}_i) \tag{11.6}$$

同样, 数据在新坐标空间下也满足

$$\sum_{i=1}^{n} \boldsymbol{w}_j^{\mathrm{T}} \boldsymbol{x}_i = \boldsymbol{w}_j^{\mathrm{T}} \sum_{i=1}^{n} \boldsymbol{x}_i = 0 \quad j = 1, 2, \cdots, m \tag{11.7}$$

为了寻找某个投影最大的坐标轴, 以某个坐标轴 $\boldsymbol{w}_\zeta$ 来求解最大值, $\boldsymbol{z}_i$ 在 $\boldsymbol{w}_\zeta$ 轴上的投影可表示为内积 $\boldsymbol{w}_\zeta \cdot \boldsymbol{z}_i$, 等价于 $\boldsymbol{w}_\zeta^{\mathrm{T}} \boldsymbol{z}_i$, 所有点的投影平方和可以表示为

$$\sigma^2 = \sum_{i=1}^{n} (\boldsymbol{w}_\zeta^{\mathrm{T}} \boldsymbol{x}_i)^2 = \sum_{i=1}^{n} \boldsymbol{w}_\zeta^{\mathrm{T}} \boldsymbol{x}_i \boldsymbol{x}_i^{\mathrm{T}} \boldsymbol{w}_\zeta = \boldsymbol{w}_\zeta^{\mathrm{T}} \left(\sum_{i=1}^{n} \boldsymbol{x}_i \boldsymbol{x}_i^{\mathrm{T}} \right) \boldsymbol{w}_\zeta \tag{11.8}$$

因此问题转换为求解某一个单位向量 w_ζ，使得 σ^2 最大，为了后续证明的方便性，将 σ^2 乘以一个常量 $1/(n-1)$，即

$$\text{Cov}(X) = \frac{1}{n-1} XX^T \tag{11.9}$$

$\text{Cov}(X)$ 也称之为 X 的协方差矩阵，进一步地可以写成

$$\sigma^2 = w_\zeta^T \left(\frac{1}{n-1} \sum_{i=1}^{n} x_i x_i^T \right) w_\zeta \tag{11.10}$$

另外，式(11.10)括号内的累加可以写成

$$\sigma^2 = w_\zeta^T \left(\frac{1}{n-1} XX^T \right) w_\zeta = \frac{1}{n-1} w_\zeta^T XX^T w_\zeta \tag{11.11}$$

XX^T 为半正定矩阵，继续对目标函数分解

$$\begin{aligned} \sigma^2 &= \frac{1}{n-1} w_\zeta^T XX^T w_\zeta \\ &= \frac{1}{n-1} (X^T w_\zeta)^T X^T w_\zeta \\ &= \frac{1}{n-1} \left\| X^T w_\zeta \right\|^2 \end{aligned} \tag{11.12}$$

考虑到 w_ζ 为单位向量，有 $\left\| w_\zeta \right\|^2 = 1$

因此式(11.12)等价于

$$\sigma^2 = \frac{1}{n-1} \frac{\left\| X^T w_\zeta \right\|^2}{\left\| w_\zeta \right\|^2} \tag{11.13}$$

引理 11.1 XX^T 为半正定矩阵，其特征值均大于等于 0。

证明 假设 XX^T 某一个特征值为 λ，相应的特征向量为 ξ，那么

$$XX^T \xi = \lambda \xi \tag{11.14}$$

两侧同时转置并乘以特征向量 ξ：

$$(XX^T \xi)^T \xi = (\lambda \xi)^T \xi \tag{11.15}$$

整理得到：

$$\xi^T XX^T \xi = \lambda \xi^T \xi \tag{11.16}$$

将式(11.16)进行变形，等号左侧：

$$\xi^T XX^T \xi = (X^T \xi)^T (X^T \xi) = \left\| X^T \xi \right\|^2 \tag{11.17}$$

等号右侧：
$$\lambda \xi^{\mathrm{T}} \xi = \lambda \|\xi\|^2 \tag{11.18}$$

因此由 $\|X^{\mathrm{T}}\xi\|^2 = \lambda \|\xi\|^2$ 得到：
$$\lambda = \frac{\|X^{\mathrm{T}}\xi\|^2}{\|\xi\|^2} \geq 0 \tag{11.19}$$

由此证明 XX^{T} 所有特征值均为非负值，证毕。

引理 11.2 AA^{T} 为对称矩阵，其不同特征值对应的特征向量两两正交。

证明 设特征值 λ_i, λ_j 分别对应特征向量 ζ_i, ζ_j，$\lambda_i \neq \lambda_j$，因此有
$$\begin{cases} AA^{\mathrm{T}}\zeta_i = \lambda_i \zeta_i \\ AA^{\mathrm{T}}\zeta_j = \lambda_j \zeta_j \end{cases} \tag{11.20}$$

取式(11.20)的第一个式子，两边同时左乘 ζ_j^{T}，得到
$$\zeta_j^{\mathrm{T}} AA^{\mathrm{T}} \zeta_i = \lambda_i \zeta_j^{\mathrm{T}} \zeta_i \tag{11.21}$$

考虑到 AA^{T} 为对称矩阵，因此式(11.21)左侧可变形为
$$\zeta_j^{\mathrm{T}} AA^{\mathrm{T}} \zeta_i = \zeta_j^{\mathrm{T}} (AA^{\mathrm{T}})^{\mathrm{T}} \zeta_i = (AA^{\mathrm{T}}\zeta_j)^{\mathrm{T}} \zeta_i \tag{11.22}$$

将式(11.20)的第二个式子代入式(11.22)，结合式(11.21)，得到
$$(\lambda_i - \lambda_j) \zeta_j^{\mathrm{T}} \zeta_i = 0 \tag{11.23}$$

由于 $\lambda_i \neq \lambda_j$，因此 $\zeta_j^{\mathrm{T}} \zeta_i = 0$，$\zeta_i, \zeta_j$ 正交，证毕。

引理 11.3 （矩阵分析定理）对于一个矩阵 A 和任意一个向量 t，满足
$$\frac{\|At\|^2}{\|t\|^2} \leq \sigma_{\max}(A) \tag{11.24}$$

其中，$\sigma_{\max}(A)$ 为矩阵 A 的最大奇异值，等价于 AA^{T} 的特征值开平方。

证明 假定 AA^{T} 为 $n \times n$ 方阵，由引理 11.1 知 AA^{T} 为半正定矩阵，其所有特征值均为非负值，设 AA^{T} 的特征值为
$$\lambda_1 \geq \lambda_2 \geq \cdots \geq \lambda_n \geq 0 \tag{11.25}$$

相应的标准正交基为 $\zeta_1, \zeta_2, \cdots, \zeta_n$，构成一组基础解系，因此，这组单位特征向量构成 AA^{T} 所在空间的一组标准正交基，空间的任意一个向量 u 可以表示为
$$u = \alpha_1 \zeta_1 + \alpha_2 \zeta_2 + \cdots + \alpha_n \zeta_n \tag{11.26}$$

由引理 11.2，考虑到 AA^{T} 为对称矩阵，其不同特征值对应的解向量两两正交，根

据正交性质可以得到下列式子：

$$\|\boldsymbol{u}\|^2 = \boldsymbol{u}^T\boldsymbol{u} = \alpha_1^2 + \alpha_2^2 + \cdots + \alpha_n^2 \tag{11.27}$$

$$\begin{aligned}\|\boldsymbol{A}\boldsymbol{u}\|^2 &= (\boldsymbol{A}\boldsymbol{u})^T \boldsymbol{A}\boldsymbol{u} \\ &= \boldsymbol{u}^T \boldsymbol{A}^T \boldsymbol{A}\boldsymbol{u} \\ &=<\boldsymbol{u}, \boldsymbol{A}^T \boldsymbol{A}\boldsymbol{u}> \\ &=<\alpha_1\boldsymbol{\zeta}_1 + \alpha_2\boldsymbol{\zeta}_2 + \cdots + \alpha_n\boldsymbol{\zeta}_n, \alpha_1\boldsymbol{A}^T\boldsymbol{A}\boldsymbol{\zeta}_1 + \alpha_2\boldsymbol{A}^T\boldsymbol{A}\boldsymbol{\zeta}_2 + \cdots + \alpha_n\boldsymbol{A}^T\boldsymbol{A}\boldsymbol{\zeta}_n> \\ &=<\alpha_1\boldsymbol{\zeta}_1 + \alpha_2\boldsymbol{\zeta}_2 + \cdots + \alpha_n\boldsymbol{\zeta}_n, \alpha_1\lambda_1\boldsymbol{\zeta}_1 + \alpha_2\lambda_2\boldsymbol{\zeta}_2 + \cdots + \alpha_n\lambda_n\boldsymbol{\zeta}_n> \\ &= \lambda_1\alpha_1^2 + \lambda_2\alpha_2^2 + \cdots + \lambda_n\alpha_n^2\end{aligned} \tag{11.28}$$

根据特征值大小关系：

$$\begin{aligned}\|\boldsymbol{A}\boldsymbol{u}\|^2 &= \lambda_1\alpha_1^2 + \lambda_2\alpha_2^2 + \cdots + \lambda_n\alpha_n^2 \\ &\leqslant \lambda_1(\alpha_1^2 + \alpha_2^2 + \cdots + \alpha_n^2)\end{aligned} \tag{11.29}$$

因此

$$\frac{\|\boldsymbol{A}\boldsymbol{u}\|^2}{\|\boldsymbol{u}\|^2} = \frac{\lambda_1\alpha_1^2 + \lambda_2\alpha_2^2 + \cdots + \lambda_n\alpha_n^2}{\alpha_1^2 + \alpha_2^2 + \cdots + \alpha_n^2} \leqslant \lambda_1 \tag{11.30}$$

因此

$$\frac{\|\boldsymbol{A}\boldsymbol{u}\|}{\|\boldsymbol{u}\|} \leqslant \sqrt{\lambda_1} = \sigma_{\max}(\boldsymbol{A}) \tag{11.31}$$

当 u 是最大特征值对应的特征向量时取得最大值，证毕。

根据引理11.3，对于目标函数：

$$\sigma^2 = \frac{1}{n-1} \frac{\|\boldsymbol{X}^T\boldsymbol{w}_\zeta\|^2}{\|\boldsymbol{w}_\zeta\|^2} \tag{11.32}$$

显然第一主成分方向是最大特征值所在的特征向量方向，第二主成分方向为次大特征值所在特征向量方向(坐标系空间需相互垂直)。

11.1.4 基于第一主成分的驾驶员划分

衡量一个人的驾驶风格需要具有显著的区分度指标，因此从原始采集的数据以及衍生数据中挖掘一定的特征，来表征驾驶员的显著区分度。一个良好的区分度指标应该是，驾驶员的实际驾驶性能呈现显著的差别，如燃油消耗值的区分、加速度的区分、踏板操作行为的区分等。根据上一节的原理解释，原样本矩阵 $\boldsymbol{X}$

经过主成分分析后,得到新的维度的样本矩阵 $\tilde{X}$。

$$\tilde{X} = \begin{bmatrix} \tilde{a}_1 & \tilde{b}_1 & \cdots & \tilde{o}_1 \\ \tilde{a}_2 & \tilde{b}_2 & \cdots & \tilde{o}_2 \\ \vdots & \vdots & \ddots & \vdots \\ \tilde{a}_{234} & \tilde{b}_{234} & \cdots & \tilde{o}_{234} \end{bmatrix} \quad (11.33)$$

对于 $\tilde{X}$ 的说明,需要注意的是,既然新向量被构造为初始向量的线性组合,它们将更加难以解释,并且没有任何实际意义。但是从几何学上讲,主成分代表了解释最大方差量的数据方向,也就是说,它们是捕获数据中大部分信息的线。在这里,方差和信息间的关系是,线所承载的方差越大,数据点沿着它的分散也越大,沿着线的散点越多,它所携带的信息也越多。简单地说,只要把主成分看作是提供最佳角度来观察和评估数据的新轴,这样观测结果之间的差异就会更明显,越有利于区分各个驾驶行为样本。

根据上一节的数学解释 X 的协方差矩阵 $\mathrm{Cov}(X)$,其对应的特征值为

$$\lambda = \{\lambda_1, \lambda_2, \cdots, \lambda_n\} \quad \lambda_1 \geq \lambda_2 \geq \cdots \geq \lambda_n \geq 0 \quad (11.34)$$

定义新的维度的样本矩阵 $\tilde{X}$ 的解释度 E,其含义为 $\mathrm{Cov}(X)$ 的各个特征值所占的百分比,即

$$E = \frac{\lambda_i}{\sum \lambda_i} \quad i = 1, 2, \cdots, n \quad (11.35)$$

解释度 E 在数据层面上的含义是,新坐标系下的 $\tilde{X} = \{\tilde{a}, \tilde{b}, \cdots, \tilde{o}\}$ 中,各个向量所包含的原矩阵信息量大小比重,即上文提到的最大方差量的向量方向,从表 11.2 可以看出,第一主成分 $\tilde{a}$ 占据 68.69% 的解释度,相比其他是绝对的领先值,而从图 11.2 可以看出,前 6 个成分所占的解释度达 97.21%,比重非常接近 100% 了,因此剩下的 8 个成分方向所占比例非常小,仅为 2.79%,可以忽略不计。

表 11.2 主成分标注

主成分	第一主成分	第二主成分	第三主成分	第四主成分	⋯	第十四主成分
	$\tilde{a}$	$\tilde{b}$	$\tilde{c}$	$\tilde{d}$	⋯	$\tilde{o}$
解释度/%	68.69	11.47	6.71	4.70		0.07

根据图 11.2,本节选取解释度最大的第一主成分 $\tilde{a}$ 作为区分因子,并从大到小进行排序,其对应的各个驾驶特征参数关系如图 11.3 所示,可以看到,各个特征参数随主成分 $\tilde{a}$ 的值呈现明显的相关关系,尤其是加速踏板参数、车辆加速度等参数呈现随第一主成分明显下降的趋势,这说明第一主成分具有良好的区分性,

并且第一主成分值在 234 个采集样本中，呈现了均匀的线性关系，这有利于个性划分；而根据图 11.4，对于第二主成分，其对应的各个驾驶特征参数关系则下降趋势不明显，各参数呈现无明显规律的杂乱趋势，而且第二主成分值本身也是折线组合，非严格意义的线性下降，这说明第二主成分包含的信息量不足，无法用于有效地区分驾驶员。

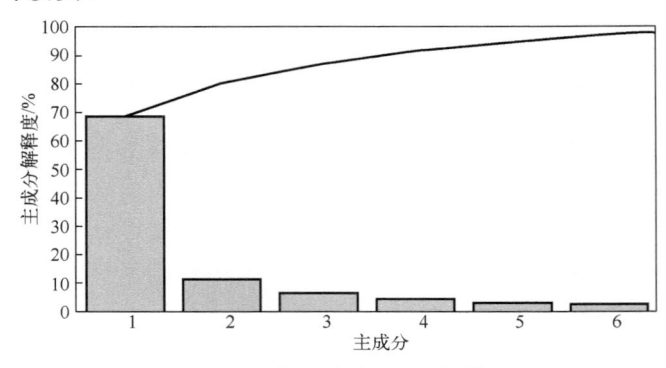

图 11.2　各成分占比例关系图

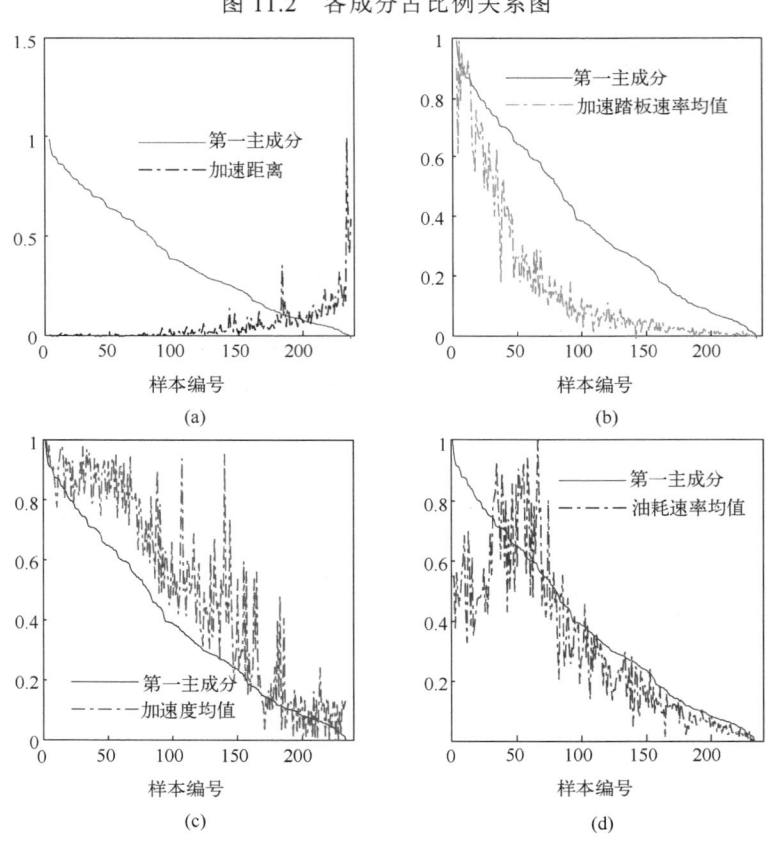

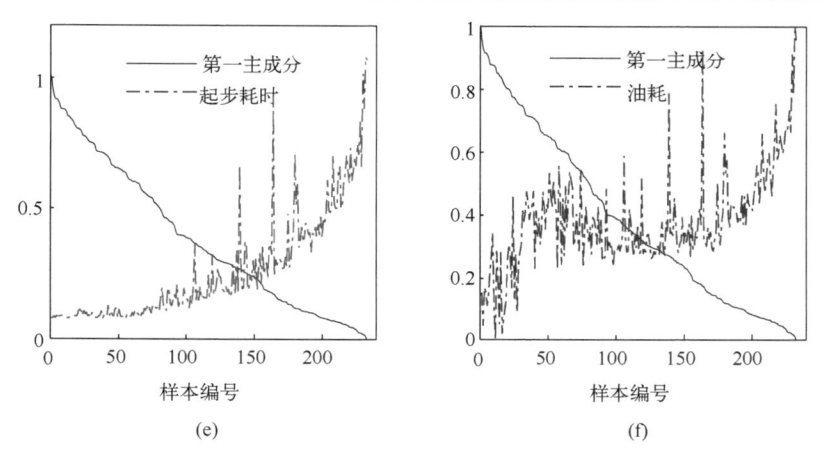

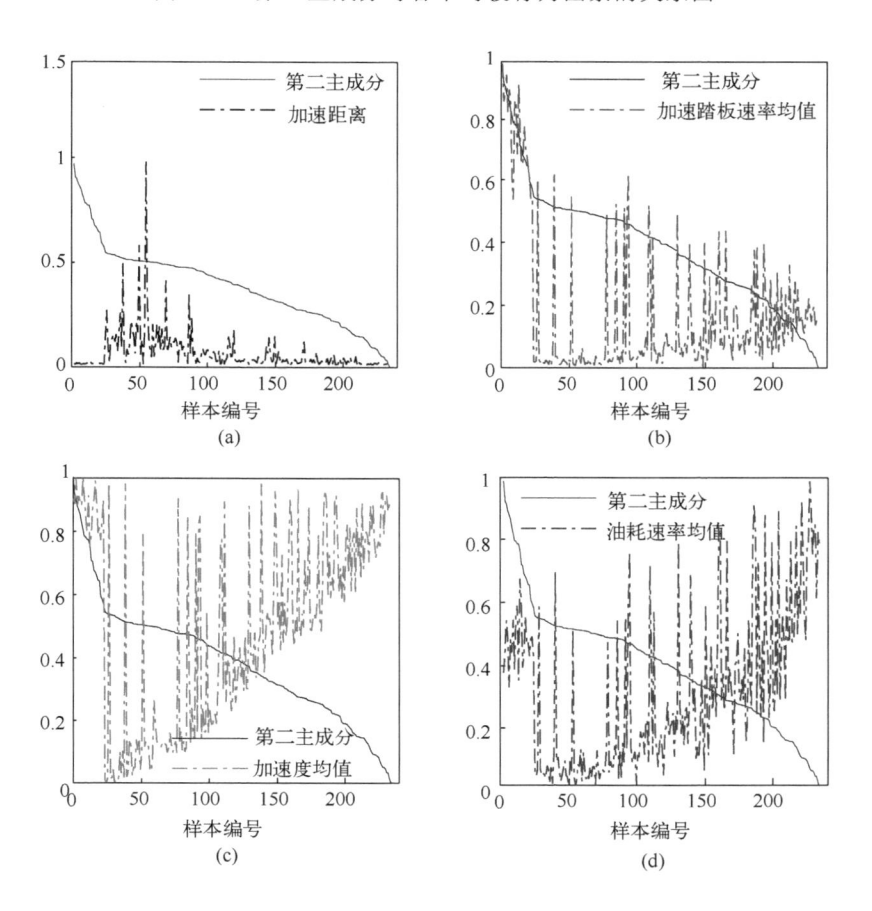

第 11 章　车辆坡道个性化驾驶策略研究

(e)　　　　　　　　　　　　　(f)

图 11.3　第一主成分与各个驾驶行为因素的关系图

(a)　　　　　　　　　　　　　(b)

(c)　　　　　　　　　　　　　(d)

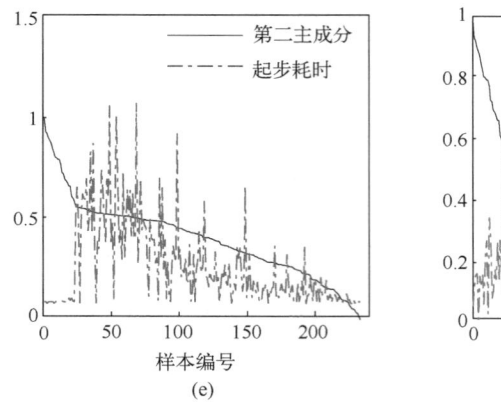

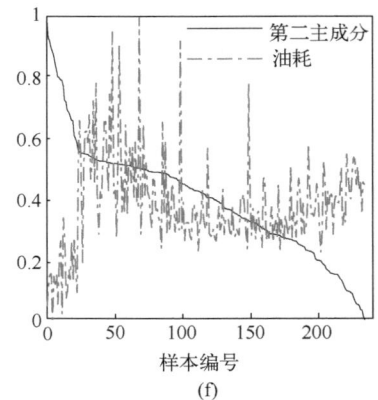

图 11.4 第二主成分与各个驾驶行为因素的关系图

根据上述分析，本节定义激进因子 ξ，采用第一主成分的值来划分不同驾驶风格，根据图 11.4 中第一主成分与各个驾驶行为参数的相关关系，划分依据采用加速度特征（激进型）和燃油消耗率（冷静型），如表 11.3 所示。

表 11.3 基于第一主成分值的驾驶员个性划分

第一主成分	前 33% $\xi \in [0, 0.33)$	中 33% $\xi \in [0.33, 0.66)$	后 33% $\xi \in [0.66, 1]$
类型划分	激进型驾驶员	中等型驾驶员	冷静型驾驶员

11.2 行驶性能指标函数

车辆行驶过程中，通常对不同的行驶性能有不同的赋权指标，基于动态规划算法，针对多个指标做加权处理，分别给予不同的重要性指标，以获得不同行驶性能的速度曲线和挡位序列。

目标函数组成：

$$C_k = f_1 P_{\text{ekr}} + f_2 M_{\text{fk}} + f_3 t_k + \cdots \qquad (11.36)$$

式中，$f_i (i = 1, 2, 3, \cdots)$ 表示各指标对应的权重因子，P_{ekr}、M_{fk} 和 t_k 分别表示各个决策阶段的功率指标、燃油消耗指标和行驶时间指标等，需要注意的是，这里需要对各个指标进行归一化处理。

采用发动机的后备功率 P_{ekr} 作为动力性指标，具体含义表示为在驾驶策略优化过程中，要求发动机保持一定的功率储备，即满足未来路段的发动机高负荷需求，如爬坡和急加速等高功率需求，其值由当前转速下发动机最大功率和当前需求功率确定。

$$P_{\text{ekr}} = P_{\text{ek max}} - P_{\text{ekact}} \quad (11.37)$$

$$\begin{cases} P_{\text{ekact}} = \dfrac{T_{\text{ek}} n_{\text{ek}}}{9550} \\ P_{\text{ek max}} = \dfrac{T_{\text{ek max}} n_{\text{ek}}}{9550} \end{cases} \quad (11.38)$$

式中，n_{ek} 表示发动机转速，T_{ek} 和 $T_{\text{ek max}}$ 分别表示发动机转矩和当前转速 n_{ek} 下发动机的最大转矩。图 11.5 为个性化指标函数组成。

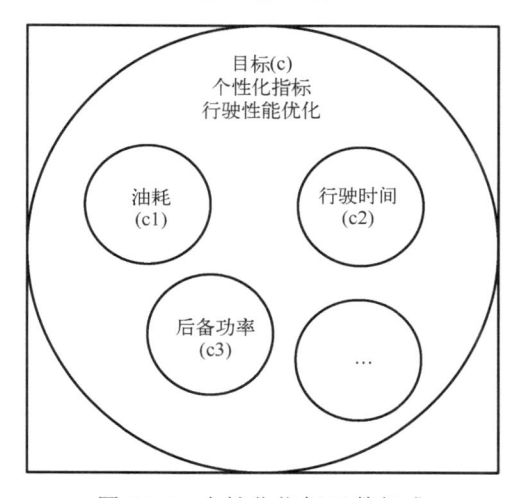

图 11.5　个性化指标函数组成

采用之前建立的瞬态油耗模型作为燃油经济指标。每个周期的燃油消耗可表示燃油消耗率和计算周期时间的乘积，如下所示：

$$Q_{\text{F},k} = Q_{\text{f},k} t_k \quad (11.39)$$

每个计算周期内的时间可以根据离散行驶位移步长和平均速度的商来求出，可以表示为

$$t_k = \dfrac{3.6 \Delta s}{(v_k + v_{k+1})/2} \quad (11.40)$$

式中，v_k 和 v_{k+1} 分别表示为周期内的初末速度。

11.3　权重因子设计

在一个综合评价体系中，为了反映不同评价指标对整体绩效的影响及其重要性，有必要对每个指标进行赋权。赋权方法一般分为主观赋权和客观赋权。主观

赋权主要根据驾驶员的主观意愿确定,主观地体现驾驶的某种行驶性能的倾向,从而满足驾驶员的驾驶乐趣/乘坐满意度,赋权具有临时性和易变性;客观赋权主要根据驾驶员的历史驾驶行为数据分析,其赋权依据具有客观特性,不以驾驶员的主观意志而改变,赋权具有长期性和稳定性。

11.3.1 主客观权重设计

主观赋权主要取决于驾驶员的主观偏好,具体表现为驾驶员对各个性能指标之间的相互重要性的权衡,采用层次分析法(analytic hierarchy process,AHP)对不同行驶性能指标进行主观赋权。

层次分析法是 20 世纪 70 年代由美国运筹学家萨蒂提出的一种方法,该法通过两两比较,逐层确定不同影响因素的相对重要性,从层次上系统地解决了复杂问题。AHP 的优点在于它具有定性和定量的决策能力,以及它对设定目标的灵活性变动,其数学模型用于表达人类的复杂决策过程。在 AHP 理论发展过程中,构造判断矩阵的方法从最初的 1~9 标度,发展到 9/9~1/9 标度、10/10~18/2 标度和 $9^{0/8} \sim 9^{8/8}$ 标度,文献[25]指出衡量判断矩阵的优劣取决于标度方法的保序性、判断一致性、最大偏差、均方差和标度均匀性等方面,根据文献[26]的结论,$9^{0/8} \sim 9^{8/8}$ 标度方法在这几个指标中具有优势,因此本节采用 $9^{0/8} \sim 9^{8/8}$ 标度来构造比较矩阵(表 11.4)。对于 $9^{0/8} \sim 9^{8/8}$ 标度法,其构造通式为

$$9^{(k-1)/8} \quad k=1,2,\cdots,9 \tag{11.41}$$

表 11.4　$9^{0/8} \sim 9^{8/8}$ 标度法相互比较

数值	定义
1.000	同等重要
1.316	微小重要
1.732	稍微重要
2.280	比较重要
3.000	明显重要
3.948	十分重要
5.196	强烈重要
6.839	极其重要
9.000	绝对重要

1. 多指标比较矩阵构造

根据不同指标的相互重要性,设计一个 $n \times n$ 的矩阵 A,a_{ij} 表示两两因素之间的相互重要性,即指标 1 相对于指标 2 的重要程度:

$$a_{ij} = \frac{\text{指标1的重要性}}{\text{指标2的重要性}} \qquad (11.42)$$

a_{ij} 值的设计如下,分别为不同重要性的等级,注意到矩阵 A 是反对称矩阵,即 $a_{ij} = 1/a_{ji}$:

$$A = \begin{bmatrix} a_{11} & a_{12} & \cdots & a_{1n} \\ a_{21} & a_{22} & & a_{2n} \\ \vdots & & \ddots & \\ a_{n1} & a_{n2} & & a_{nn} \end{bmatrix} \qquad (11.43)$$

2. 一致性检查

矩阵的一致性定义为,如果一个矩阵 $A_{n \times n}$ 的各个元素满足:

$$a_{ij} a_{jk} = a_{ik} \quad \forall i, j, k = 1, 2, \cdots, n \qquad (11.44)$$

则称矩阵 A 满足一致性。从实际意义上,检验判断矩阵的一致性是指,当需要判断的指标较多时,矩阵内的相互重要性值可能会出现矛盾关系,对于阶数较高的矩阵,难以直接判断其一致性,并且大部分矩阵并不能完全满足一致性要求,这时需要对一致性进行检查。一致性检查通常采用如下步骤。

(1) 计算一致性指标(consistency index,C.I.):

$$\text{C.I.} = \frac{\lambda_{\max} - n}{n - 1} \qquad (11.45)$$

式中,$\lambda_{\max}$ 和 n 分别表示矩阵 A 的最大特征值和秩。

(2) 查表获取随机一致性指标(random consistency index,R.I.)。

R.I.的获取是通过多次重复计算矩阵 A 的特征值,并取算数平均值。表 11.5 给出了 1 到 10 维矩阵的 R.I.值,重复计算次数为 1000 次,具体计算方法参照文献[27]。

表 11.5 不同维度矩阵对应的 R.I.值

N	1	2	3	4	5	6	7	8	9	10
R.I.	0	0	0.52	0.89	1.12	1.26	1.36	1.41	1.46	1.49

(3) 计算矩阵的一致性比率(consistency ratio,C.R.):

$$\text{C.R.} = \frac{\text{C.I.}}{\text{R.I.}} \qquad (11.46)$$

通常意义上,C.R.的值小于 0.1,设计的权重矩阵被认为是满足一致性要求的。

(4) 计算权重因子。

假定 ς 是特征值 $\lambda_{\max}$ 对应的最大特征向量:

$$\varsigma = (\alpha_1 \quad \alpha_2 \quad \cdots \quad \alpha_3)^{\mathrm{T}} \tag{11.47}$$

并对 ς 进行归一化处理，得到标准向量 ς'：

$$\varsigma' = \left(\alpha_1 / \sum \alpha_i \quad \alpha_2 / \sum \alpha_i \quad \cdots \quad \alpha_3 / \sum \alpha_i\right)^{\mathrm{T}} \tag{11.48}$$

因此，各指标对应的权重因子 F 可以通过标准向量 ς' 给出：

$$F = (f_1 \quad f_2 \quad \cdots \quad f_n)^{\mathrm{T}} = \varsigma' \tag{11.49}$$

客观权重的确定方法主要根据实际问题的客观规律给出，客观赋权具有稳定性和长期性，不随驾驶员的主观选择而改变。本节所研究的行驶性能指标偏好，主要根据驾驶员的驾驶行为数据给出，根据 11.1 节驾驶行为数据分析，建立了驾驶员个性划分的激进因子，其第一主成分指标反映了驾驶员在燃油消耗、加速度、行驶时间等多个方面的特征区分。因此，本节基于第一主成分指标对行驶性能偏好进行赋权。

11.3.2 主客观权重融合

假设某评估问题中，有 n 个车辆行驶性能 C 需要评估：

$$C = (c_1, c_2, \cdots, c_n) \tag{11.50}$$

定义综合权重 W：

$$W = (w_1, w_2, \cdots, w_n) \tag{11.51}$$

则综合评价值可以表示为

$$J = \sum_{i=1}^{n} w_i c_i \tag{11.52}$$

其中，综合权重由主观赋权和客观赋权组成，主观赋权法确定的各指标权重为

$$A = (a_1, a_2, \cdots, a_n) \tag{11.53}$$

客观赋权法确定的各指标权重为

$$B = (b_1, b_2, \cdots, b_n) \tag{11.54}$$

式(11.53)和式(11.54)中两种赋权方式的权重均满足：

$$\begin{cases} \sum_{i=1}^{n} a_i = 1 \\ \sum_{j=1}^{n} b_i = 1 \end{cases} \tag{11.55}$$

为了在最终确定的综合权重 W 中，充分考虑主观的赋权值和客观赋权值，引入离差函数来进行评估：

$$\begin{cases} F = \sum_{i=1}^{n}[(w_i - a_i)c_i]^2 \\ G = \sum_{j=1}^{n}[(w_j - b_j)c_j]^2 \end{cases} \quad (11.56)$$

其中，F 表示主观权重与综合权重之间的决策指标离差，G 表示客观权重与综合权重之间的决策指标离差。对于综合权重而言，希望得到合理的主客观权重分配，使得总离差最小，因此构造如下模型：

$$\begin{aligned} \min \quad & \mu \sum_{i=1}^{n}[(w_i - a_i)c_i]^2 + (1-\mu)\sum_{j=1}^{n}[(w_j - b_j)c_j]^2 \\ \text{s.t.} \quad & \sum_{i=1}^{n} w_i = 1, w_i \geq 0 \end{aligned} \quad (11.57)$$

其中，μ 是偏好因子，如果 $0 < \mu < 0.5$，说明决策过程越重视客观权重，即希望综合权重接近客观权重；如果 $0.5 < \mu < 1$，说明决策过程越重视主观权重，即希望综合权重接近主观权重；如果 $\mu = 0.5$，说明决策过程主客观权重予以同等地位对待。取 Lagrange 函数：

$$L(w, \lambda) = \mu \sum_{i=1}^{n}[(w_i - a_i)c_i]^2 + (1-\mu)\sum_{j=1}^{n}[(w_j - b_j)c_j]^2 + 2\lambda\left(\sum_{i=1}^{n} w_i - 1\right) \quad (11.58)$$

根据极值存在的必要条件：

$$\begin{cases} \dfrac{\partial L}{\partial w_i} = 2\mu(w_i - a_i)c_i^2 + 2(1-\mu)(w_i - b_i)c_i^2 + 2\lambda = 0 \\ \dfrac{\partial L}{\partial \lambda} = 2\left(\sum_{i=1}^{n} w_i - 1\right) = 0 \end{cases} \quad (11.59)$$

整理得到：

$$\begin{cases} w_i c_i^2 + \lambda = [(a_i - b_i)\mu + b_i]c_i^2 = 0 \\ \sum_{i=1}^{n} w_i = 1 \end{cases} \quad (11.60)$$

写成矩阵形式：

$$\begin{pmatrix} c_1^2 & 0 & 0 & \cdots & 0 & 1 \\ 0 & c_2^2 & 0 & \cdots & 0 & 1 \\ 0 & 0 & c_3^2 & \cdots & 0 & 1 \\ \vdots & \vdots & \vdots & \ddots & & \vdots \\ 0 & 0 & 0 & & c_n^2 & 1 \\ 1 & 1 & 1 & \cdots & 1 & 0 \end{pmatrix} \begin{pmatrix} w_1 \\ w_2 \\ w_3 \\ \vdots \\ w_n \\ \lambda \end{pmatrix} = \begin{pmatrix} [(a_1-b_1)\mu+b_1]c_1^2 \\ [(a_2-b_2)\mu+b_2]c_2^2 \\ [(a_3-b_3)\mu+b_3]c_3^2 \\ \vdots \\ [(a_n-b_n)\mu+b_n]c_n^2 \\ 1 \end{pmatrix} \tag{11.61}$$

对于该方程的系数矩阵而言，显然各阶次的顺序主子式均大于 0，因此系数矩阵正定，保证了方程解的存在且唯一。

令

$$\boldsymbol{U} = \begin{pmatrix} c_1^2 & 0 & 0 & \cdots & 0 \\ 0 & c_2^2 & 0 & \cdots & 0 \\ 0 & 0 & c_3^2 & \cdots & 0 \\ \vdots & \vdots & \vdots & \ddots & \\ 0 & 0 & 0 & & c_n^2 \end{pmatrix}_{n \times n} \qquad \boldsymbol{W} = \begin{pmatrix} w_1 \\ w_2 \\ w_3 \\ \vdots \\ w_n \end{pmatrix} \tag{11.62}$$

$$\boldsymbol{E} = (1 \quad 1 \quad 1 \quad \cdots \quad 1)_{n \times 1}^{\mathrm{T}} \qquad \boldsymbol{V} = \begin{pmatrix} [(a_1-b_1)\mu+b_1]c_1^2 \\ [(a_2-b_2)\mu+b_2]c_2^2 \\ [(a_3-b_3)\mu+b_3]c_3^2 \\ \vdots \\ [(a_n-b_n)\mu+b_n]c_n^2 \end{pmatrix} \tag{11.63}$$

因此，式(11.62)和式(11.63)可以写成如下形式：

$$\begin{pmatrix} \boldsymbol{U} & \boldsymbol{E} \\ \boldsymbol{E}^{\mathrm{T}} & 0 \end{pmatrix} \begin{pmatrix} \boldsymbol{W} \\ \lambda \end{pmatrix} = \begin{pmatrix} \boldsymbol{V} \\ 1 \end{pmatrix} \tag{11.64}$$

也即

$$\begin{cases} \boldsymbol{U}\boldsymbol{W} + \lambda \boldsymbol{E} = \boldsymbol{V} \\ \boldsymbol{E}^{\mathrm{T}}\boldsymbol{W} = 1 \end{cases} \tag{11.65}$$

解得

$$\begin{cases} \boldsymbol{W} = \boldsymbol{U}^{-1}\left(\dfrac{1 - \boldsymbol{E}^{\mathrm{T}}\boldsymbol{U}^{-1}\boldsymbol{V}}{\boldsymbol{E}^{\mathrm{T}}\boldsymbol{U}^{-1}\boldsymbol{E}} \boldsymbol{E} + \boldsymbol{V} \right) \\ \lambda = \dfrac{1 - \boldsymbol{E}^{\mathrm{T}}\boldsymbol{U}^{-1}\boldsymbol{V}}{\boldsymbol{E}^{\mathrm{T}}\boldsymbol{U}^{-1}\boldsymbol{E}} \end{cases} \tag{11.66}$$

考虑到 $\boldsymbol{U}$ 是对角矩阵，因此

$$\boldsymbol{U}^{-1}\boldsymbol{V} = \begin{pmatrix} 1/c_1^2 & 0 & 0 & \cdots & 0 \\ 0 & 1/c_2^2 & 0 & \cdots & 0 \\ 0 & 0 & 1/c_3^2 & \cdots & 0 \\ \vdots & \vdots & \vdots & \ddots & \vdots \\ 0 & 0 & 0 & & 1/c_n^2 \end{pmatrix} \begin{pmatrix} [(a_1-b_1)\mu+b_1]c_1^2 \\ [(a_2-b_2)\mu+b_2]c_2^2 \\ [(a_3-b_3)\mu+b_3]c_3^2 \\ \vdots \\ [(a_n-b_n)\mu+b_n]c_n^2 \end{pmatrix} = \begin{pmatrix} (a_1-b_1)\mu+b_1 \\ (a_2-b_2)\mu+b_2 \\ (a_3-b_3)\mu+b_3 \\ \vdots \\ (a_n-b_n)\mu+b_n \end{pmatrix}$$

(11.67)

进一步，考虑到

$$\boldsymbol{E}^{\mathrm{T}}\boldsymbol{U}^{-1}\boldsymbol{V} = (1 \quad 1 \quad 1 \quad \cdots \quad 1) \begin{pmatrix} (a_1-b_1)\mu+b_1 \\ (a_2-b_2)\mu+b_2 \\ (a_3-b_3)\mu+b_3 \\ \vdots \\ (a_n-b_n)\mu+b_n \end{pmatrix} = \sum_{i=1}^{n}[(a_i-b_i)\mu+b_i] = 1 \quad (11.68)$$

将式(11.67)和式(11.68)代入式(11.66)，可得

$$\boldsymbol{W} = \boldsymbol{U}^{-1}\boldsymbol{V} = \begin{pmatrix} (a_1-b_1)\mu+b_1 \\ (a_2-b_2)\mu+b_2 \\ (a_3-b_3)\mu+b_3 \\ \vdots \\ (a_n-b_n)\mu+b_n \end{pmatrix} \quad (11.69)$$

μ 为主客观权重的分配系数，取决于决策者对主客观权重的信赖程度。

11.4 基于动态规划的个性化驾驶策略

本章主要研究车辆行驶过程的燃油经济性和动力性两个指标，因此重点对这两个指标进行赋权设计，采用主客观赋权融合的方法确定最终权重指标，设计出兼顾驾驶员主观意愿和实际驾驶属性的行驶性能。

（1）主观权重。

$$\boldsymbol{A} = \begin{matrix} f_{\text{fuel}} \\ f_{P_{\text{ekr}}} \end{matrix} \begin{matrix} f_{\text{fuel}} & f_{P_{\text{ekr}}} \\ \begin{bmatrix} 1 & a_{12} \\ a_{21} & 1 \end{bmatrix} \end{matrix} \quad (11.70)$$

对于二阶矩阵，不存在一致性判断的问题，可以直接求出两个指标的分配权重。

$$\boldsymbol{a} = (a_1, a_2)^{\mathrm{T}} \tag{11.71}$$

(2) 客观权重。

根据 11.3 节的赋权设计方法，客观权重采用驾驶员的激进因子定义：

$$\boldsymbol{b} = \begin{matrix} f_{\text{fuel}} & f_{P_{\text{ekr}}} \\ (1-\xi & \xi)^{\mathrm{T}} \end{matrix} \tag{11.72}$$

(3) 主客观权重融合。

根据离差函数的偏好因子 μ，以及其极值求解结果，得到下面按决策者喜好分配的综合权重：

$$\begin{aligned} W &= \mu(\boldsymbol{a}-\boldsymbol{b}) + \boldsymbol{b} \\ &= \mu \begin{pmatrix} a_1-(1-\xi) \\ a_2-\xi \end{pmatrix} + \begin{pmatrix} 1-\xi \\ \xi \end{pmatrix} \end{aligned} \tag{11.73}$$

根据上面的定义，选取一位激进因子(客观权重)偏弱的驾驶员 ($\xi=0.3$)，其主观权重选择"十分重要"层级，对应标度值为 3.984；在主观权重设计上，分别设置遵循客观权重和不遵循客观权重的两种主观选择，分别对应 1、2、3 组和 4、5、6 组，并进一步设置主客观偏好 μ 的三种取值 $\mu=\{0.2, 0.5, 0.8\}$，如表 11.6 所示。

本文采用 4%和 8%的 1km 坡道，根据表 11.6 设计的权重因子，基于动态规划算法分别进行车速计算，计算结果如图 11.6 和图 11.7 所示。由计算结果分析可知，4%坡道场景下，对于主客观权重相近的 1、2、3 组，各组算法计算得到的车速轨迹和挡位序列基本一致，这说明，当主客观相近时，离差函数里的主客观因子基本不起作用，计算得到的车速轨迹既满足客观倾向，又符合驾驶员的主观意图。由于优化策略的目标是偏冷静型(激进因子 0.2~0.3 之间)，优化结果呈现提前降挡，提前轻微提高车速的特征，以获得良好的坡道行驶燃油经济性；同样，8%坡道环境下的 1、2、3 组也有相同的结论；对于主客观权重截然相反的 4、5、6 组，即驾驶员的主观选择与其实际客观驾驶特性表现了比较大的差异时，离差函数里的主客观因子起到了决定性因素，即决定最终的车速轨迹表现。根据 4%坡道场景生成的驾驶策略结果，当主客观偏好因子 μ 小于 0.5 时，其权重决策过程更重视客观权重，如组 4，综合权重很接近客观权重(激进因子 0.3)，决策主要考虑的因素是燃油经济性，因此组 4 的挡位相对较高(降挡幅度较小)；而对于组 6，主客观偏好因子 μ 大于 0.5，其权重决策过程更重视主观权重，因此综合权重中激进因子高达 0.689，远高于客观驾驶特征(激进因子 0.3)，决策中主要考虑的是爬坡动力性，因此算法规划的挡位序列特征表现为长时间采用低挡行驶，追求低挡的车辆加速性能，以实现更好的坡道动力性。

第 11 章　车辆坡道个性化驾驶策略研究

表 11.6　主客观权重因子对照组设置

组号	主客观偏好 μ	主观权重设计 比较矩阵 ($9^{0/8} \sim 9^{8/8}$ 标度法)	主观权重设计 主观权重	客观权重 ($\xi = 0.3$)	综合权重
1	0.2	$\begin{bmatrix} 1 & 3.948 \\ \frac{1}{3.948} & 1 \end{bmatrix}$	$(0.798, 0.202)^T$	$((1-0.3), 0.3)^T$	$(0.720, 0.280)^T$
2	0.5				$(0.749, 0.251)^T$
3	0.8				$(0.778, 0.222)^T$
4	0.2	$\begin{bmatrix} 1 & \frac{1}{3.948} \\ 3.948 & 1 \end{bmatrix}$	$(0.202, 0.798)^T$	$((1-0.3), 0.3)^T$	$(0.600, 0.400)^T$
5	0.5				$(0.451, 0.549)^T$
6	0.8				$(0.302, 0.698)^T$

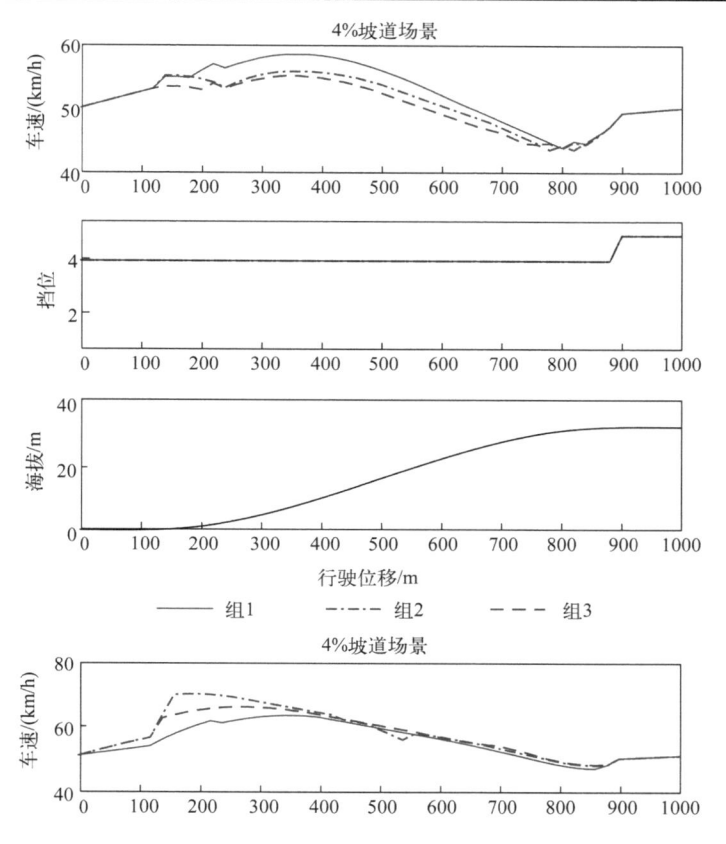

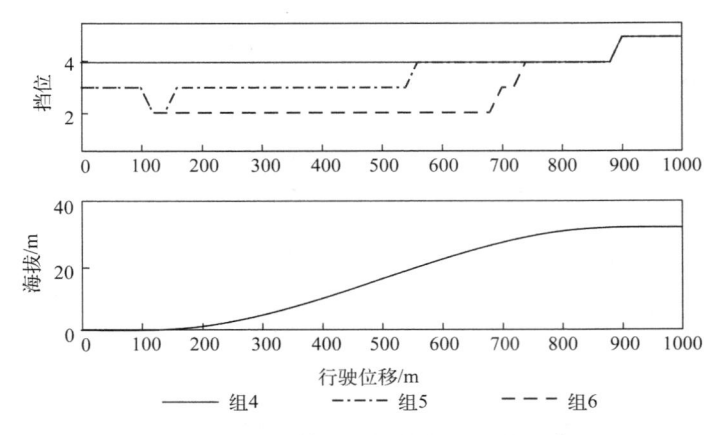

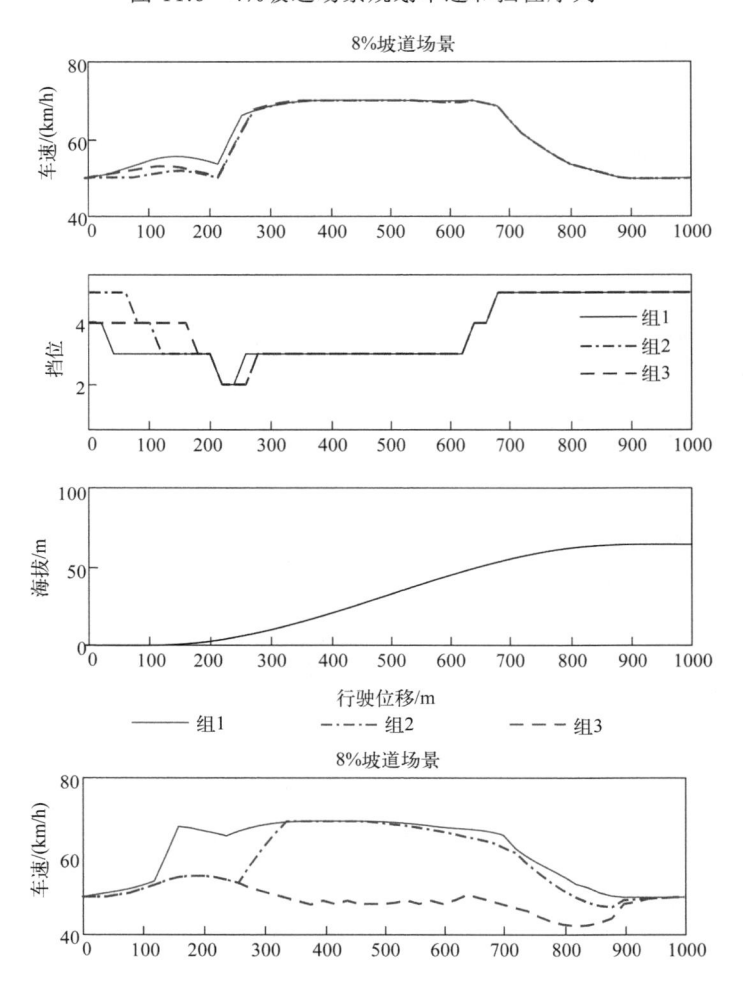

图 11.6 4%坡道场景规划车速和挡位序列

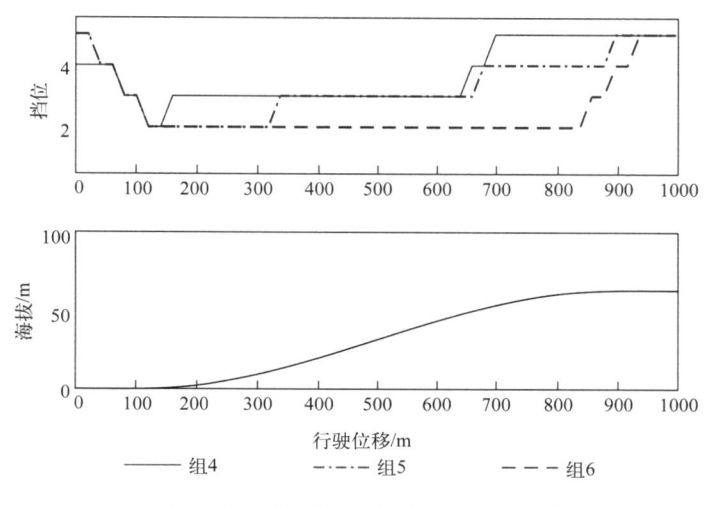

图 11.7 8%坡道场景规划车速和挡位序列

11.5 个性化驾驶策略验证

11.5.1 1km 虚拟道路仿真验证

为了验证规划的车速和挡位序列的有效性，本节采用 MATLAB/Simulink 和 CarSim 进行仿真，搭建如图 11.8 所示的仿真框架。仿真框架分别由地图模块、动态规划算法模块、权重计算模块、CarSim 车辆模型和行驶性能模块组成。仿真流程具体为，地图根据车辆当前定位信息，提供高程数据给动态规划算法模块；算法模块根据前瞻视野距离，计算符合驾驶员主客观权重的车速轨迹和挡位序列，并将计算结果输给 CarSim 车辆模型；CarSim 模型输出相应的车辆行驶性能参数，并将当前车辆的定位信息反馈给地图模块。

根据表 11.7 中不同权重设置的仿真结果，对于主客观权重值相近的组合，如 4%场景的组 1、2 和 3，燃油消耗水平和平均后备功率值基本接近，这说明驾驶员的偏好因子基本不起作用；而对于主客观相悖的组合，驾驶员的偏好因子基本主导了驾驶风格的倾向，如组 4 的偏冷静（节油型）到组 6 的激进型，其燃油消耗上升了 147.3%，而平均后备功率也上升了 123.2%，增幅 33.7 kW，而且为追求低挡的加速能力和爬坡能力，车速输出显然会有所降低，这也导致了通行时间略微增加，这些特征显然是激进型车速规划导致了激进的行驶性能。同样，8%坡道场景也有类似的结论，相对 4%的场景，8%坡道场景低挡行驶的位移更长。

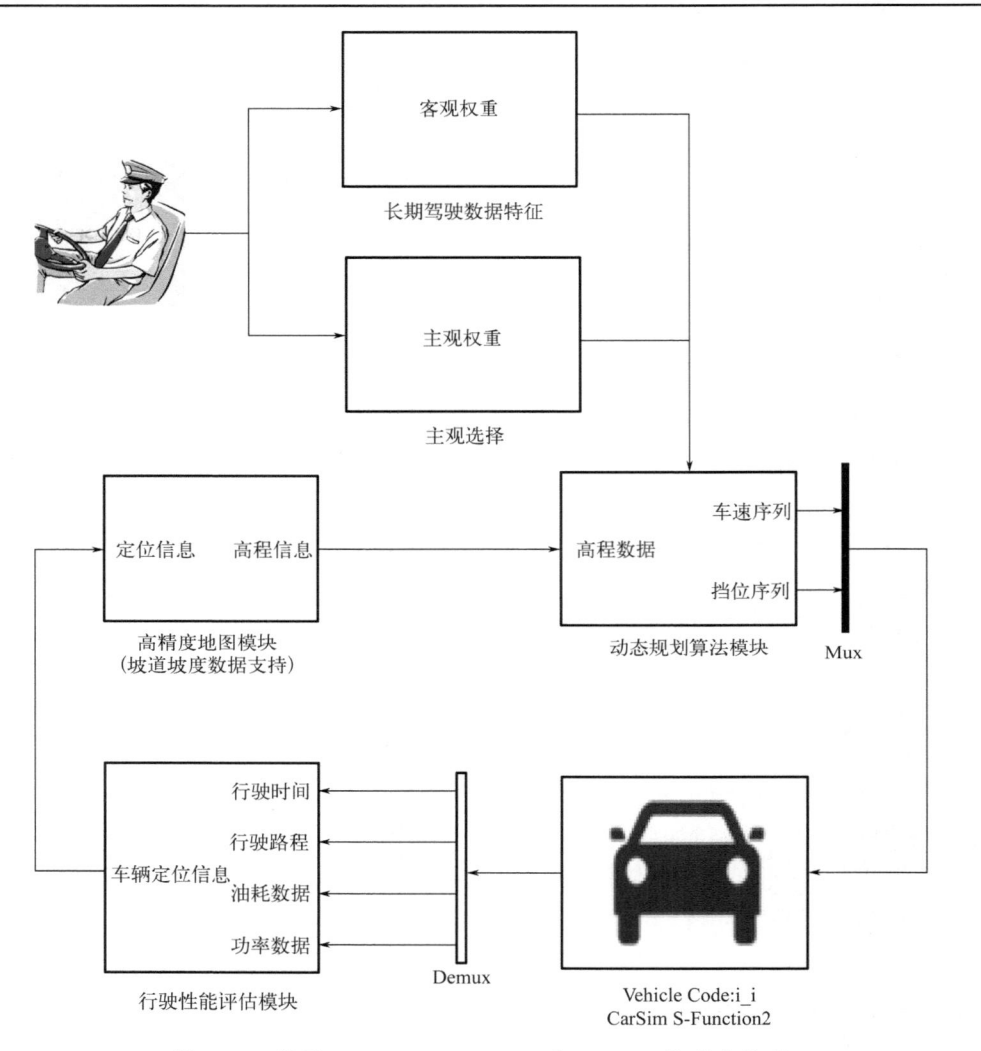

图 11.8　基于 MATLAB/Simulink 和 CarSim 的联合仿真

表 11.7　不同权重设置的仿真结果

组号		燃油消耗/mL		平均后备功率/kW		行驶时间/s	
4%坡道场景	1	108.43	—	25.62	—	69.50	—
	2	107.24	↓1.1%	24.80	↓3.2%	71.00	↑2.2%
	3	106.67	↓1.6%	24.32	↓5.1%	72.00	↑3.6%
	4	110.45	—	27.35	—	66.40	—
	5	159.65	↑44.5%	41.23	↑50.8%	64.10	↓3.5%
	6	273.14	↑147.3%	61.05	↑123.2%	64.50	↓2.9%

第 11 章 车辆坡道个性化驾驶策略研究

续表

组号		燃油消耗/mL		平均后备功率/kW		行驶时间/s	
8%坡道场景	1	155.11	—	34.73	—	60.60	—
	2	148.38	↓4.3%	31.79	↓8.5%	61.60	↑1.7%
	3	147.96	↓4.6%	31.96	↓8.0%	61.30	↑1.2%
	4	154.82	—	35.75	—	59.40	—
	5	186.19	↑20.3%	47.73	↑33.5%	62.50	↓5.2%
	6	366.43	↑136.7%	53.99	↑51.0%	73.90	↓24.4%

图 11.9 是 MATLAB/Simulink 和 CarSim 的联合仿真界面。图 11.10 和图 11.11 分别是在 4%坡道场景和 8%坡道场景行驶 1km，不同个性化驾驶策略下的行驶时间、油耗和后备功率。

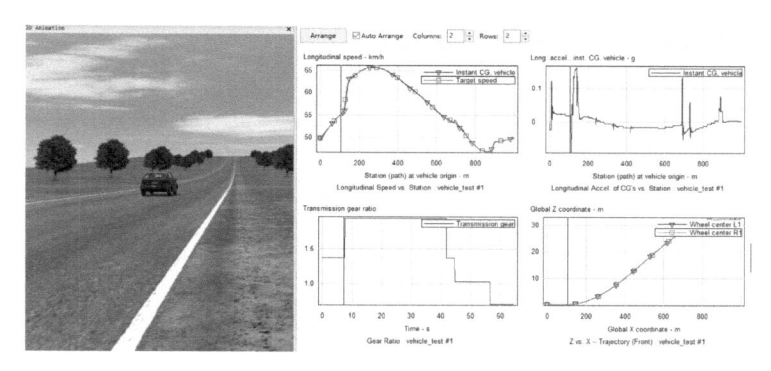

图 11.9 MATLAB/Simulink 和 CarSim 联合仿真界面

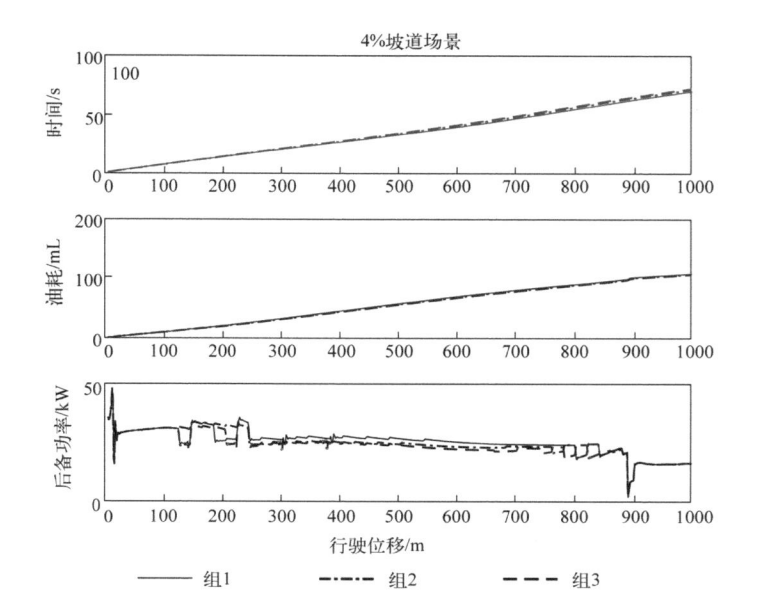

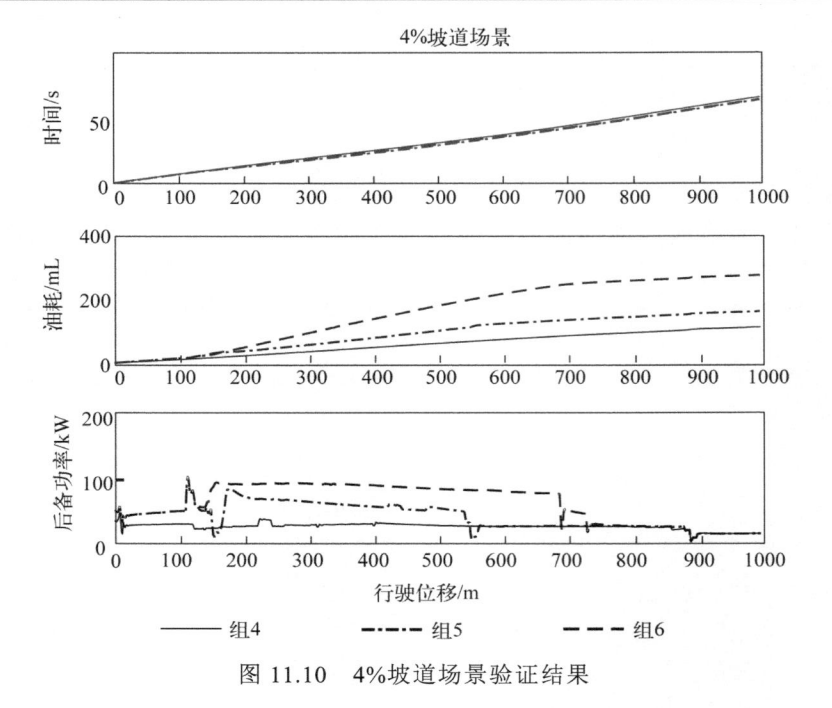

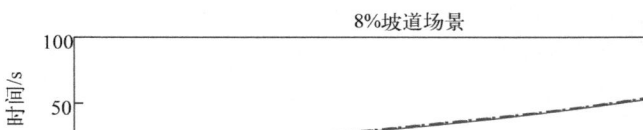

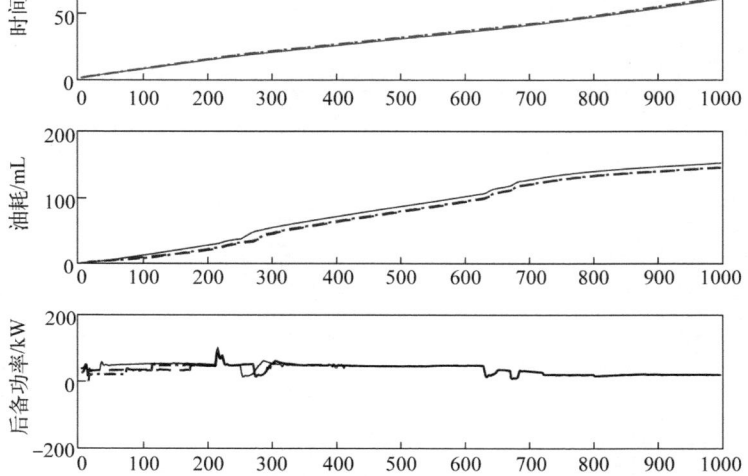

图 11.10　4%坡道场景验证结果

图 11.11　8%坡道场景验证结果

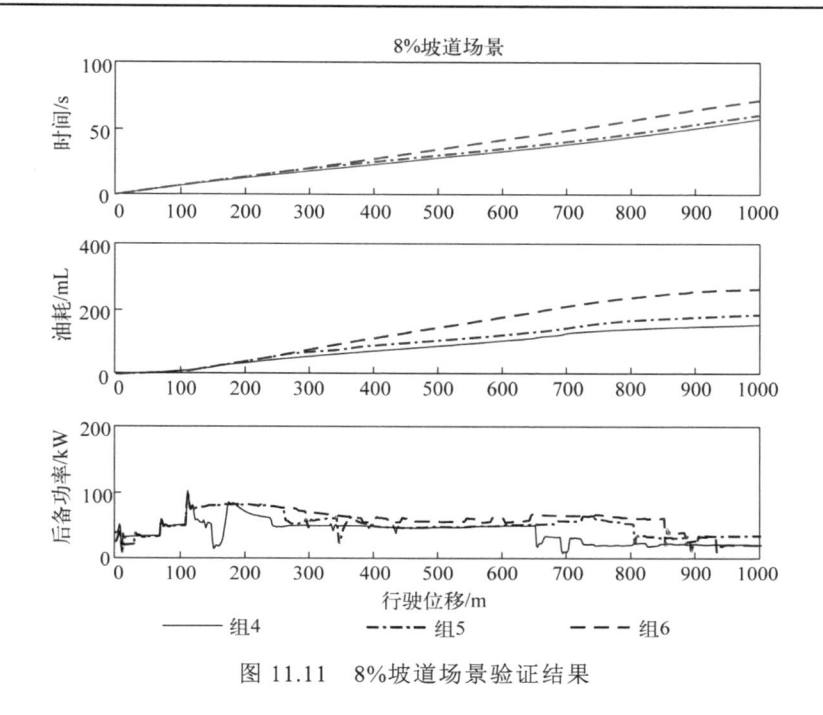

11.5.2　真实道路仿真验证

为了进一步验证在真实道路场景下个性化驾驶策略的有效性，本节选取河北涿州市到北京房山之间的一段 G107 国道，总长度为 31.7 km，该道路的真实海拔数据如图 11.12 所示。以该道路为目标，计算三种不同激进因子的驾驶策略，以验证真实道路场景下车辆表现的行驶性能差异，激进因子的设置如表 11.8 所示。

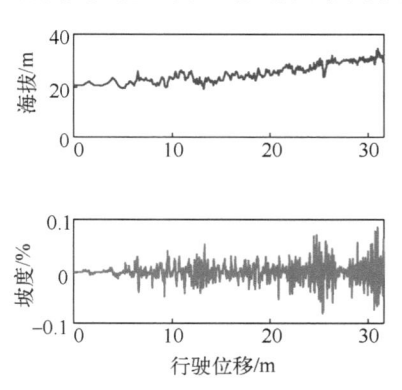

图 11.12　谷歌地球真实道路海拔数据

表 11.8 真实道路场景激进因子设置

组别	激进因子
组 1	0.2
组 2	0.5
组 3	0.9

经过动态规划算法计算后,得到不同的速度轨迹和挡位序列,如图 11.13 所示。组 1 的激进因子较小,更加偏重于燃油经济性,因此整体车速较稳定,没有很大的波动,同时,基本处于高挡位区间;组 2 和组 3 的激进因子较大,更加偏重于爬坡的动力性,因此车速整体表现的波动较大,车辆频繁升降挡,以适应坡道行驶。特别是组 3,长时间挡位选择低挡,保留足够大的后备功率,以储备足够的爬坡能力。

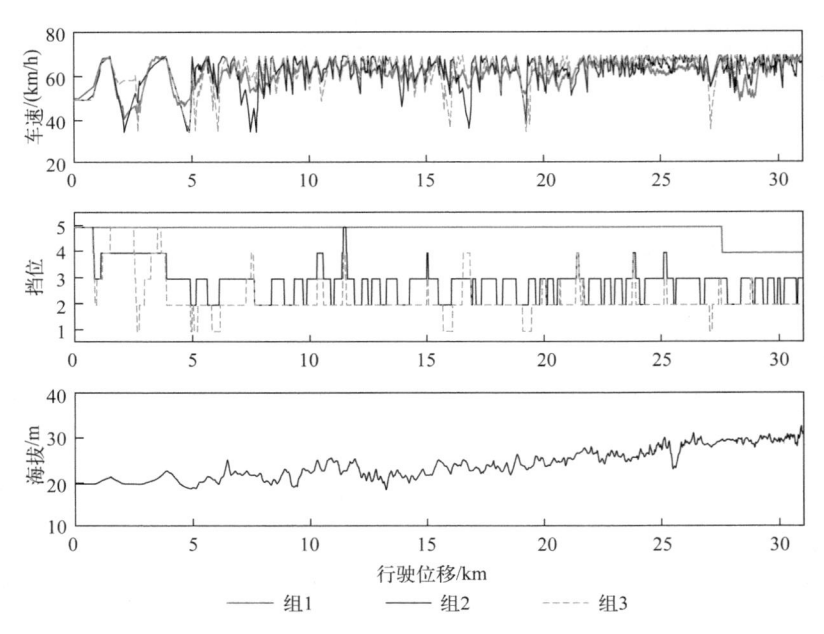

图 11.13 真实坡道场景下算法计算的车速和挡位

基于 MATLAB/Simulink 和 CarSim 联合仿真环境,得到图 11.14 的仿真结果和表 11.9 的统计结果。从行驶时间看,组 3 的行驶时间最长,这是由频繁地升降挡位,而且长时间选择低挡造成的,车速波动较大,使得总体平均车速较低,从而行驶时间较长;从燃油经济性看,组 1 的燃油消耗水平明显低于另外两个组,后两组相较于组 1,分别高出了 68%和 148%,这也对应了组 1 的激进因子最小的关系,即注重燃油经济性表现;与之相反,组 3 的激进因子最高,其表现的后备功率明显高于另外两组,为了尽可能地提高爬坡能力,算法计算时储备了足够大的后备功率。

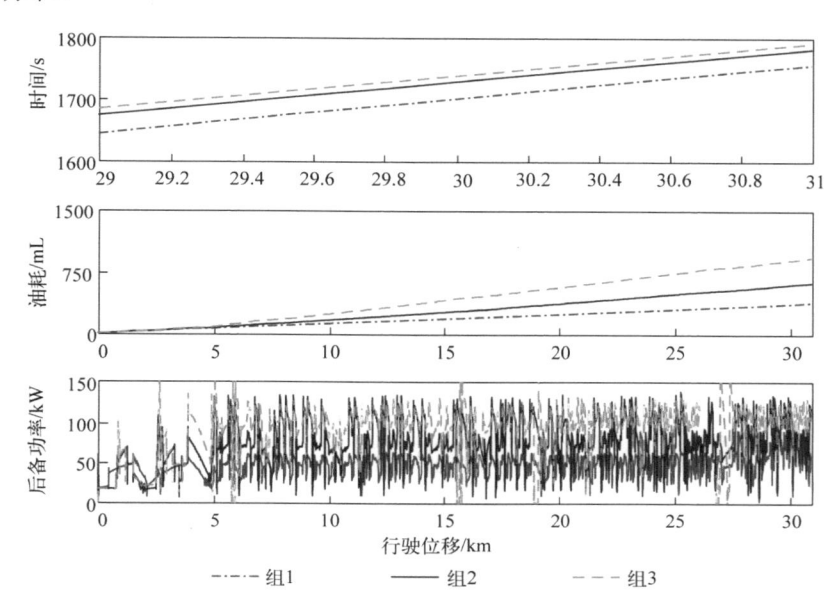

图 11.14 真实道路场景下 MATLAB/Simulink 和 CarSim 联合仿真结果

表 11.9 真实道路仿真结果比较

组别	平均车速/km		累计油耗/L		平均后备功率/kW	
组 1	65.9	—	2.5	—	45.1	—
组 2	60.3	↓8.5%	4.2	↑68.0%	72.9	↑61.6%
组 3	57.2	↓13.2%	6.2	↑148.0%	87.8	↑96.7%

总的来看,根据不同行驶性能指标的赋权,可以计算出不同的车速和挡位序列,使得车辆实际的行驶性能表现出显著的差异,满足了对行驶性能的需求。因此在未来的智能车技术发展过程中,可以根据驾驶员的主观选择和客观的历史驾驶数据,合理地选择不同的车速规划和挡位规划,从而满足具体的行驶性能指标,提高智能车对人的适应性。

第 12 章　基于驾驶风格的 AEB 策略优化

目前许多车辆都配有 AEB 系统，以提高驾驶安全性。AEB 系统的启动时机是策略中最关键的部分，主流策略包括安全时间法和安全距离法。启动时机过早甚至误启动会降低驾驶员对车辆系统的信任程度，影响驾驶员对车辆及交通环境的判断；启动时机过晚甚至不启动会造成或大或小的碰撞，严重影响驾乘人员及车辆的安全。现有的避撞策略参数一般比较固定，也没有针对不同驾驶风格的驾驶员进行合理区分。如果一种固定参数的避撞策略比较适合中等型驾驶员的话，那对冷静型驾驶员来说，该种固定参数的避撞策略可能出现晚启动的问题，即相比较冷静型驾驶员的心理预期，启动更晚；反之，对激进型驾驶员来说，该种固定参数的避撞策略可能出现早启动的问题，即相比较激进型驾驶员的心理预期，启动更早。这些问题都会降低驾驶员对系统的信任程度和接受度，本章将利用第 2 章中综合自监督对比学习和逆强化学习的风格分类结果，基于编码器-解码器模型，设计能更合理匹配不同驾驶风格的个性化 AEB 策略。

12.1　紧急制动开始时刻数据的提取

车辆在普通制动时的平均制动减速度大小为 $2.5 \sim 4\text{m/s}^2$，而在实际的驾驶过程中为了不让乘客感到不适或是为了保证货物的装载安全，通常情况下制动不应超过 2.5m/s^2。因此，本节设定当一段驾驶过程同时满足如下条件时，则该段过程包含紧急制动：

① 减速度绝对值的最大值超过 4m/s^2；
② 紧急制动开始时刻的碰撞时间大小低于 10s。

本节所设计的 AEB 策略为安全时间型，安全时间型策略的关键在于选择合适的碰撞时间阈值；碰撞时间阈值又可以分为固定型、随本车车速变化型和随纵向相对车速变化型，本节的 AEB 策略是随纵向相对车速变化型。设计 AEB 策略需要知道紧急制动开始时刻的碰撞时间 TTC 和对应时刻的纵向相对车速 range_rate，因此需要确定紧急制动的开始时刻。

图 12.1 描述了车辆 10 在某段紧急制动过程中的减速度随时间的变化，从图中可以看出在发生大减速制动之前，$79 \sim 82\text{s}$ 段存在一段稳定在 -1.7m/s^2 上下的小减速过程，图中黑点处为小减速稳定段到大减速紧急制动段的过渡点，从黑点之

后减速度快速增大,即驾驶员判断情况紧急,开始紧急制动。因此本节以该类点作为紧急制动开始时刻点。图 12.2(a) 和图 12.2(b) 分别为紧急制动开始时刻 TTC 和纵向相对车速 range_rate 的频数分布图(负号代表方向,即本车车速大于前车车速),可以看出,数据更符合伽马分布特点。

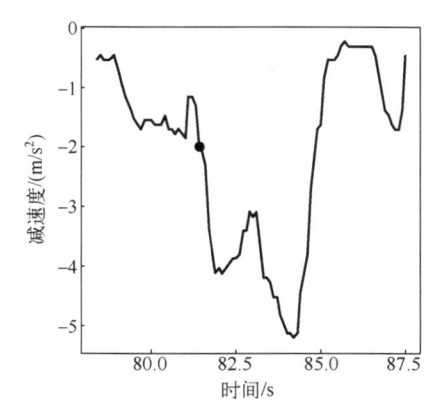

图 12.1 车辆 10 某段紧急制动过程减速度变化图

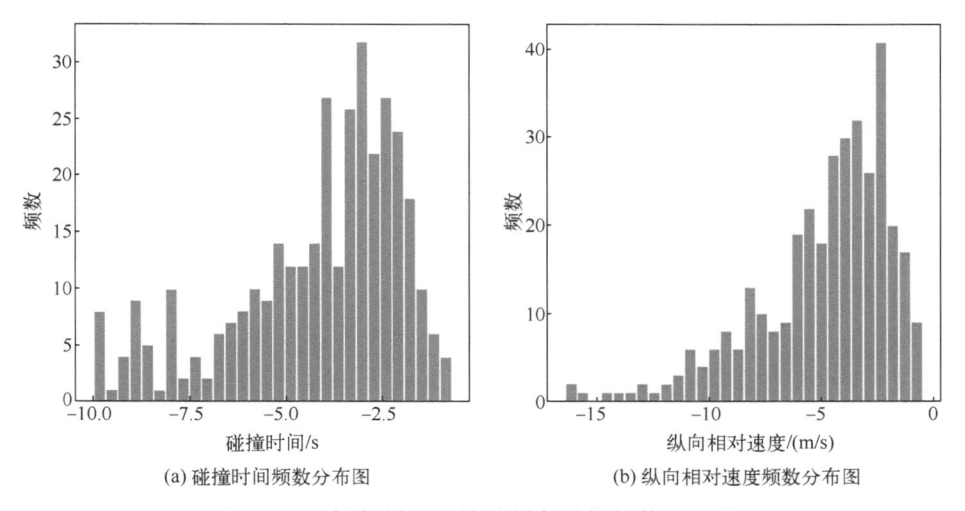

(a) 碰撞时间频数分布图　　(b) 纵向相对速度频数分布图

图 12.2 紧急制动开始时刻变量的频数分布图

12.2　个性化的 AEB 策略

相对于激进型驾驶员来说,冷静型和中等型驾驶员应该有更早的刹车时机。长短期记忆模型是循环神经网络(recurrent neural network,RNN)的一种,其在时序数据预测方面表现出很强的能力。本节将根据上节确定的紧急制动条件，提取出 30 个驾驶员的紧急制动开始时刻对应的变量，并设计激进型 AEB 策略；利用驾驶风格分类数据和长短期记忆模型训练得到对应冷静型驾驶员和中等型驾驶员的纵向特征预测模型；最后基于激进型 AEB 策略、冷静型和中等型纵向特征预测模型，分别设计冷静型 AEB 策略和中等型 AEB 策略，即以预测模型来判断未来时间段内是否能达到刹车线，以实现更早的刹车。

12.2.1 基准策略线

图 12.3 中，灰色数据点为紧急制动开始时刻的 ITTC（inversed time to collision）和 range_rate 对应点，ITTC 是碰撞时间的倒数，从图 12.3 中可以看出，随着相对车速的增大，紧急制动开始时刻的 ITTC 不断减小，原因应该是随着相对速度的增加，驾驶员为了避免交通危险等级进一步升高，都选择了保留较多碰撞时间的紧急制动。ITTC 和 range_rate 都影响着交通安全，即二者越大，危险的可能性越大，发生危险的破坏性也越大，情况越紧急。本节设计紧急因子 D 综合描述 ITTC 和 range_rate，$D = 0.5 \cdot \text{ITTC}' + 0.5 \cdot \text{range\_rate}'$。其中，ITTC′ 和 range_rate′ 为归一化后的结果，这是为了避免二者量纲不同对 D 造成的影响。某一点 (x_0, y_0) 到直线 $l: 0.5x + 0.5y = 0$ 的距离等于 $(0.5x_0 + 0.5y_0) / \sqrt{0.5} = D(x_0, y_0)$，因此一点 (x_0, y_0) 的紧急因子与该点到直线 $l: 0.5x + 0.5y = 0$ 的距离成正比，即距离直线 l 越远，情况越紧急。

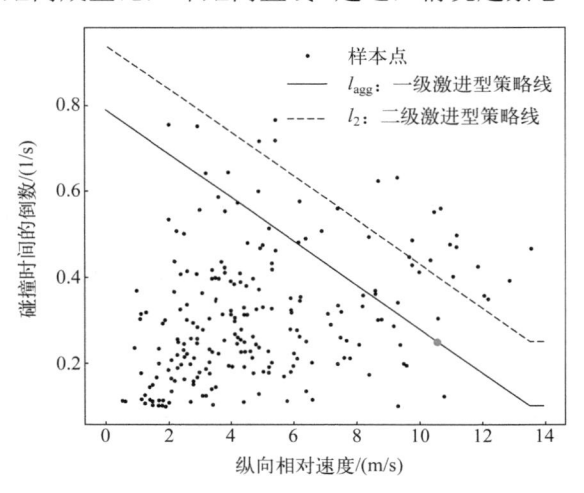

图 12.3　触发策略线图

分别计算归一化后各样本点距离 l 的大小。图 12.3 中共有 223 个点（图中变量数据是归一化之前的值），以相对直线 l 的距离从大到小排列，图中大些的点排在所有点的 1/6 位置处，过该点以相同于直线 l 的斜率，可得到直线 l_{agg}。直线 l_{agg} 右上侧的点占总量的 1/6，且代表的情况更紧急，即在相同速度条件下，如果以 l_{agg} 线作为刹车阈值，那么在这之前 5/6 的样本已选择了紧急刹车。由 2.5 节可知，在 30 名驾驶员中，激进驾驶员数量占总驾驶员数量的 1/6，因此暂时以 l_{agg} 线作为激进型驾驶员的一级刹车阈值线：

$$0.5 \cdot \text{ITTC}' + 0.5 \cdot \text{range\_rate}' - 0.498$$
$$= 0.753 \cdot \text{ITTC} + 0.038 \cdot \text{range\_rate} - 0.593 = 0 \tag{12.1}$$

同理按距离选择排在所有点的 1/12 位置处的点，过该点以相同于直线 l 的斜率，可得到直线 l_2，并暂时以该直线作为二级激进型 AEB 阈值线：

$$0.753 \cdot \text{range\_rate} + 0.038 \cdot \text{ITTC} - 0.707 = 0 \tag{12.2}$$

本章将结合小减速误启动试验，设定不同比例值对应的 l_{agg} 线和 l_2 线，根据实际效果，对比选取最合理的比例来设计确定最终的 l_{agg} 线和 l_2 线。

图 12.3 中所有点的 ITTC 最小值为 0.1002，以该值作为一级激进型 AEB 策略的阈值下限，直线 l_{agg} 和 l_2 之间的距离大小为 0.1518，保持激进型一级 AEB 策略线与二级 AEB 策略线的距离恒定，则二级 AEB 策略线的阈值下限为 0.252。

12.2.2　长短期记忆模型

普通循环神经网络存在信息保存时间短、梯度消失的问题，而 LSTM 模型可以缓解这些问题。LSTM 模型在循环层单元上不同于普通 RNN，其循环层单元包含输入门、输出门、遗忘门 3 部分。具体结构见图 3.4，其也被称为记忆单元。遗忘门、输入门、输出门以及循环层输出等的计算见式 (3.1)～式 (3.3)。

12.2.3　纵向相对速度预测模型

本节的纵向相对速度预测模型为编码器-解码器 (encoder-decoder) 模型，模型的编码器 (encoder) 部分输入历史数据，模型的解码器 (decoder) 部分输出预测数据。编码器输入变量为 range、range_rate、a_x，解码器的每个单元输入为上一时刻 range_rate 的预测结果，输出为当前时刻 range_rate 的预测值。变量在输入之前需要经过标准化处理。编码器和解码器由 LSTM 记忆单元组成，如图 12.4 所示。

预训练模型参数图如图 12.5 所示，FC 代表全连接网络，数字代表网络的神经元数量，解码器模型输出部分 FC-100 层的激活函数为 ReLU 函数。在训练阶段，解码器所有输入为真实历史数据，代价函数为欧式距离损失函数，使用 Adam 优化算法。在测试阶段，解码器第一个输入为真实历史数据，其余为前一时刻模型预测结果。由本书第 2 章可以得到 30 辆车驾驶数据，以历史时间和预测时间之和为一段过程的时长，将每辆车的数据进行分割，最后将分割好的数据按 4:1 分配，得到训练集和测试集,泛化能力更强的预训练模型可以为接下来的个性化编码器-解码器提供共用参数。

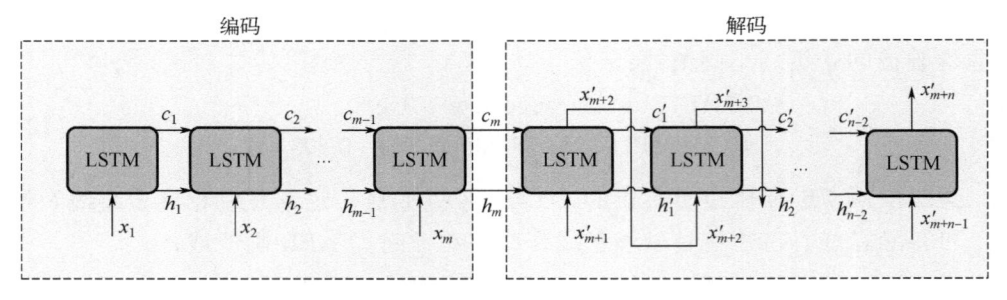

图 12.4 编码器-解码器模型

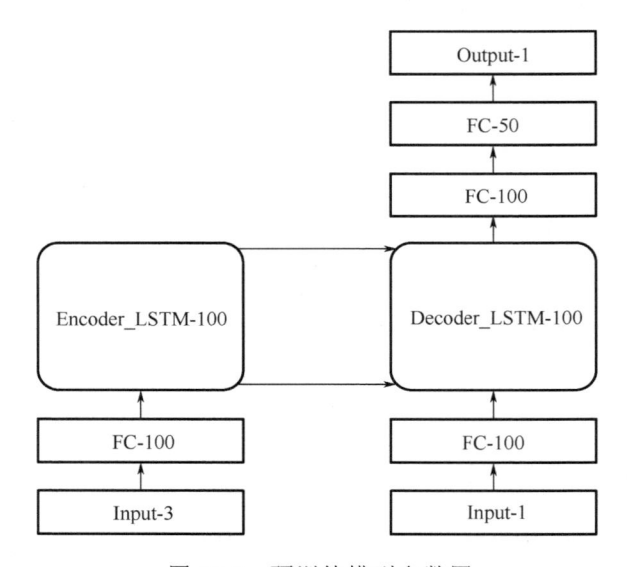

图 12.5 预训练模型参数图

本书第 2 章得到了 30 个驾驶员的最终风格分类结果,其中,冷静型驾驶员数量为 5 个,中等型驾驶员数量为 20 个,激进型驾驶员数量为 5 个。根据冷静型驾驶员数据、中等型驾驶员数据和图 12.5 对应的预训练模型可创建个性化编码器-解码器模型,结构如图 12.6 所示,为提高模型对每类数据的学习能力,在个性化部分增加一个全连接层[28]。每类个性化编码器-解码器模型中编码器、解码器输入部分和 LSTM 部分共用预训练后模型参数,然后分别使用冷静型风格、中等型风格对应的驾驶数据训练模型剩余部分,这通过设置学习率来实现,共用部分学习率设置为 10^{-5},以限制共用部分参数改变,个性化部分学习率设置为 10^{-3}。

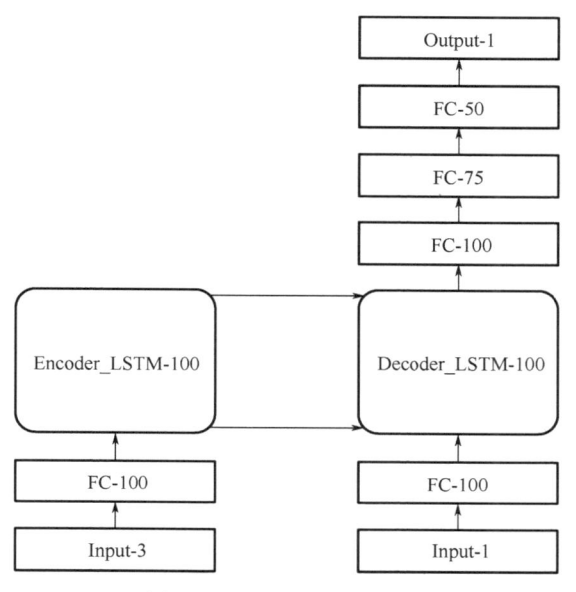

第 12 章 基于驾驶风格的 AEB 策略优化

```
                    Output-1
                       ↑
                     FC-50
                       ↑
                     FC-75
                       ↑
                    FC-100
                       ↑
Encoder_LSTM-100 → Decoder_LSTM-100
       ↑                   ↑
    FC-100              FC-100
       ↑                   ↑
    Input-3             Input-1
```

图 12.6　个性化预测模型

预测模型评价指标选取为均方根误差，其定义见式(4.12)。

纵向加速度是编码器部分的一个输入变量，但部分原始数据中存在较多的噪声，如图 12.7(a)所示，这种噪声应该会影响预测模型的训练，因此需要先对原始纵向加速度进行降噪，本章采用的去除噪声的方法是使用 Savitzky-Golay 滤波器。Savitzky-Golay 滤波器是一种低通滤波器[29]，其在时域内基于多项式，通过移动窗口利用最小二乘法进行最佳拟合。这是一种直接处理来自时间域内数据平滑问题的方法，而不需要像通常的滤波器那样先在频域中定义特性后再转换到时间域。Savitzky-Golay 滤波器需要人为设定超参数滑动窗口大小和多项式阶次。

设一个窗口内的一组数为 $x(t)$，$t=-m,\cdots,0,\cdots,m$，多项式最高阶次为 n，则拟合多项式为 $f(t)=\sum_{k=0}^{n}b_k t^k$，时间窗内拟合数据点与原始数据点之间误差平方和为

$$E = \sum_{t=-m}^{m}(f(t)-x(t))^2 = \sum_{t=-m}^{m}(\sum_{k=0}^{n}b_k t^k - x(t))^2 \tag{12.3}$$

式中，x 为数据真实值。

要使滤波效果最好，误差平方和应最小，使 E 对多项式系数的偏导为 0。

$$\frac{\partial E}{\partial b_i}=2\sum_{t=-m}^{m}\left(\sum_{k=0}^{n}b_k t^k - x(t)\right)t^i=0,\ i=0,1,\cdots,n \tag{12.4}$$

化简后可得：

$$\sum_{k=0}^{n}\left(\sum_{t=-m}^{m} t^{i+k}\right) b_k = \sum_{t=-m}^{m} t^i x(t), \ i=0,1,\cdots,n \tag{12.5}$$

利用求偏导得到的 n 个线性方程即可求得滤波方程的多项式系数。窗口越大，多项式最高阶次越小，则平滑效果越好；反之，则越接近于原始曲线。本节选取多项式最高次数为 2，滑动窗口大小为 41，滤波后结果如图 12.7(b)所示，从图中可以看出，滤波后噪声大多被消除了。

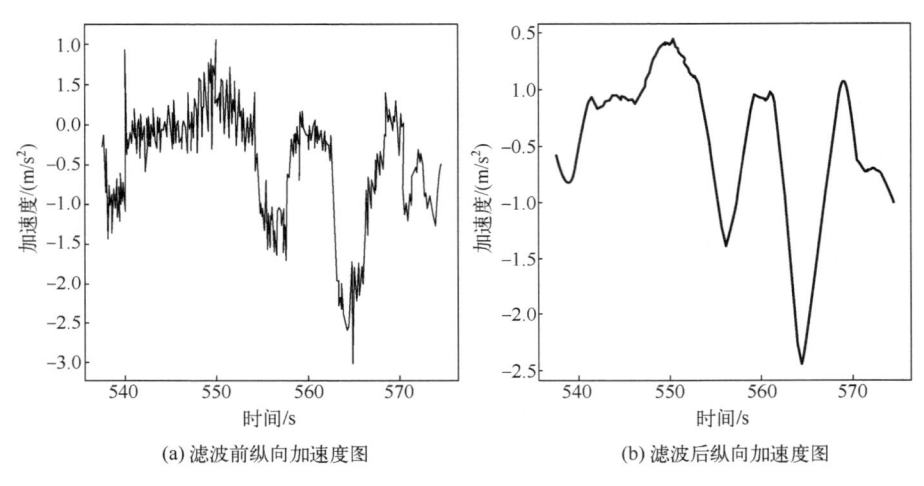

(a) 滤波前纵向加速度图

(b) 滤波后纵向加速度图

图 12.7　加速度滤波前后对比图

图 12.8 为训练过程中代价误差的变化图。代价误差是标准化后纵向相对速度预测值和真实值之间的误差，量纲为 1。误差描述了模型预测纵向相对速度效果的好坏。误差越小，则说明预测性能越好。设一批数据量大小为 128，模型利用每批数据计算得到代价误差，然后进行反向传播以更新参数。从图 12.8 可以看出，随着模型参数更新，各批数据的代价误差不断降低，训练效果越来越好。

表 12.1 描述了两种风格的纵向相对速度预测模型在不同预测时长下的测试集误差。表头 2.4s+0.8s 组中，2.4s 指的是输入的历史时长，0.8s 指的是输出的预测时长，其余组同理。从表 12.1 中可以看出，随着预测时长的增大，误差也会增加。同理，可得到预测纵向相对距离的冷静型模型和中等型模型，测试集结果误差如表 12.2 所示。图 12.9 为车辆 36 的某段驾驶过程数据的纵向相对距离预测结果和真实结果之间的对比，图 12.9(a) 预测模型的输入时长为 3s，输出时长为 1s。图 12.9(b) 预测模型的输入时长为 6s，输出时长为 2s。对比图 12.9(a) 和图 12.9(b) 可以看出，随着预测时长的增大，预测精度会有所降低。利用 range_rate 预测模型

和 range 预测模型，即可实现在真正到达基准刹车线之前，提前做出判断，以实现更早的刹车。

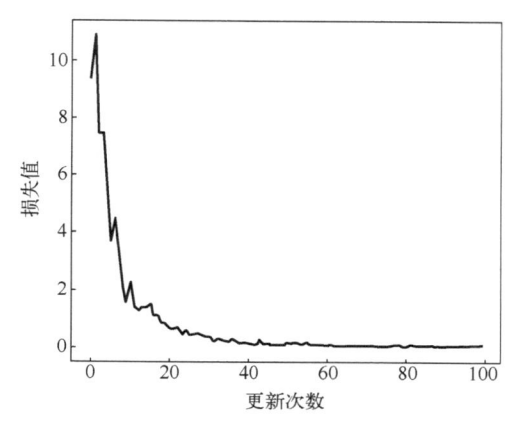

图 12.8 编码器-解码器模型代价误差更新图

表 12.1 纵向相对速度预测模型测试结果误差表

组别	2.4s+0.8s 组	3s+1s 组	4.8s+1.6s 组	6s+2s 组
冷静型/(m/s)	0.3715	0.4559	0.6435	0.7854
中等型/(m/s)	0.3850	0.4916	0.7201	0.8152

表 12.2 纵向相对距离预测模型测试结果误差表

组别	2.4s+0.8s 组	3s+1s 组	4.8s+1.6s 组	6s+2s 组
冷静型/m	0.2987	0.4142	0.7634	1.0391
中等型/m	0.3107	0.4271	0.7984	1.0752

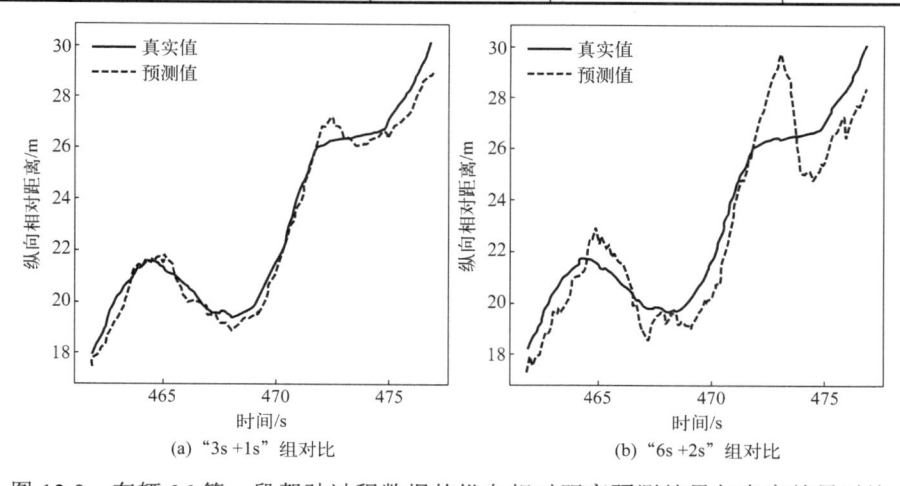

(a) "3s+1s" 组对比

(b) "6s+2s" 组对比

图 12.9 车辆 36 第一段驾驶过程数据的纵向相对距离预测结果与真实结果对比

冷静型驾驶员所需的刹车时机应该比中等型驾驶员更早,因此对应模型应该有更长的预测时长。为了保证预测精度和足够的预测时长,本节选取 4.8s 历史输入、1.6s 预测输出作为冷静型模型的参数;选取 2.4s 历史输入、0.8s 预测输出作为中等型模型的参数。

12.2.4 三种驾驶员的 AEB 策略

编码器-解码器预测模型是综合利用最近一段历史数据得到的预测规律,而历史时长内又以当前时刻的数据值尤为重要。因此需要一种着重考虑当前时刻数据对未来影响的预测模型,即仅利用当前时刻数据,对上节的预测模型进行补充,如式(12.6),假设在预测时长内前后车纵向相对速度不变。

$$\text{TTC}_p = \frac{\text{range} + \text{range\_rate} \cdot t_p}{\text{range\_rate}} \qquad (12.6)$$

式中, range 和 range_rate 为当前时刻的纵向相对距离和纵向相对速度, t_p 为预测时长, TTC_p 为预测时刻的碰撞时间,冷静型模型和中等型模型的预测时长同上节。

对于新驾驶员来说,根据第 1、2 章的驾驶风格识别模型可以分别得到最终风格因子和最终激进因子,经过权重综合,可得到该驾驶员的风格值,再根据风格值的所属区间即可得到其驾驶风格类别,风格值离散化为驾驶风格类别正是为了方便应用于本节的 AEB 策略。

不同风格驾驶员在满足下述条件时,启动一级紧急制动。

(1)激进型:当前时刻 TTC 小于直线 l_{agg} 所对应的阈值。

(2)中等型:中等型模型的 TTC_p 小于直线 l_{agg} 所对应的阈值或者式(12.6)中等型模型的 TTC_p 小于直线 l_{agg} 所对应的阈值。

(3)冷静型:冷静型模型的 TTC_p 小于直线 l_{agg} 所对应的阈值或者式(12.6)冷静型模型的 TTC_p 小于直线 l_{agg} 所对应的阈值。

不同风格驾驶员在满足下述条件时,启动二级紧急制动。

(1)激进型:当前时刻 TTC 小于直线 l_2 所对应的阈值。

(2)中等型:中等型模型的 TTC_p 小于直线 l_2 所对应的阈值或者式(12.6)中等型模型的 TTC_p 小于直线 l_2 所对应的阈值。

(3)冷静型:冷静型模型的 TTC_p 小于直线 l_2 所对应的阈值或者式(12.6)冷静型模型的 TTC_p 小于直线 l_2 所对应的阈值。

文献[30]中 AEB 系统的一级制动减速度为 -4 m/s^2,二级制动减速度为 -8 m/s^2。根据图 12.3 中的 223 组样本数据,计算每段制动过程中从紧急制动开始时刻到制动结束过程的减速度积分中值,用以描述紧急制动过程中的平均减速度大小,图 12.10 为减速度积分中值的频数分布图。其中概率值为 0.1 处对应的下分位点值为 $-3.973\ \text{m}/\text{s}^2$。本文取 $-3.973\ \text{m}/\text{s}^2$ 为一级制动减速度,$-8\ \text{m}/\text{s}^2$ 为二级制动减速度。

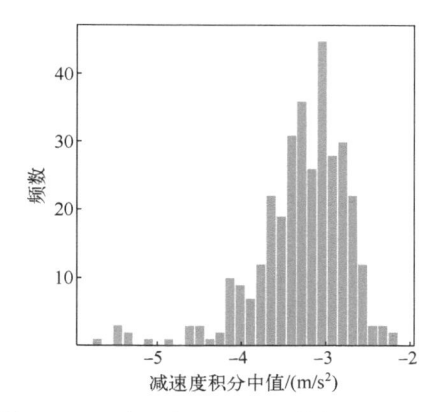

图 12.10 减速度积分中值的频数分布图

急动度 jerk 是加速度的导数,描述的是加速度变化的快慢,常被用于进行驾驶风格的分析。激进型驾驶员的急动度的大小往往更大,即加速度变化更快,Gao 等[31]利用 jerk 的统计量研究驾驶风格分类以实现 ACC 系统的个性化,系统参数中冷静型驾驶风格对应的急动度最小值为 $-2.983\ \text{m}/\text{s}^3$,激进型驾驶风格对应的急动度最小值为 $-5.603\ \text{m}/\text{s}^3$。本节分别将 -2.983、-5.603 作为触发冷静型、激进型 AEB 策略后减速度降低到上述两级减速度所需的急动度。取 -2.983、-5.603 的中值 -4.293 作为触发中等型 AEB 策略后减速度降低到上述两级减速度所需的急动度。

12.3 个性化的 AEB 实验

在第 1、2 章中,建立了驾驶风格识别模型,并确定了 30 名驾驶员的驾驶风格分类;在本章前面部分基于驾驶风格分类结果和对紧急制动数据的分析建立了针对三种驾驶员的个性化 AEB 策略;本节将对得到的个性化 AEB 策略进行试验,以验证提出策略的效果。由于已建立的个性化 AEB 策略模型需要在 Python 环境下才能试验,而 CarSim 的车辆动力学模型只能在 MATLAB/Simulink 环境下才能运行,为了两部分进行联合仿真,本节将使用用户数据协议(user data protocol,UDP)模块为两部分建立数据通信。试验内容包含两部分,一是利用自然驾驶数据库 SPDM 中小减速制动数据和紧急制动数据,分别进行误启动试验和避撞试验;

二是欧洲新车碰撞测试(European New Car Assessment Programme，Euro-NCAP)中关于自动紧急刹车系统方面的评估试验。为了验证本节个性化 AEB 策略的优势，也将使用多个基于安全距离法的经典 AEB 策略作为对比，进行多试验多策略的综合分析。

12.3.1 仿真测试模型

不同的驾驶员可能会有不同的驾驶风格，在同样的紧急状态下，冷静型驾驶员所期望的刹车时机应该早于激进型驾驶员的期望时机；保守的驾驶员应该希望在保证安全性的前提下刹车更平缓些。AEB 策略最重要的就是关于触发制动时机的选取，时机过早，可能导致与驾驶员当前操作出现冲突，引起驾驶员烦躁，降低其对 AEB 系统的接受度；如果时机过晚，可能会导致刹车失败，造成车辆发生碰撞，这会降低驾驶员对 AEB 系统的信任度。本节提出的 AEB 策略正是考虑了驾驶风格的影响，对三种驾驶员的紧急制动操作进行区分，尽量避免上述问题的产生。图 12.11 为 Python-Simulink 的联合仿真图，Python 部分包含了个性化 AEB 策略模型、编码器-解码器、车辆状态模块、UDP 通信接收/发送端等，Simulink 部分包含了本车的 CarSim 车辆动力学模型、PID 模块、UDP 通信接收/发送端。由于 UDP 通信具有不需要建立连接、传输速度快、效率高的优点，所以适合需要实时通信的场景，即使会出现少量丢包的现象，但在速度快、传输数据量大的优势下，这些问题并不会影响模型的仿真。在 Simulink 端，通信输入期望加速度，对比实际加速度后得到加速度偏差，经过 PID 模块处理，输出制动踏板/节气门开度，然后 Simulink 端将输出车辆的实际车速。在 Python 端，利用输入的实际车速，模型会更新车辆位置，确定与前车的相对关系，并利用本章 AEB 策略模型，计算是否需要启动紧急制动。本章的算法模型都是基于 SPDM 自然驾驶数据得到的，在 SPDM 的数据采集中，许多车辆都使用奥迪 A4 2012 款 B8 轿车车型，其搭载的发动机为最大功率 155kW 的 2.0 TFSI Quattro 发动机。为了在仿真试验中，更贴合该车型配置，本文在 CarSim 中选取一款 D 级轿车作为试验对象，其具体配置如表 12.3 所示，车辆行驶路面良好，附着系数为 0.7。

表 12.3　CarSim 中某 D 级轿车配置

车辆参数	参数值	车辆参数	参数值
整备质量	1610 kg	最大转矩	350 N·m
车长	470.1 cm	最大功率	155 kW
车宽	182.6 cm	轮胎型号	225/55 R16
车高	140.7 cm		

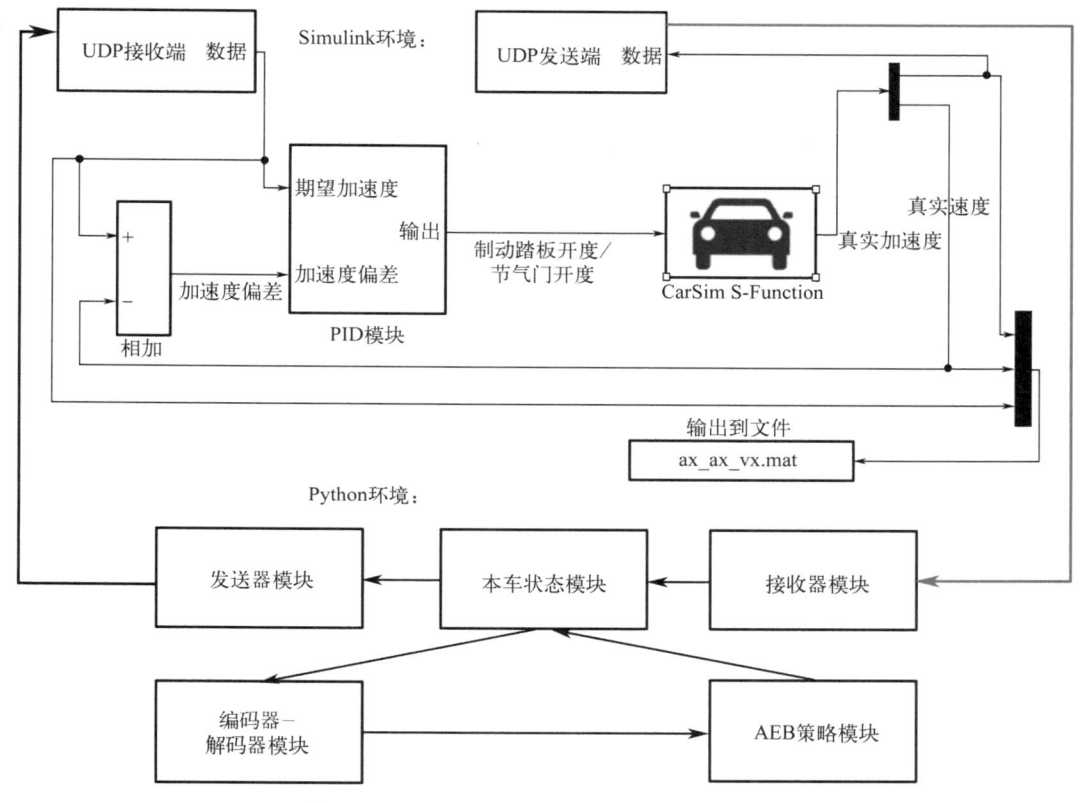

图 12.11　Python 和 Simulink 联合仿真图

12.3.2　个性化 AEB 策略在自然驾驶数据试验中的验证

1. 误启动试验验证

AEB 误启动：当前车制动且交通情况不是很紧急时，驾驶员不需要采用紧急制动，仅采取小减速也不会有碰撞发生，但 AEB 策略会启动紧急制动。

从每个驾驶员的驾驶数据中，分别抽取 30 段上述的小减速过程（小减速过程中减速度最小值小于 $-1.5\,\mathrm{m/s^2}$ 且大于 $-4\,\mathrm{m/s^2}$），不足 30 段的则取全部小减速过程，共 897 组试验数据。图 12.12(a) 为其中一段小减速过程，图 12.12(b) 为全部 897 组试验数据的加速度均值频数分布图（负号代表方向，即车辆减速）。图 12.3 中，暂设 l_{agg} 为穿过排在样本集合 1/6 位置处点的直线，l_2 为穿过排在样本集合 1/12 位置处点的直线，在本节将对比多组比例的结果，选取出最优的激进型策略线 l_{agg}、l_2。

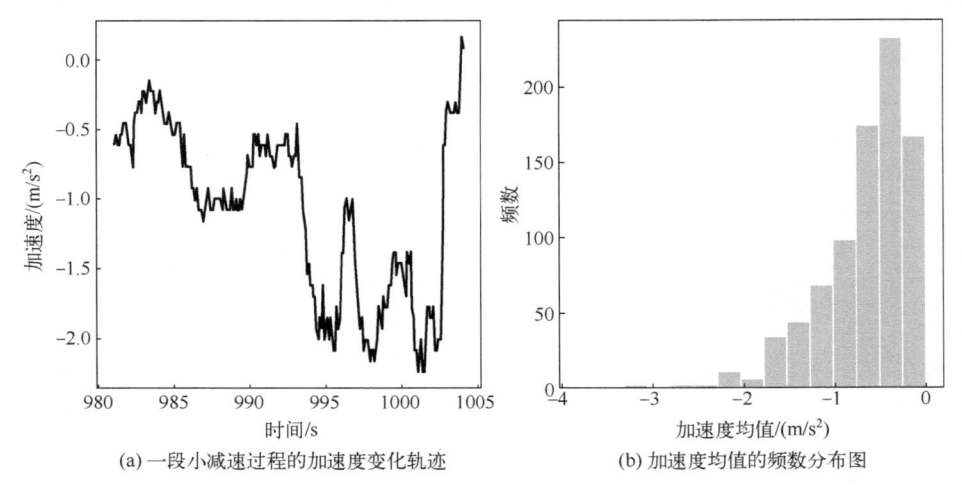

(a) 一段小减速过程的加速度变化轨迹 (b) 加速度均值的频数分布图

图 12.12　误启动试验数据

为了进一步说明本章 AEB 策略的优势，本章使用许多 AEB 相关文章都提到的经典安全距离法模型进行对比，包括 Mazda 安全距离策略、Honda 安全距离策略、Berkeley 安全距离策略、Fujita 安全距离策略，根据文献[32-35]，计算公式如下。

$$\text{Mazda}: d_{br} = \frac{1}{2}\left[\frac{v^2}{a_1} - \frac{(v-v_{rel})^2}{a_2}\right] + vt_1 + v_{rel}t_2 + d_0 \tag{12.7}$$

式中，a_1 取 6m/s^2，a_2 取 8m/s^2，t_1 取 0.1s，t_2 取 0.6s，d_0 取 5m，v 为本车车速，v_{rel} 为本车车速与前车车速之差。

$$\text{Honda}: d_{br} = \begin{cases} t_2 v_{rel} + t_1 t_2 a_1 - 0.5 a_1 t_1^2, & \dfrac{v_2}{a_2} \geq t_2 \\ t_2 v - 0.5 a_1 (t_2 - t_1)2 - \dfrac{v_2^2}{2a_2}, & \dfrac{v_2}{a_2} < t_2 \end{cases} \tag{12.8}$$

式中，a_1、a_2 取 $7.8\,\text{m}/\text{s}^2$，t_1 取 0.5s，t_2 取 1.5s。

$$\text{Berkeley}: d_{br} = v_{rel}(t_1 + t_2) + 0.5 a_2 (t_1 + t_2)^2 \tag{12.9}$$

式中，t_1 取 1s，t_2 取 0.2s，a_2 取 $8\,\text{m}/\text{s}^2$。

$$\text{Fujita}: d_{br} = 1.5 v_{rel} + 4.9 \tag{12.10}$$

针对不同风格的驾驶员，使用其对应的个性化策略进行验证。表 12.4 记录了 4 组安全距离法策略的误启动率和在 4 组不同比例激进策略线组合下个性化策略的误启动率。从表中可以看出，Mazda 策略的误启动率最高；Honda 策略的误启动率最低,其误启动试验数量为 56 个。表头 0.3+0.15 中的 0.3 表示一级激进型策略线 l_{agg} 为穿过排在样本集合 3/10 位置处点的直线,0.15 表示二级激进型策略线 l_2 为穿过排在样本集合 3/20 位置处点的直线,其余三组表头的解释同理。4 组不同比例激进策略线组合中,0.1+0.05 组的误启动率最低,其误启动试验数量为 57 个,从 0.3+0.15 组到 0.1+0.05 组,l_{agg}、l_2 策略线在图 12.3 中逐渐向右上角移动,即 l_{agg}、l_2 策略线所表示的激进性也越强,对总体个性化 AEB 策略而言,启动时机也就会越晚甚至不启动,因此从 0.3+0.15 组到 0.1+0.05 组,误启动率越来越小。

表 12.4 误启动试验结果

AEB 策略名称	Mazda 策略	Honda 策略	Berkeley 策略	Fujita 策略	个性化策略			
					0.3+0.15	0.2+0.1	0.1667+0.0833	0.1+0.05
误启动率/%	32.7	6.2	7.2	7.5	19.6	14.0	11.9	6.3

分析表 12.4 结果可知,当 l_{agg} 为穿过排在样本集合 1/10 位置处点的直线,l_2 为穿过排在样本集合 1/20 位置处点的直线时,个性化 AEB 策略得到的误启动率在 4 组比例中最低,且仅比 Honda 策略的结果略高,比其他三种安全距离法策略的避撞率都更低,因此取该组比例来设置激进型策略线。

2. 避撞试验验证

之前得到了 223 组紧急制动数据,如果在驾驶员紧急制动开始时刻不继续增大减速度,而以原加速度大小恒定行驶,最终一部分数据会发生前后车相撞。本节利用该类数据,进行个性化 AEB 策略的测试。如上描述,会与前车发生碰撞且样本时长足够满足预测模型输入时长要求的数据共有 171 组。个性化策略测试前,需要对 171 组数据进行预处理,放弃驾驶员的主动紧急制动行为,即在驾驶员紧急制动开始时刻后保持恒定减速度大小行驶,直至 AEB 系统启动,图 12.13(a) 和图 12.13(b) 为一段紧急制动场景去除主动紧急制动行为的前后状态。

表 12.5 描述了 5 种 AEB 策略在 171 组紧急制动试验下的避撞率(即启动紧急制动且成功避撞的比例)结果,从表中可以看出只有本节的策略实现了完全避撞。文献[28]中也提到 Mazda 策略相对保守,而 Honda 策略相对激进,常同紧急转向操作配合;图 12.14 描述了二者刹车策略的纵向相对距离阈值三维图,图中纵向相对速度为本车速度与前车速度之差,从图中也可以看出,在纵向相对速度、本车速度都相同的条件下,Mazda 策略的纵向相对距离阈值更大,这会导致更早刹车,反映了其更强的保守性。这些也对应了 Honda 策略比 Mazda 策略有更低的避撞率;Berkeley 策略、Fujita 策略所体现的激进程度处于 Mazda 策略和 Honda 策略之间。

· 212 ·　　智能汽车的个性化控制

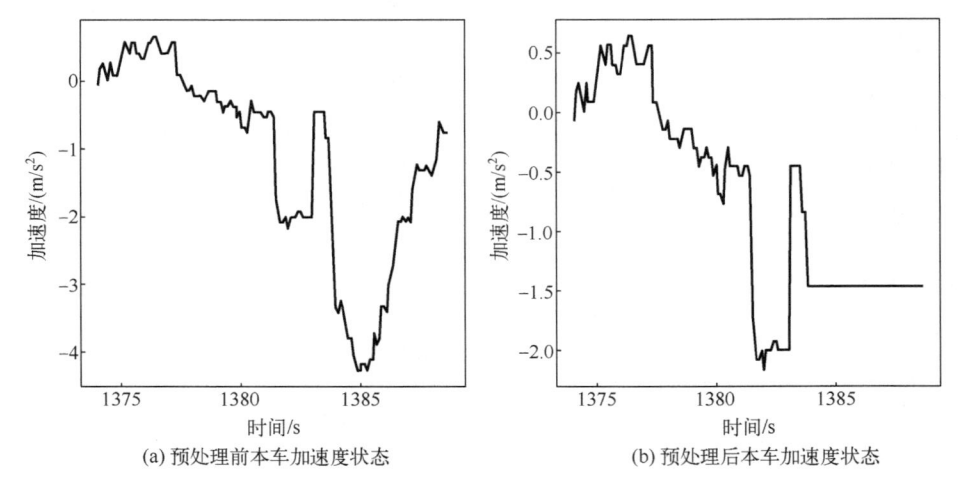

(a) 预处理前本车加速度状态

(b) 预处理后本车加速度状态

图 12.13　一段紧急制动场景预处理图

表 12.5　5 种 AEB 策略的避撞率结果

策略名称	Mazda 策略	Honda 策略	Berkeley 策略	Fujita 策略	个性化策略
避撞率/%	99.4	92.9	97.6	98.8	100

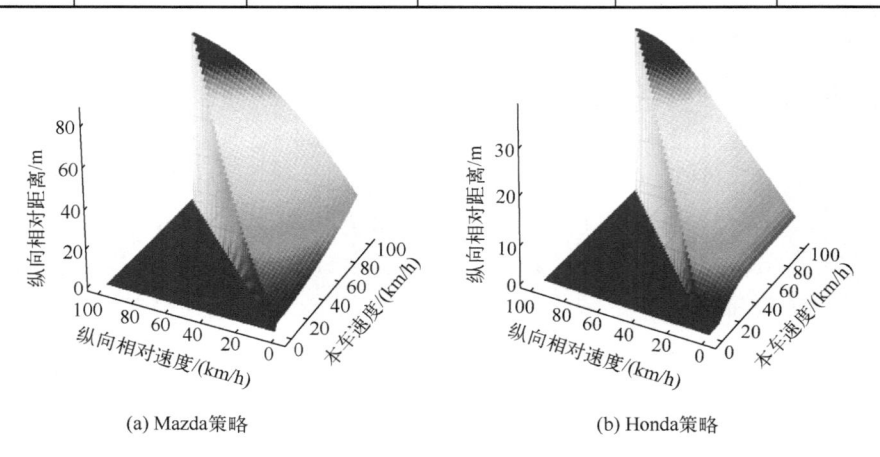

(a) Mazda 策略

(b) Honda 策略

图 12.14　纵向相对距离阈值图

图 12.15 和图 12.16 分别描述了冷静型驾驶员 36 号和中等型驾驶员 50 号在不同策略下的紧急制动过程，图 12.15(a) 中 AEB 模式中的 −1、−2 分别代表冷静型策略启动一级、二级紧急制动，0 代表不启动 AEB，1、2 分别代表激进型策略启动一级、二级紧急制动。从图 12.15(a) 中可以看出，冷静型策略比激进型策略的 AEB 启动时间提前了 1.21s，且更早结束 AEB 状态。从图 12.15(b) 中可以看出，在冷静型策略下，纵向相对速度可以更早恢复到正值，即前车速度大

于本车速度的状态，因此冷静风格驾驶员更适合冷静型策略。从图 12.16(b) 中也可以看出在中等型策略下纵向相对速度恢复到正值更早，而且图 12.16(a) 显示中等型策略对应的 AEB 启动时间较激进型策略早 0.7s，因此中等风格驾驶员更适合中等型策略。

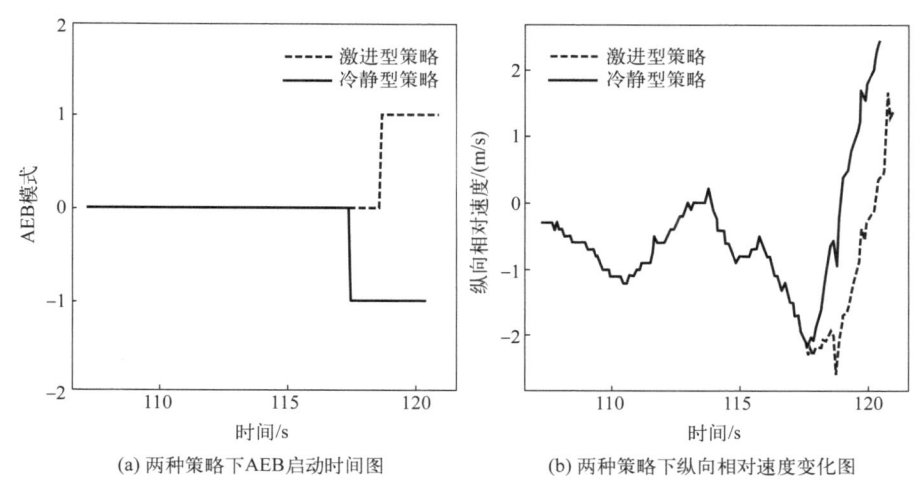

图 12.15 冷静型驾驶员 36 的一段紧急制动过程图

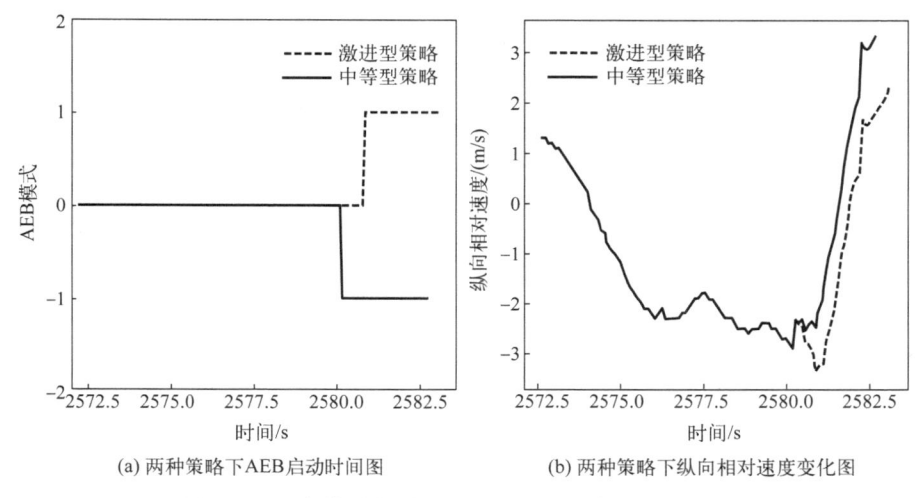

图 12.16 中等型驾驶员 50 的一段紧急制动过程图

全部试验的结果显示冷静型策略比激进型策略平均提前 1.56s，中等型策略比较激进型策略平均提前 0.9s。图 12.17 为冷静型策略/中等型策略比激进型策略关于 AEB 启动提前时间的频数分布图，从图 12.17(a) 中可以看出许多数据结果并不等于理想的 1.6s，这是由于预测的 range 和 range_rate 存在误差造成的，图 12.17(b)同理，但从图中可以看出，冷静型策略的启动提前时间频数峰值集中在 1s 左右，中等型策略的启动提前时间频数峰值集中在 0.5s 左右。对自动刹车时机而言，总体趋势仍符合冷静型策略最早、中等型策略次之、激进型策略最晚的预期。当试验数据的碰撞风险消除时，即前车车速大于本车车速时，冷静型策略比激进型策略平均提前 1.02s，中等型策略比激进型策略平均提前 0.61s。

(a) 冷静型策略提前时间的频数分布图

(b) 中等型策略提前时间的频数分布图

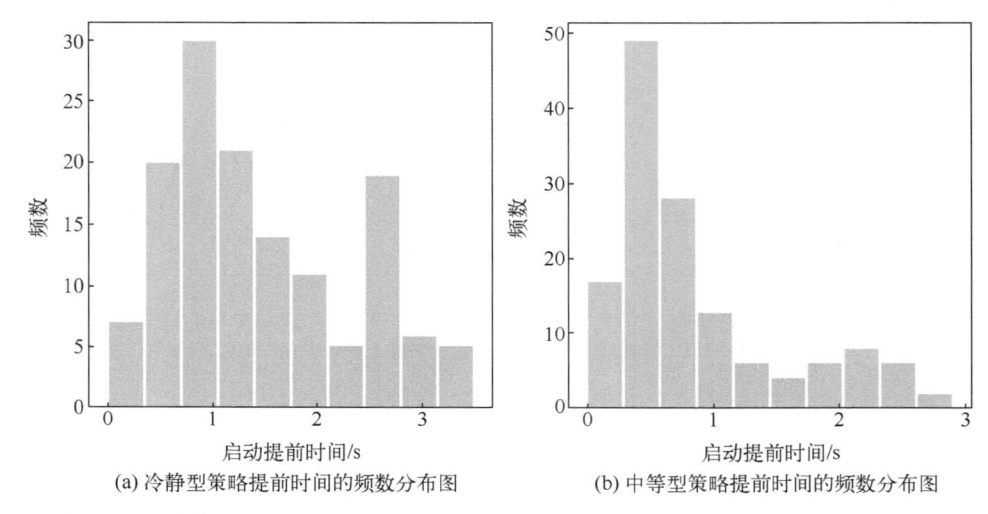

图 12.17　冷静型策略/中等型策略比激进型策略 AEB 启动提前时间的频数分布图

12.3.3　个性化 AEB 策略在 Euro-NCAP 试验中的验证

随着 AEB 普及程度的不断提升，各国交通安全机构陆续出台了关于 AEB 的测试法规，Euro-NCAP 测试在这些测试中具有一定的代表性。Euro-NCAP 的 AEB 测试工况包括了自动紧急刹车系统城市工况和城间工况，具体又分为接近静止目标(car to car rear stationary，CCRs)试验、接近缓慢移动目标(car to car rear moving，CCRm)试验和接近制动目标(car to car rear braking，CCRb)试验，其中，CCRs 试验中的低速场景正是为了模拟车辆在城市道路下的状态，其余试验是为了模拟车辆在城间道路下的状态。

表 12.6 描述了 Euro-NCAP 关于 AEB 的测试工况，当测试工况为接近静止目标或接近缓慢移动目标时，本车车速根据表中的速度范围，每隔 10 km/h，进行一次测试。

第 12 章 基于驾驶风格的 AEB 策略优化

表 12.6 Euro-NCAP 关于 AEB 的测试工况

测试工况	本车初始速度/(km/h)	前车初始速度/(km/h)	初始距离/m	前车加速度/(m/s²)
接近静止目标	10~80	0	100	0
接近缓慢移动目标	30~80	20	100	0
接近常规制动目标	50	50	12、40	−2
接近紧急制动目标	50	50	12、40	−6

1. 接近静止目标工况试验

接近静止目标试验中本车车速从 10 km/h 到 80 km/h，共 8 次试验，表 12.7 为各次试验中 5 种 AEB 策略的避撞结果，表中 1 代表成功避撞，0 代表避撞失败发生碰撞。从表中可以看出只有 Mazda 策略和个性化策略在全部试验中都实现了避撞。

表 12.7 CCRs 试验结果表

本车初始车速/(km/h)	Mazda 策略	Honda 策略	Berkeley 策略	Fujita 策略	个性化策略
10	1	1	1	1	1
20	1	0	1	1	1
30	1	0	1	1	1
40	1	0	1	1	1
50	1	0	0	1	1
60	1	0	0	0	1
70	1	0	0	0	1
80	1	0	0	0	1

以本车初始车速为 50 km/h 时的变量随时间变化为例来进一步说明针对不同风格的个性化 AEB 策略结果，图 12.18(a) 的纵坐标中 0 代表不启动紧急制动、1 代表启动一级紧急制动、2 代表启动二级紧急制动。从图中可以看出，冷静型策略下 AEB 系统启动时间最早，且结束时间最早，启动时前后车间距为 86.11m，结束时前后车间距为 57.83m；激进型策略下 AEB 系统启动时间最晚，且结束时间最晚，启动时前后车间距为 63.88m，结束时前后车间距为 47.58m；中等型策略下 AEB 系统启动时前后车间距为 75m，结束时前后车间距为 51.16m。

2. 接近缓慢移动目标试验

接近缓慢移动目标试验中本车车速从 30 km/h 提高到 80 km/h，共 6 次试验，如表 12.8 为各次试验中 5 种 AEB 策略的避撞结果。从表中可以看出只有 Mazda 策略和个性化策略在全部试验中都实现了避撞。

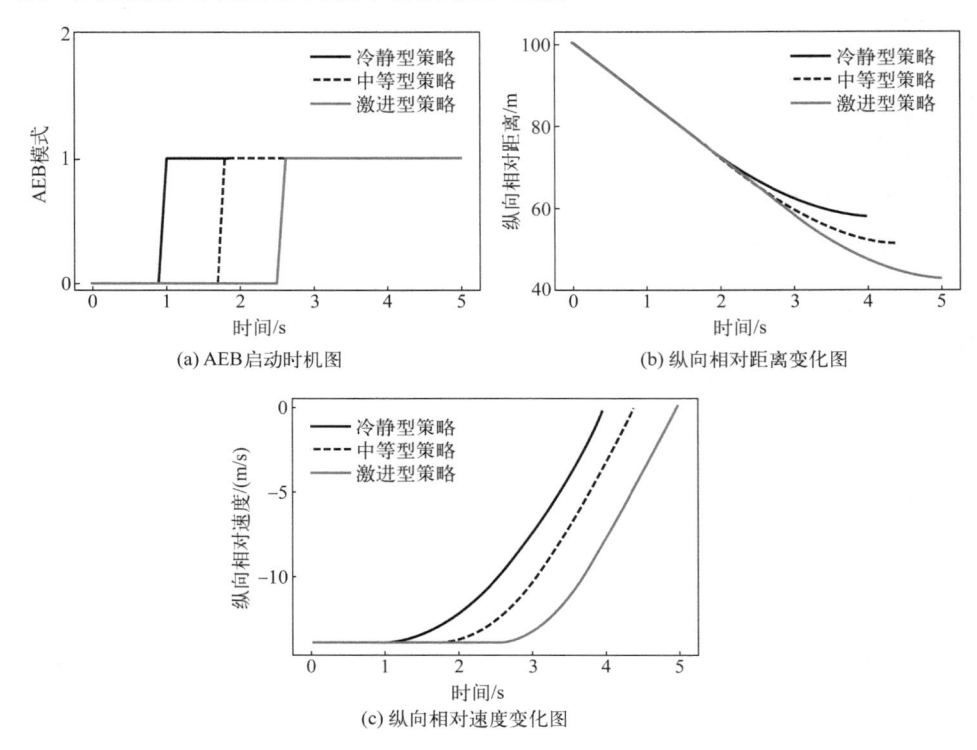

(a) AEB 启动时机图

(b) 纵向相对距离变化图

(c) 纵向相对速度变化图

图 12.18　本车初始速度为 50 km/h 时个性化策略下变量时序图

表 12.8　CCRm 试验结果

本车初始车速/(km/h)	Mazda 策略	Honda 策略	Berkeley 策略	Fujita 策略	个性化策略
30	1	1	1	1	1
40	1	1	1	1	1
50	1	1	1	1	1
60	1	1	1	1	1
70	1	0	0	1	1
80	1	0	0	0	1

以本车初始车速为 60 km/h 时的变量随时间变化为例来进一步说明针对不同风格的个性化 AEB 策略结果，从图 12.19 中可以看出，冷静型策略下 AEB 系统启动时间最早，且结束时间最早，启动时前后车间距为 48.88m，结束时前后车间距为 28.72m；激进型策略下 AEB 系统启动时间最晚，且结束时间最晚，启动时

前后车间距为 31.11m，结束时前后车间距为 16.16m；中等型策略下 AEB 系统启动时前后车间距为 40m，结束时前后车间距为 23.13m。

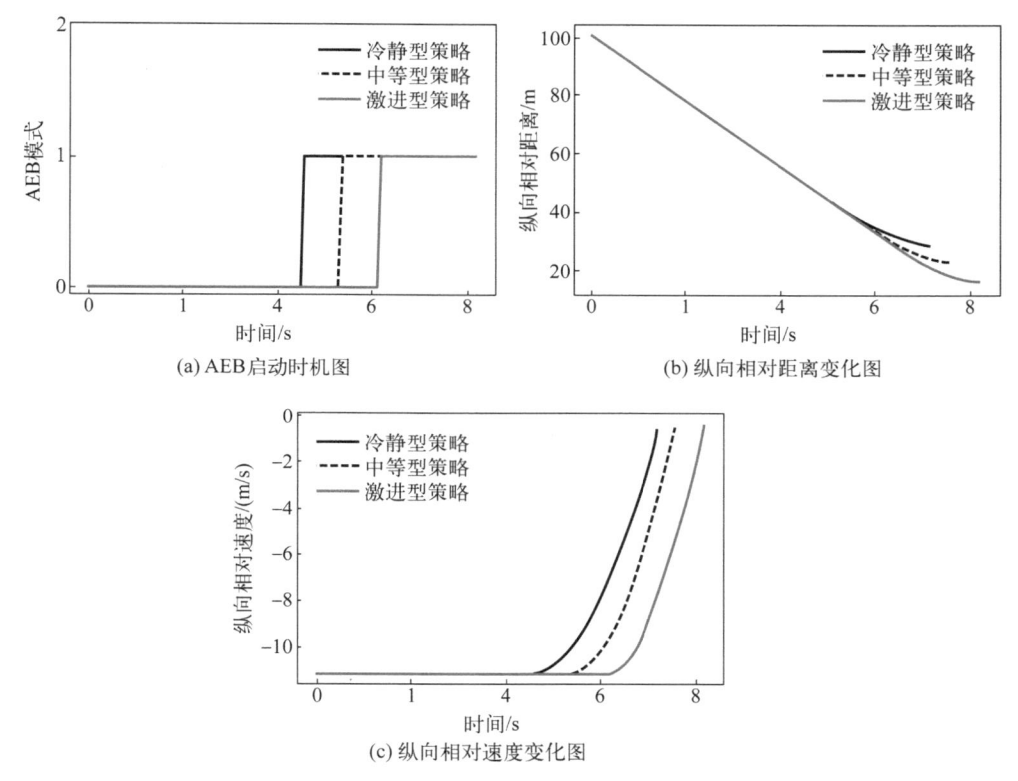

(a) AEB 启动时机图

(b) 纵向相对距离变化图

(c) 纵向相对速度变化图

图 12.19　本车初始速度为 60 km/h 时个性化策略下变量时序图

3. 接近制动目标试验

接近制动目标试验中前方目标包括 -2、-6m/s² 两种减速度，且包含两种初始纵向相对距离 12、40m，共 4 次试验，表 12.9 为各次试验中 5 种 AEB 策略的避撞结果。从表中可以看出，Mazda 策略可以实现全部避撞；个性化策略在初始距离为 12m、前车减速度为 -6m/s² 的试验中避撞失败，其余三组避撞成功；Honda 策略、Berkeley 策略、Fujita 策略避撞失败的情况更多。个性化策略在初始纵向间距为 12m、前车减速度为 -6m/s² 时避撞失败，这也是因为初始间距过小且前车刹车程度过急，激进型策略下碰撞时本车速度为 9.52m/s，前车速度为 0.69m/s；在冷静型策略下同样无法避免碰撞，但碰撞时本车速度为 5.61m/s，前车车速为 0，比较激进型策略，冷静型策略大大减轻了碰撞所带来的冲击。

表 12.9　CCRb 试验结果

初始距离/m	前车加速度/(m/s²)	Mazda 策略	Honda 策略	Berkeley 策略	Fujita 策略	个性化策略
12	−2	1	0	1	1	1
	−6	1	0	0	0	0
40	−2	1	0	0	0	1
	−6	1	0	0	1	1

以初始纵向间距为 40m、前车减速度为 −2m/s² 时的变量随时间变化为例来进一步说明针对不同风格的个性化 AEB 策略结果，从图 12.20 中可以看出，冷静型策略下 AEB 系统启动时间最早，结束时间和中等型策略相近，这应该是因为个性化 AEB 策略中为了在紧急制动过程中使冷静型驾驶员感受到的刹车更平缓些，针对冷静型驾驶员设置的急动度大小最低，导致达到二级制动减速度最值所花费的时间更长些；冷静型策略下 AEB 系统启动时前后车间距为 25.94m，结束时前后车间距为 7.83m；激进型策略下 AEB 系统启动时间最晚，且结束时间最晚，启动时前后车间距为 19.3m，结束时前后车间距为 3.73m；中等型策略下 AEB 系统启动时前后车间距为 22.78m，结束时前后车间距为 6.71m。

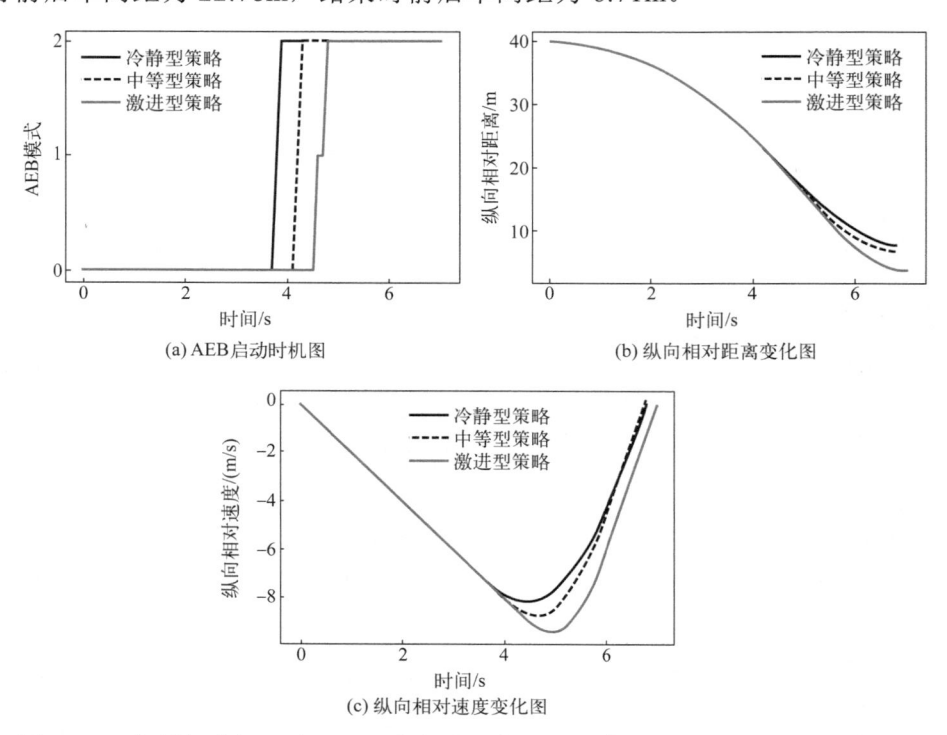

(a) AEB 启动时机图

(b) 纵向相对距离变化图

(c) 纵向相对速度变化图

图 12.20　初始纵向间距为 40m、前车减速度为 −2m/s² 时个性化策略下变量时序图

第 13 章　基于个性化的纵向预测巡航控制研究

本章主要研究基于个性化的纵向预测巡航控制(predictive cruise control, PCC)，针对不同的驾驶风格制定不同的安全车距策略，旨在提高 PCC 的个性化适应能力。为此，本章采用数据驱动的方法对前车的驾驶意图和行驶速度进行预测，并将其添加到 PCC 的巡航控制约束中。同时，采用之前的驾驶风格和驾驶意图识别结果设计了 PCC 策略。最后，进行联合仿真，通过不同风格的主车和前车速度以及相对距离的变化验证系统的个性化和安全性，此外，把 PCC 和自适应巡航控制系统进行了对比，分析了 PCC 的燃油经济性。

13.1　基于驾驶风格的安全车距策略

安全车距策略是 PCC 的重要组成部分。安全车距是车辆在行驶时，驾驶员执行某种操作所需要的车辆间距。安全车距策略不仅影响车辆行驶安全，还涉及不同驾驶员对 PCC 系统的接受程度。较大的安全车距虽然使得驾驶员有足够的时间处理突发事件，但可能会造成交通堵塞或交通事故等风险；较小的安全车距虽然可以提高道路利用率，但对车辆的控制要求较高且容易造成追尾，这会使得驾驶员对 PCC 的可靠性和安全性产生怀疑。

因此，选择合适的安全车距要考虑多方面因素。一方面，在保持安全性的前提下车距要求尽可能小，以提高通行效率。另一方面，安全车距策略需要考虑驾驶风格因素，针对不同的驾驶风格设定不同的安全车距，以提高驾驶员对 PCC 系统的接受度。安全车距策略主要分为固定车间时距和可变车间时距两类。基于固定车间时距的安全距离策略能设置随车速而变化的安全车距，故被广泛地应用于自适应巡航控制策略。本章选择基于固定车间时距的安全距离策略进行安全车距个性化设计，车距计算公式为

$$x_{\text{des}} = v_{\text{ego}} \times t_h + x_0 \tag{13.1}$$

其中，x_{des} 是理想的安全车距；v_{ego} 是主车车速；t_h 是车间时距，一般取 1.5～2s；x_0 是两车保证安全条件下停止行驶时的极限距离值，一般取 2～5m。

驾驶员在驾驶车辆时，根据前车行驶状态和周围交通信息改变车距，车距通常会维持在固定值附近。在驾驶风格研究中，分析了不同风格的车间时距。结

果表明，越激进的驾驶员，其行驶的车间时距越小，冷静型驾驶员 $t_h=3.0021\text{s}$，中等型驾驶员 $t_h=2.1267\text{s}$，激进型驾驶员 $t_h=1.4921\text{s}$。与此同时，对不同风格驾驶员的 x_0 进行统计分析，如图 13.1 所示。不同风格的驾驶员在巡航跟车至减速停车时，与前方车辆保持的车距是不同的。冷静型驾驶员在行驶停止后，和前车保持的车距较大，主要分布在 4.8m 附近；中等型驾驶员在行驶停止后，和前车保持的车距相对较小，主要分布在 3.3m 附近；激进型驾驶员行驶比较激进，和前车保持的车距是最小的，主要分布在 2.1m 附近。综合分析不同驾驶风格下车辆行驶的车间时距和巡航停止的车距，确定个性化安全车距策略，如表 13.1 所示。不同风格的驾驶员设定不同的安全车距，这将极大提高驾驶员对 PCC 系统的接受度。

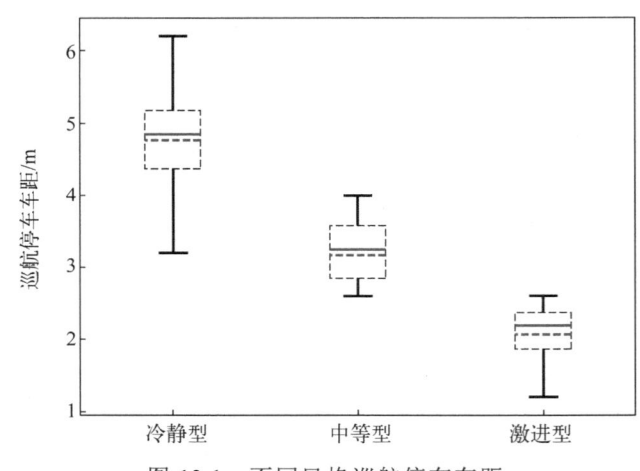

图 13.1 不同风格巡航停车车距

表 13.1 个性化安全车距

驾驶风格	冷静型	中等型	激进型
车距策略	$x_{\text{des}}=v_{\text{ego}}\times 3.0021+4.8$	$x_{\text{des}}=v_{\text{ego}}\times 2.1267+3.3$	$x_{\text{des}}=v_{\text{ego}}\times 1.4921+2.1$

13.2 基于 BILSTM 的车辆速度预测

基于数据驱动对前方车辆的速度进行预测，这能帮助主车预知未来的交通情况。从而，主车能够提前执行相应操作，避免降低驾驶性能。现有的相关研究主要使用前车速度作为目标速度控制主车进行巡航，研究表明，把预测前车的未来信息融入控制算法中，有助于节省燃料。因此，在本章 PCC 设计中，把预测前车的车速作为目标速度，让主车执行可预测的巡航，从而改善巡航控制性能。

第13章 基于个性化的纵向预测巡航控制研究

本节使用 BILSTM 网络对车辆未来速度进行预测。BILSTM 由前向和反向 LSTM 组成，前向 LSTM 提取正序时间序列信息，反向 LSTM 提取反序时间序列信息。BILSTM 能够紧密联系时间序列前后时刻的信息，对时间序列特征进行编码，提高预测性能。速度预测模型结构如图 13.2 所示，模型输入加速度和速度两个特征值，输出未来速度的预测值。图中 FC 表示全连接层，数字表示网络层的神经元数量，每个 FC 网络后使用 LeakyReLU 激活函数处理增加网络间的非线性，缓解过拟合。

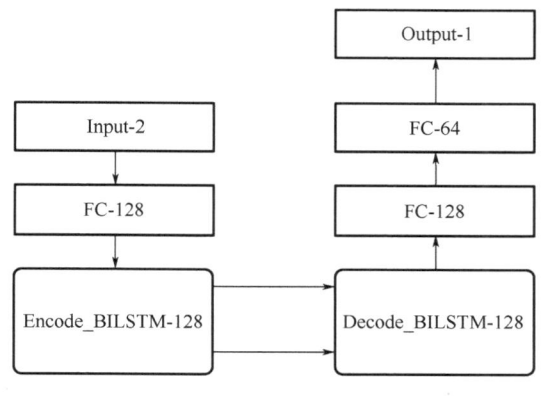

图 13.2 速度预测模型结构

模型以均方损失函数进行迭代训练后，使用测试样本对真实速度和预测速度进行可视化。如图 13.3 所示，实线是真实速度轨迹，虚线是预测速度轨迹。从曲线变化得出，模型具有良好的预测性能，能够应用于预测巡航控制系统。

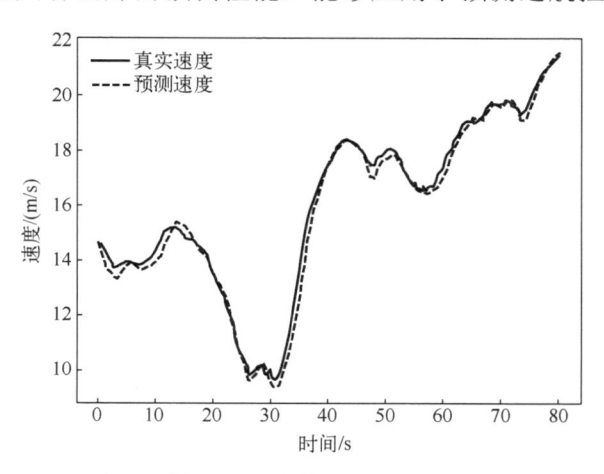

图 13.3 速度预测轨迹

13.3 基于模型预测的巡航控制器设计

1. 巡航模型的搭建

在保持安全车距下,PCC 根据相对速度以及加速度控制主车紧随前车行驶。综合安全性、舒适性以及跟随性等性能指标,对速度和加速度等特征进行约束。车辆模型结构复杂,要求巡航控制器具有较强的鲁棒性,故本章使用模型预测控制(model predictive control, MPC)进行控制器设计。

跟随模式下主车和前车的行驶状态,如图 13.4 所示。根据两车的相对运动关系,对相对速度和相对距离误差进行定义,如式(13.2):

$$\begin{cases} \Delta v = v_{ego} - v_{front} \\ \Delta x = x - x_{des} \end{cases} \tag{13.2}$$

其中,Δv 是前车与主车的速度误差,Δx 是实际车距和期望车距误差,v_{front} 是前车速度,x_{des} 是期望的安全车距。制动系统响应具有延迟,使得实际加速度和期望加速度间有一定的迟滞,故使用一阶惯性环节对期望加速度进行响应,如式(13.3):

$$a_{ego} = \frac{K_a}{T_a s + 1} a_{des} \tag{13.3}$$

其中,a_{ego}、a_{des} 分别是主车的实际加速度和期望加速度,K_a 是系统增益,T_a 是延迟时间。

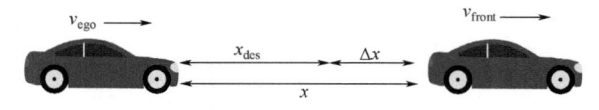

图 13.4 跟随行驶状态图

综合上述公式,$z = [\Delta x, \Delta v, a_{ego}]$ 作为状态矢量,$u = a_{des}$ 作为控制变量,t_h 作为车间时距,建立状态空间方程如式(13.4):

$$\begin{cases} \dot{z} = Az + Bu \\ y = Cz + Du \end{cases} \tag{13.4}$$

其中,各项矩阵系数如下:

$$A = \begin{bmatrix} 0 & 1 & -t_h \\ 0 & 0 & -1 \\ 0 & 0 & -\frac{1}{T_a} \end{bmatrix}, \quad B = \begin{bmatrix} 0 \\ 0 \\ \frac{K_a}{T_a} \end{bmatrix}, \quad C = \text{diag}(1,1,1), \quad D = 0$$

上述状态空间方程是连续的,在实际场景中需要应用离散化,故通过式(13.5)对其进行离散化处理,离散化后结果如式(13.6):

$$\begin{cases} \tilde{A} = \exp(AT) \\ \tilde{B} = \left(\int_0^T \exp(AT)\mathrm{d}t\right)B \end{cases} \quad (13.5)$$

$$\begin{cases} z(k+1|k) = \tilde{A}z(k) + \tilde{B}u(k) \\ y(k+1|k) = Cz(k) + Du(k) \end{cases} \quad (13.6)$$

其中,T 是采样周期,$z(k+1|k)$ 是模型在第 k 时刻预测第 $k+1$ 时刻的状态,$y(k+1|k)$ 是模型在第 k 时刻对系统的第 $k+1$ 时刻预测输出。

2. 性能指标设计

PCC 控制器的功能是在保持一定的安全距离的条件下使主车紧跟前车巡航行驶。基于此功能,需要设计巡航性指标、安全性指标以及预测性指标等。

巡航性指标要求主车的车速和车距分别趋近于前车速度和期望车距。第 k 时刻巡航性指标如式(13.7):

$$l_t(k) = w_v \times (\Delta v(k))^2 + w_x \times (\Delta x(k))^2 \quad (13.7)$$

其中,w_v、w_x 分别是速度误差权重系数和车距误差权重系数。在预测时域为 K 时巡航性指标如式(13.8):

$$L_t(k) = \sum_{k=1}^{K} l_t(k) \quad (13.8)$$

安全性指标要求主车和前车避免发生碰撞,主要通过车距和相对车速表现,安全性指标如式(13.9):

$$\begin{cases} 0 \leqslant \Delta x(k) \leqslant \Delta x_{\max} \\ \Delta v_{\min} \leqslant \Delta v(k) \leqslant \Delta v_{\max} \end{cases} \quad (13.9)$$

预测性指标约束加速度范围。通过识别前车意图,主车能提前预知前车的行驶状态,从而以约束好的加速度范围进行加减速,预测性指标如式(13.10):

$$a_{\min}^{\text{label}} \leqslant a(k)_{\text{label}} \leqslant a_{\max}^{\text{label}} \quad (13.10)$$

其中,label 代表预测前车驾驶意图的类别,对不同的意图设定不同的加速度范围约束。

3. 模型的预测优化

巡航控制要求主车和前车车距趋近于期望车距,主车速度也要趋近于前车速

度。结合上文性能指标和约束等,建立模型的目标函数如式(13.11):

$$L = \sum_{i=0}^{K} \left\| \Delta v(k+i+1|k) \right\|_{w_v}^2 + \sum_{i=0}^{K} \left\| \Delta x(k+i+1|k) \right\|_{w_x}^2 \tag{13.11}$$

其中,误差系数矩阵 $Q = \mathrm{diag}(w_v, w_x, 0)$,控制系数矩阵 $R = r$,目标函数优化为 $\min_{i=0:K-1} L$,约束如式(13.12):

$$\begin{cases} 0 \leqslant \Delta x(k) \leqslant \Delta x_{\max}, \\ \Delta v_{\min} \leqslant \Delta v(k) \leqslant \Delta v_{\max}, \quad i = 0, \cdots, K-1 \\ a_{\min}^{\mathrm{label}} \leqslant a(k+i|k)_{\mathrm{label}} \leqslant a_{\max}^{\mathrm{label}} \end{cases} \tag{13.12}$$

MPC 巡航控制器使用 Simulink 中 MPC 工具箱进行设计,控制器输入特征包含主车加速度、主车和前车的相对车速以及车距等,输出是期望加速度,MPC 控制器主要参数如表 13.2 所示。

表 13.2 MPC 控制器参数

参数	数值	单位
延迟时间 T_a	0.4	s
采样周期 T	0.2	s
$\Delta x_{\max}$	12	m
$\Delta v_{\max}$	12	m/s
$\Delta v_{\min}$	−12	m/s
误差系数矩阵 Q	diag(2,10,0)	—
控制系数矩阵 R	1	—
预测时域 K	15	—
控制时域 C	5	—

13.4 瞬态油耗模型设计

基于课题组的研究,本节使用已发表文章中提出的 BIT-TFCM-3 燃油消耗模型。为了兼顾油耗模型的准确性和运算速度,该模型是由两部分瞬态油耗模型组成的。当输入的车辆速度 v 和加速度 a 满足式(4.11)时,则使用第一瞬态油耗模型,其预测精度较高;否则使用第二瞬态油耗模型,其计算速度较快。关于 BIT-TFCM-3 燃油消耗模型的详细内容见本书第 4 章。

13.5 仿真研究

13.5.1 联合仿真模型

如图 13.5 所示，使用 Python、Simulink 和 CarSim 进行联合仿真，验证预测巡航控制性能。Python 模块预测识别前车速度和驾驶意图，将速度和意图输入到 Simulink 模块分别确定目标速度及加速度范围。Simulink 模块主要通过分层控制实现 PCC 功能，首先通过上层 MPC 控制器获取期望加速度，然后通过下层 PID 控制器进行调控，最后输出到 CarSim 模块中实现预测巡航控制。Simulink 模块设置了瞬态燃油消耗模型，从而评估车辆燃油经济性。CarSim 模块提供车辆模型，可以实时模拟车辆的运动状态，为 Simulink 模块提供车辆速度、加速度和位置等状态参数。CarSim 模块建立前车行驶的速度轨迹，使得前车按照指定工况行驶，并使用 CarSim 中的车辆动力学模型进行外部输入实现巡航。UDP 通信不需要建立通信连接，传输速度快且效率高，故 Python 和 Simulink 通过 Simulink 中的 UDP 通信接收器/发送器进行通信。

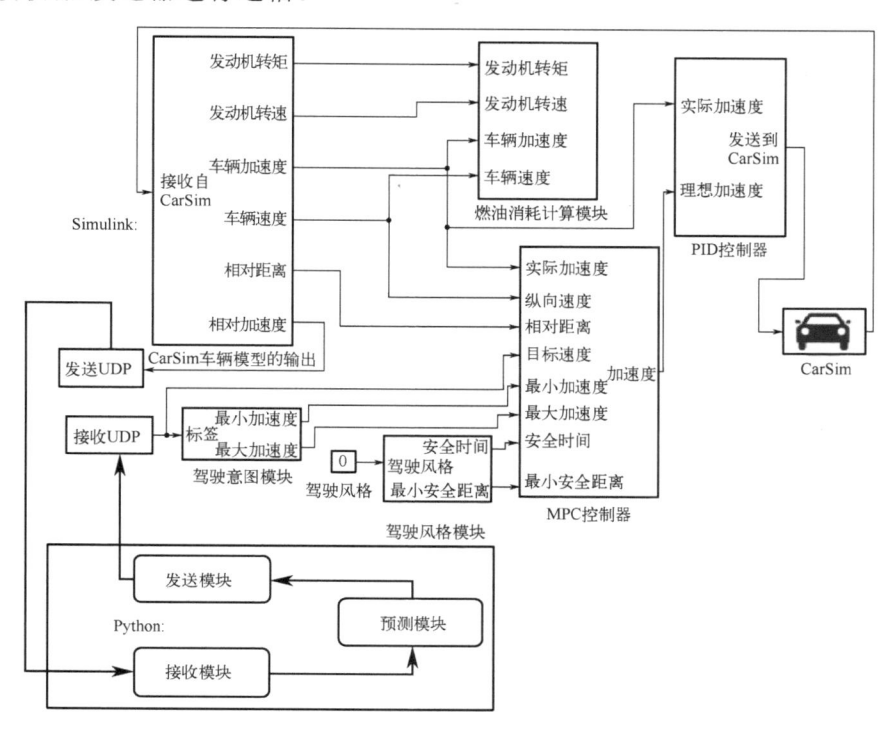

图 13.5 联合仿真示意图

13.5.2 仿真结果分析

预测巡航控制仿真试验设置主车的初始速度为 10m/s，与前车的初始距离为 10m。激进型风格下 PCC 的距离、速度和加速度的变化如图 13.6 所示。主车和前车的初始速度不相等，系统具有一定的迟滞制动，经过一段时间的控制，距离、速度和加速度才趋近于期望值。从第 22s 开始，主车速度和加速度被有效进行控制，车辆能够保持与前车相同的行驶状态，实际车距保持在期望的安全距离附近。车辆从 22s 到 38s 处于巡航状态，从 38s 到 42s 处于减速和加速状态，从 42s 到 100s

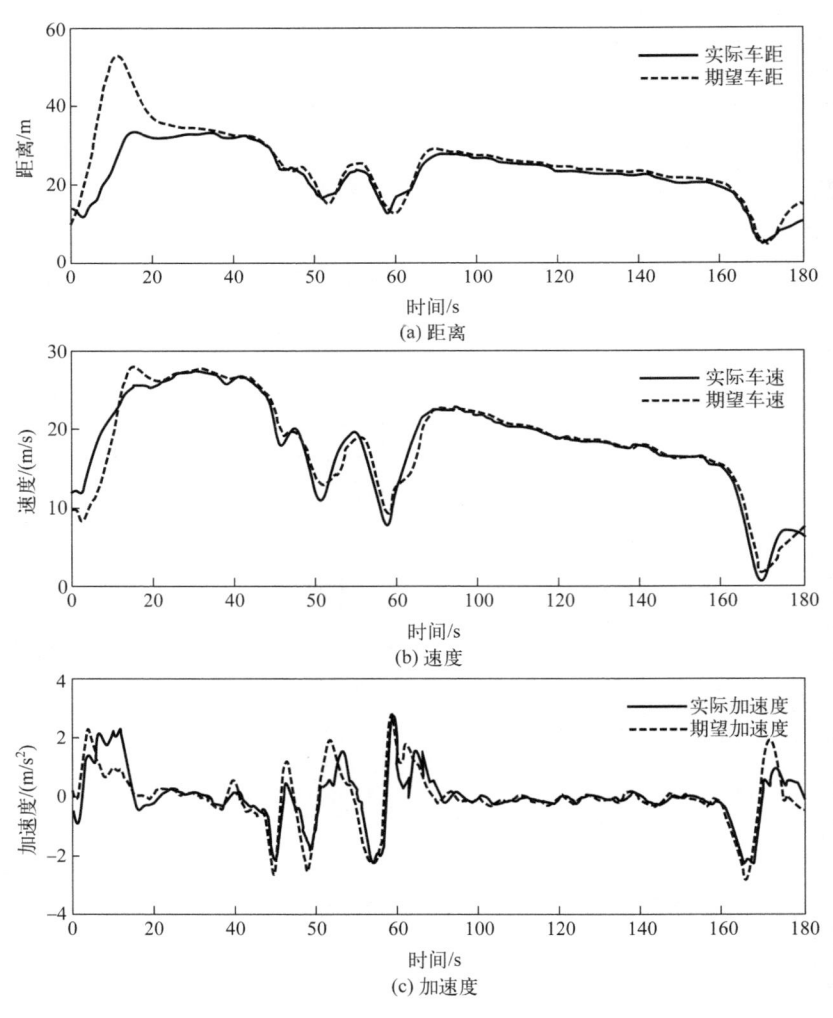

(a) 距离

(b) 速度

(c) 加速度

图 13.6　PCC 控制巡航工况

处于快速减速和急加速状态，从 100s 到 160s 处于巡航状态，从 160s 到 180s 处于急减速和加速状态。通过分析不同车辆状态下的距离、速度和加速度冷静得出结论，PCC 在各种驾驶工况下都具有良好的巡航性能。

不同风格 PCC 的车距变化如图 13.7 所示，图 13.7(a)、图 13.7(b) 和图 13.7(c) 分别是激进型、中等型及冷静型风格的 PCC 车距变化图。相同时刻下，激进型、中等型及冷静型的车距是依次增加的，如在第 40s 时，激进型的车距是 31m，中等型的车距 52m，冷静型的车距是 76m。个性化期望的安全车距，越激进的驾驶员其车距会越小。比较图 13.7 的实际车距和安全车距，激进型风格的实际车距始终

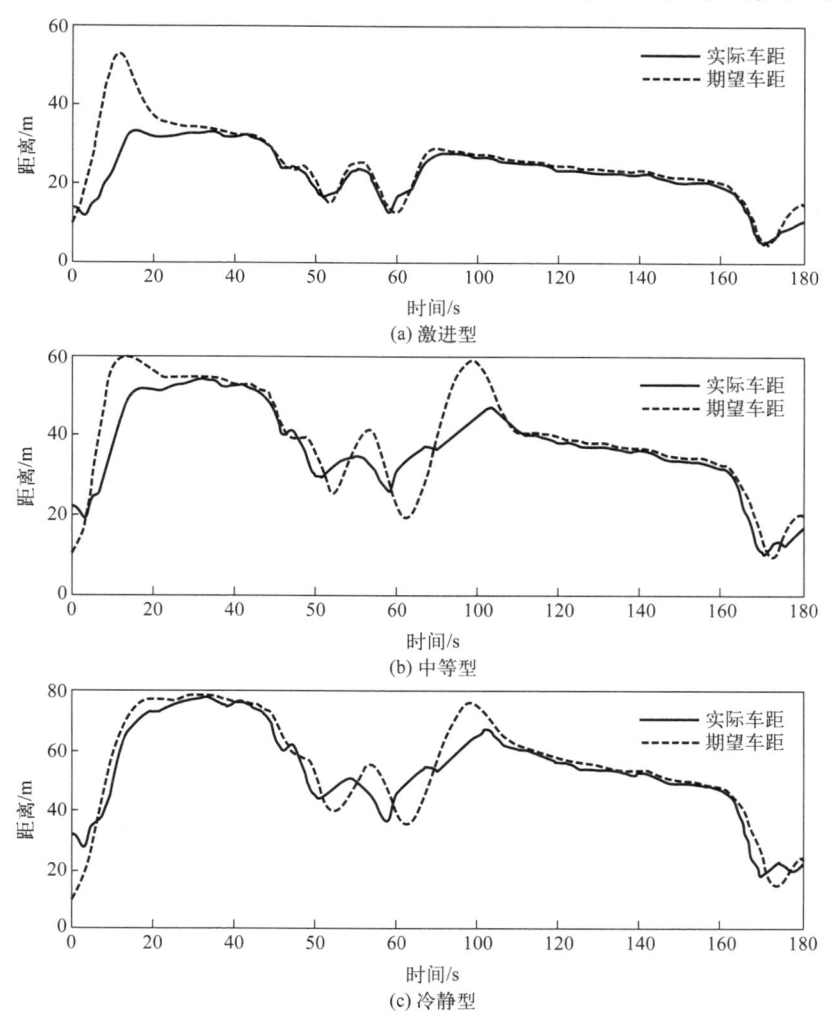

(a) 激进型

(b) 中等型

(c) 冷静型

图 13.7 不同风格的 PCC 车距

能和安全车距保持一致，而中等型和冷静型风格的车距在急加速和急减速工况时和安全车距是有一定的差距的，这表明不同风格的驾驶控制有所不同。综合三个子图得出，PCC 在保证安全性的前提下，能适应于不同风格的驾驶员，验证 PCC 的个性化功能。

不同风格 PCC 的速度变化如图 13.8 所示。图中黑色曲线是目标速度轨迹，虚线、点划线及灰色曲线分别是激进型、中等型及冷静型风格下主车的车速轨迹。相同时刻下，冷静型、中等型及激进型的速度逐渐趋近于目标车速，充分体现了驾驶员特性，即越激进的驾驶员其加减速变化越大，速度越贴近目标车速。如在第 60s 处于减速阶段，目标车速是 11.31m/s，激进型风格的实际车速是 12.89m/s，中等型风格的实际车速是 13.83m/s，冷静型风格的实际车速是 14.76m/s；在第 69s 处于加速阶段，目标车速是 19.38m/s，激进型风格的实际车速是 18.62m/s，中等型风格的实际车速是 17.68m/s，冷静型风格的实际车速是 17.05m/s。

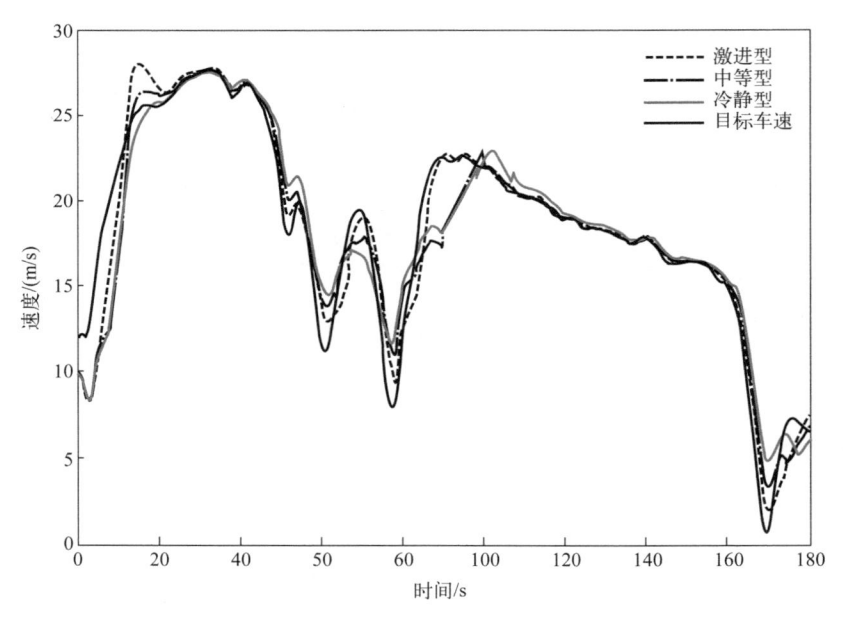

图 13.8 不同风格的 PCC 速度

不同风格 PCC 的加速度变化如图 13.9 所示，图 13.9(a)、图 13.9(b) 和图 13.9(c) 分别是激进型、中等型及冷静型风格下 PCC 加速度变化图。针对图中加减速时刻进行分析，越激进的驾驶员进行行驶时，其加速度越接近于期望加速度。如在第 49s，处于急减速工况时，期望加速度是 -2.55m/s^2，激进型风格的实际加速度是 -2.43m/s^2，中等型风格的实际加速度是 -2.02m/s^2，冷静型风格的实际加速度是 -1.76m/s^2；在第 78s，处于急加速工况时，期望加速度是 2.72m/s^2，激进型风格的实际加速度是 2.69m/s², 中等型风格的实际加速度是 2.25m/s², 冷静型风格的实际加速度是 1.94m/s²; 从 120~150s 范围处于巡航工况, 三种风格的实际加速度都趋近于期望加速度, 在 0 附近跳动变化。综合整体驾驶过程得出, 不同风格的加速度充分体现对应风格特性, 且加速度变化大小在 −3~3m/s² 范围中, 这能提高驾驶员的舒适度, 增强不同风格的驾驶员对 PCC 系统的接受度。

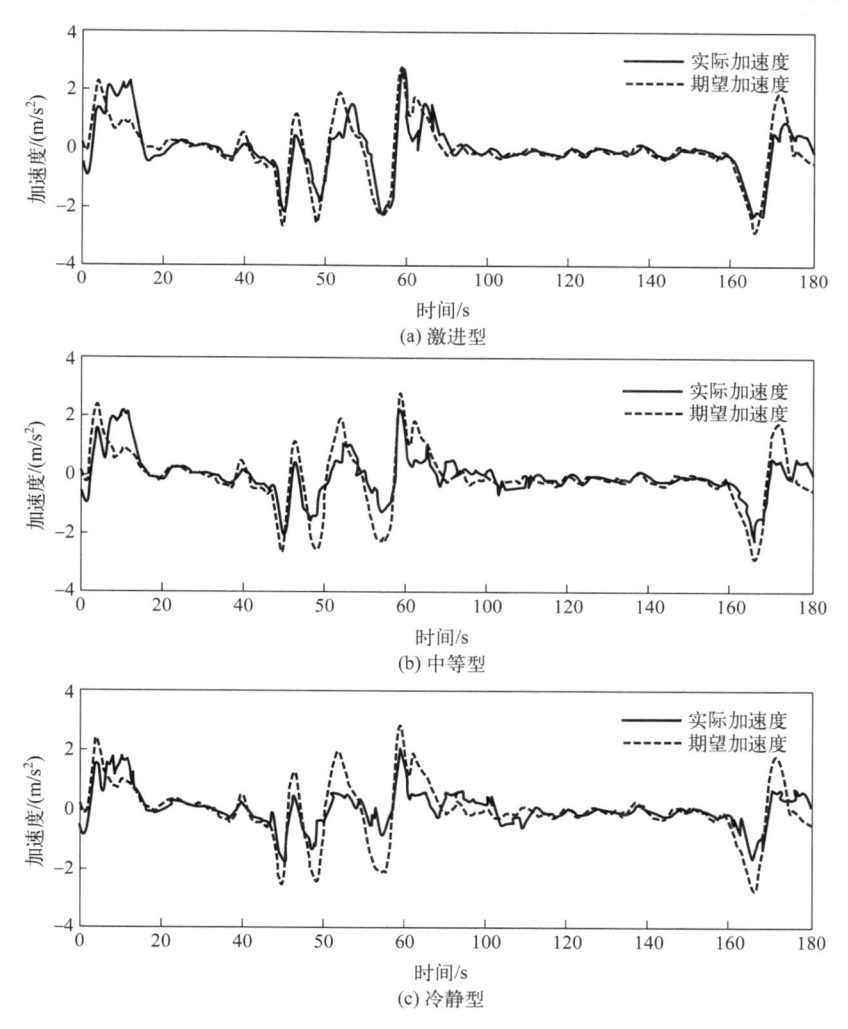

图 13.9 不同风格的 PCC 加速度

把 PCC 和自适应巡航(adaptive cruise control, ACC)进行对比试验, 分析巡航性能与燃油经济性。试验工况采用上文对不同驾驶风格的试验驾驶工况, 即综合急加速、加速、巡航、减速及急减速等各种驾驶工况的 180s 的驾驶过程。PCC

和 ACC 的对比结果如图 13.10 所示，图 13.10(a)是控制巡航的速度变化图，图 13.10(b)是控制巡航的燃油消耗变化图。由图 13.10(a)可知，PCC 的实际速度和目标速度几乎同时发生变化，而 ACC 的实际速度变化要滞后于 PCC。这说明了预测意义所在，PCC 能够使得主车及时进行跟车巡航。再对同一时刻的速度进行分析，相比 ACC，PCC 的速度更接近目标速度，体现 PCC 优越的控制性能。图 13.10(b)中每一时刻对应的燃油消耗是前面所有时刻的累加，黑色实线始终位于虚线的上方，且同一时刻 ACC 和 PCC 的燃油消耗差值逐渐变大，说明了每一时刻 PCC 的燃油经济性都比 ACC 好。经过 180s 的巡航控制，PCC 和 ACC 的燃油消耗总量分别是 242.68mL 和 276.12mL，PCC 比 ACC 燃油消耗减少了 12.1%，表明 PCC 具有良好的燃油经济性。

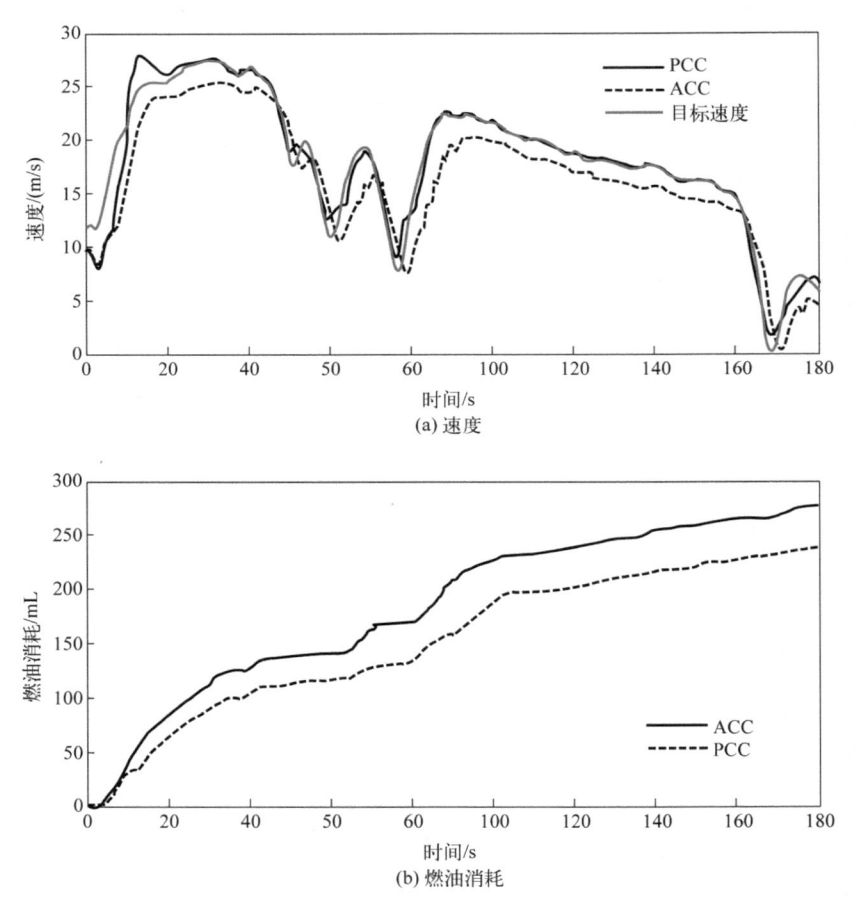

(a) 速度

(b) 燃油消耗

图 13.10　PCC 和 ACC 对比图

参 考 文 献

[1] Goodfellow I, Bengio Y, Courville A. Deep Learning[M]. Cambridge: MIT Press, 2016.

[2] He K, Zhang X, Ren S, et al. Deep residual learning for image recognition[C]//The IEEE Conference on Computer Vision and Pattern Recognition, 2016: 770-778.

[3] Van Gansbeke W, Vandenhende S, Georgoulis S, et al. Scan: Learning to classify images without labels[C]//European Conference on Computer Vision, Cham: Springer, 2020: 268-285.

[4] 雷明. 机器学习原理、算法与应用[M]. 北京: 清华大学出版社, 2019.

[5] 科学百科词条编写与应用工作项目. 箱式图[EB/OL]. [2022-01-08]. https://baike.baidu.com/item/%E7%AE%B1%E5%BC%8F%E5%9B%BE/7787829.

[6] Kim I H, Bong J H, Park J, et al. Prediction of driver's intention of lane change by augmenting sensor information using machine learning techniques[J]. Sensors, 2017, 17(6): 1350-1367.

[7] Xia Y, Qu Z, Sun Z, et al. A human-like model to understand surrounding vehicles' lane changing intentions for autonomous driving[J]. IEEE Transactions on Vehicular Technology, 2021, 70(5): 4178-4189.

[8] Fu T, Shangguan Q, Wang J H, et al. A proactive lane-changing risk prediction framework considering driving intention recognition and different lane-changing patterns[J]. Accident Analysis and Prevention, 2021, 164: 1065-1077.

[9] Jiménez-Palacios J L. Understanding and quantifying motor vehicle emissions with vehicle specific power and TILDAS remote sensing[D]. Cambridge: Massachusetts Institute of Technology, 1998.

[10] Ahn K, Rakha H, Trani A, et al. Estimating vehicle fuel consumption and emissions based on instantaneous speed and acceleration levels[J]. Journal of Transportation Engineering, 2002, 128(2): 182-190.

[11] 张欣环, 刘宏杰, 吴金洪, 等. 基于占空比的聚类算法评价指标研究[J]. 计算机工程与应用, 2022, 58(1): 175-181.

[12] Székely G J, Rizzo M L, Bakirov N K. Measuring and testing dependence by correlation of distances[C]//ACM Symposium on Virtual Reality Software & Technology. ACM, 2007,

35(6): 2769-2794.

[13] Hornik K. Approximation capabilities of multilayer feedforward networks[J]. Neural Networks, 1991, 4(2): 251-257.

[14] Zeng W, Miwa T, Morikawa T. Exploring trip fuel consumption by machine learning from GPS and CAN bus data[J]. Journal of the Eastern Asia Society for Transportation Studies, 2015, 11: 906-921.

[15] Fraley C, Raftery A E. Model-based clustering, discriminant analysis, and density estimation[J]. Journal of the American Statistical Association, 2002, 97: 611-631.

[16] Chang D J, Morlok E K. Vehicle speed profiles to minimize work and fuel consumption[J]. Journal of Transportation Engineering, 2005, 131(3): 173-182.

[17] D'Amato A, Donatantonio F, Arsie I, et al. Development of a cruise controller based on current road load information with integrated control of variable velocity set-point and gear shifting[J]. SAE Technical Paper, 2017: 679-688.

[18] 交通部公路司. JTG BO1-2003 公路工程技术标准[S]. 北京: 人民交通出版社, 2009.

[19] 中华人民共和国住房和城乡建设部. CJJ 152-2010 城市道路交叉口设计规程[S]. 北京: 中国建筑工业出版社, 2010.

[20] Werbos P J. Advanced forecasting methods for global crisis warning and models of intelligence[J]. General Systems Yearbook, 1977, 22: 25-38.

[21] He H B, Ni Z, Fu J. A three-network architecture for online learning and optimization based on adaptive dynamic programming[J]. Neurocomputing, 2011, 78(1): 3-13.

[22] Padhi R, Unnikrishnan N, Wang X H, et al. A single network adaptive critic (SNAC) architecture for optimal control synthesis for a class of nonlinear systems[J]. Neural Networks, 2006, 19(10): 1648-1660.

[23] 刘毅, 章云. 基于值迭代的自适应动态规划的收敛条件[J]. 广东工业大学学报, 2017, 34(5): 10-14.

[24] Ali A M, Dirk Söffker. Realtime Application of progressive optimal search and adaptive dynamic programming in multi-source HEVs[C]//ASME 2017 Dynamic Systems and Control Conference, 2017: 1-10.

[25] 骆正清, 杨善林. 层次分析法中几种标度的比较[J]. 系统工程理论与实践, 2004, 24(9): 51-60.

[26] 储敏. 层次分析法中判断矩阵的构造问题[D]. 南京: 南京理工大学, 2005.

[27] 焦树锋. AHP 法中平均随机一致性指标的算法及 MATLAB 实现[J]. 太原师范学院学报

（自然科学版），2006, 5(4): 45-47.

[28] 金辉，李昊天. 基于驾驶风格的前撞预警系统报警策略[J]. 汽车工程, 2021, 43(3): 9.

[29] 蔡天净，唐瀚. Savitzky-Golay 平滑滤波器的最小二乘拟合原理综述[J]. 数字通信, 2011, 38(1): 63-68, 82.

[30] 陈明华. 自动紧急刹车系统避撞策略的研究[D]. 南京: 东南大学, 2019.

[31] Gao B Z, Cai K Y, Qu T, et al. Personalized adaptive cruise control based on online driving style recognition technology and model predictive control[J]. IEEE Transactions on Vehicular Technology, 2020, 69(11): 12482-12496.

[32] Seiler P, Song B, Hedrick J K. Development of a collision avoidance system[J]. SAE Transactions, 1998: 1334-1340.

[33] Tawfeek M H, El-Basyouny K. Network-level comparison of various forward collision warning algorithms[J]. Simulation, 2019, 95(4): 313-325.

[34] Chen T, Liu K, Wang Z, et al. Vehicle forward collision warning algorithm based on road friction[J]. Transportation Research Part D: Transport and Environment, 2019, 66: 49-57.

[35] 石博. 乘用车自动紧急制动系统研究[D]. 长春: 吉林大学, 2019.

彩　　图

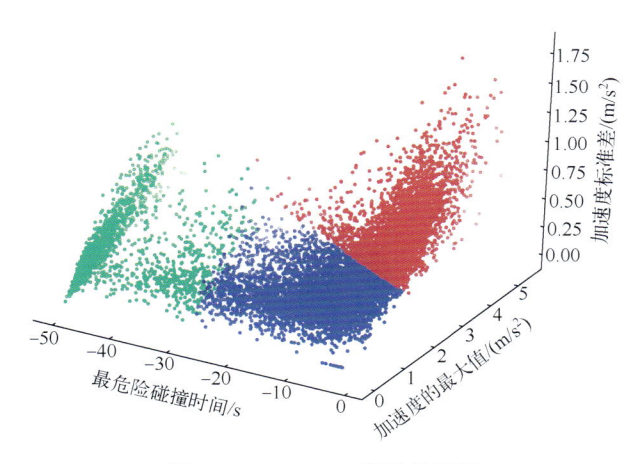

图 1.7　K-means 聚类结果图

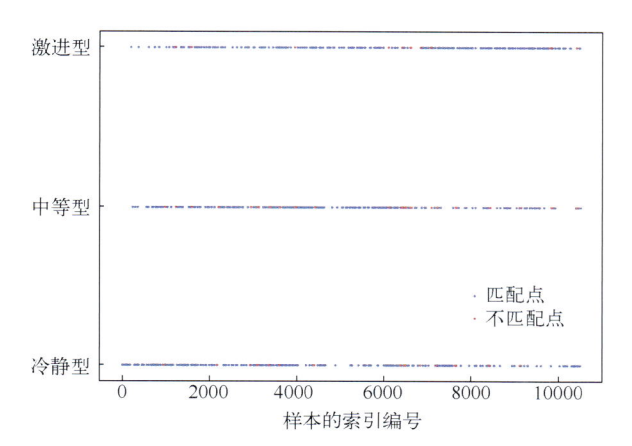

图 1.8　匹配样本图

(a) 三通道综合图像

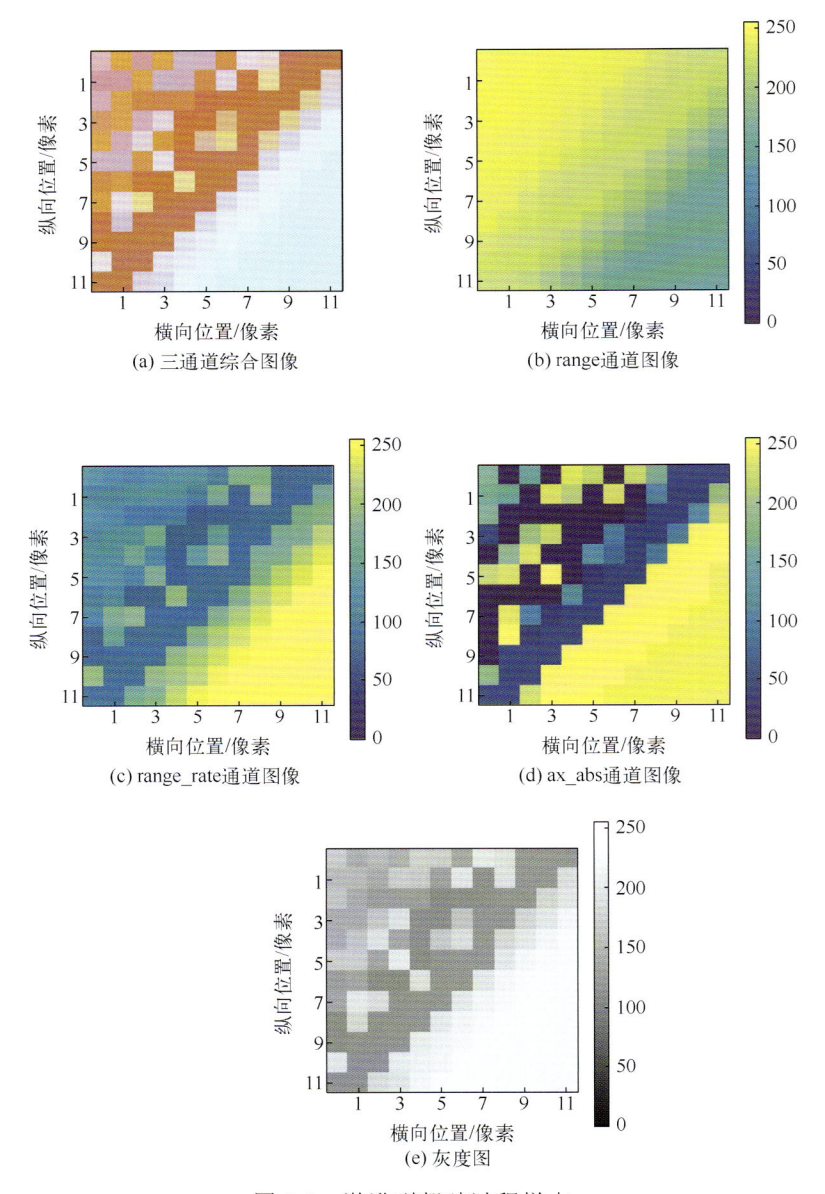

(b) range通道图像

(c) range_rate通道图像

(d) ax_abs通道图像

(e) 灰度图

图 1.9 激进型驾驶过程样本

(a) 三通道综合图像

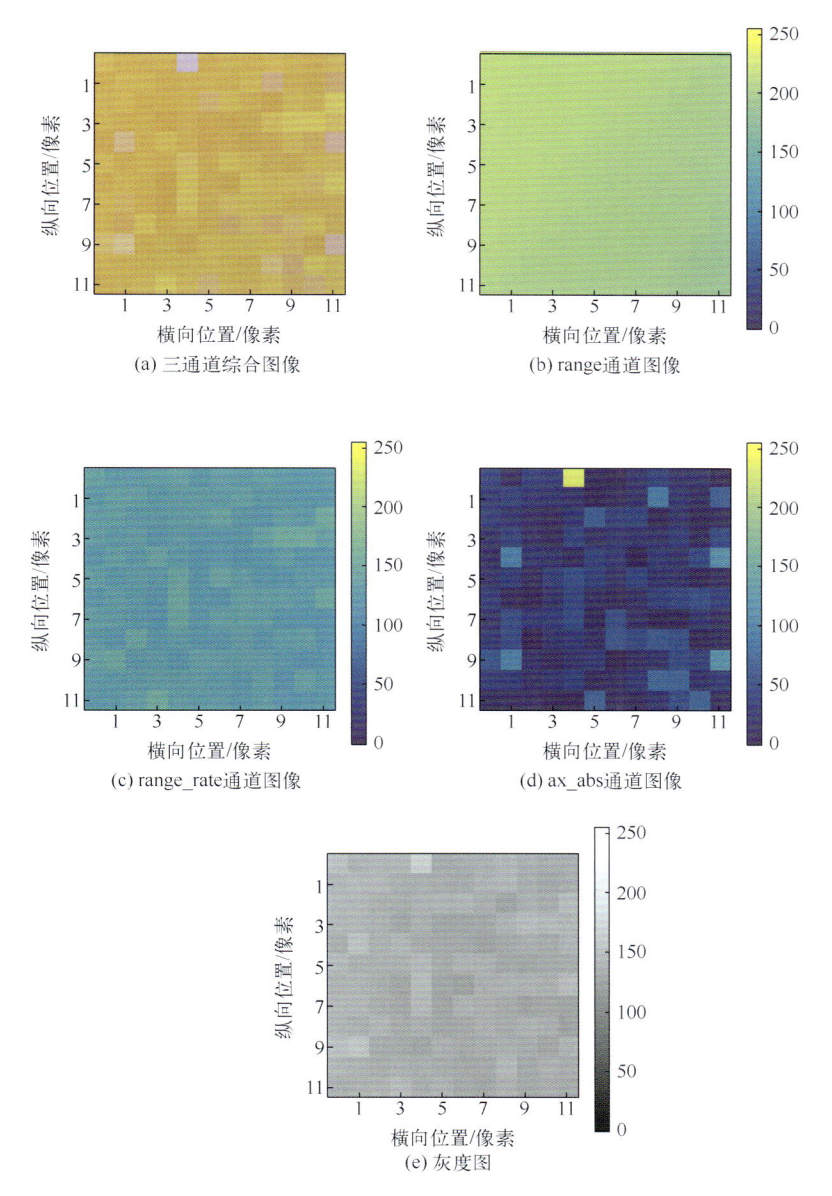

(b) range通道图像

(c) range_rate通道图像

(d) ax_abs通道图像

(e) 灰度图

图 1.10 中等型驾驶过程样本

(a) 三通道综合图像

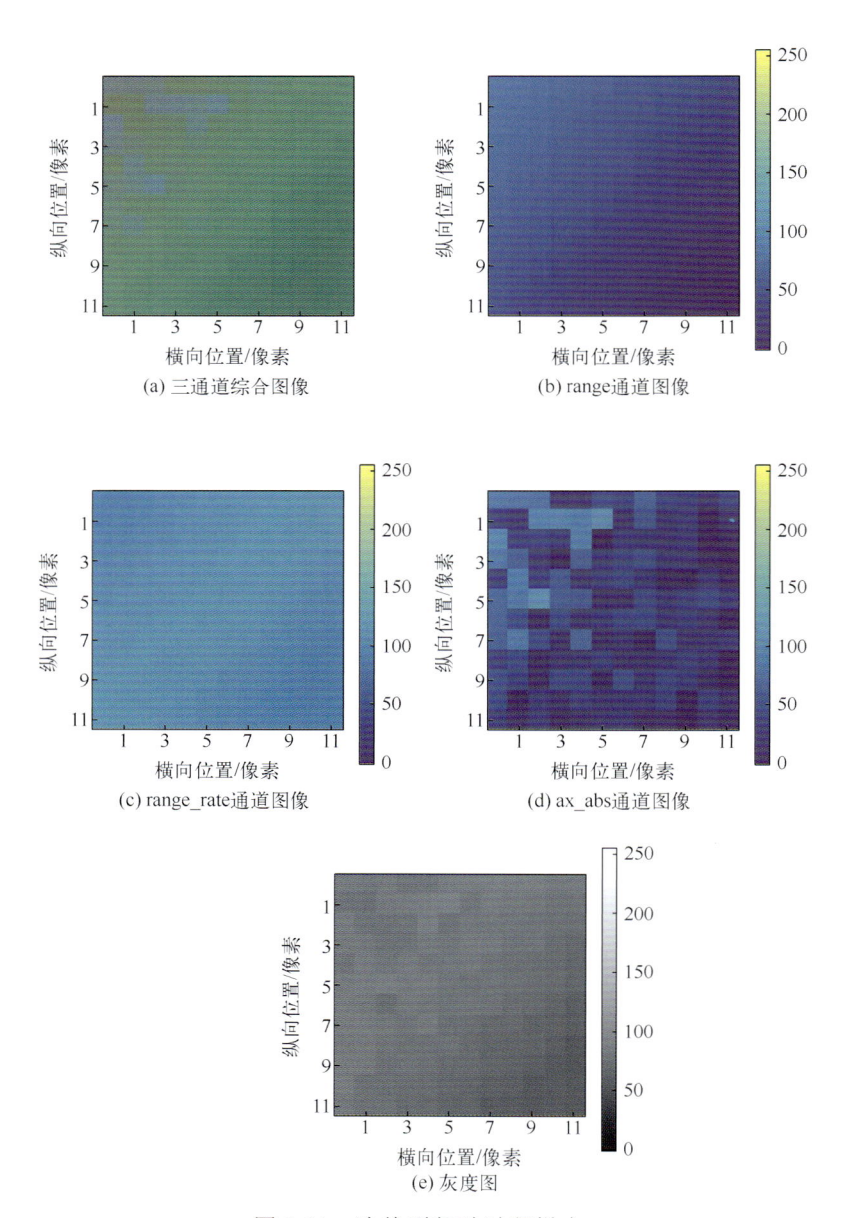

(b) range通道图像

(c) range_rate通道图像

(d) ax_abs通道图像

(e) 灰度图

图 1.11　冷静型驾驶过程样本

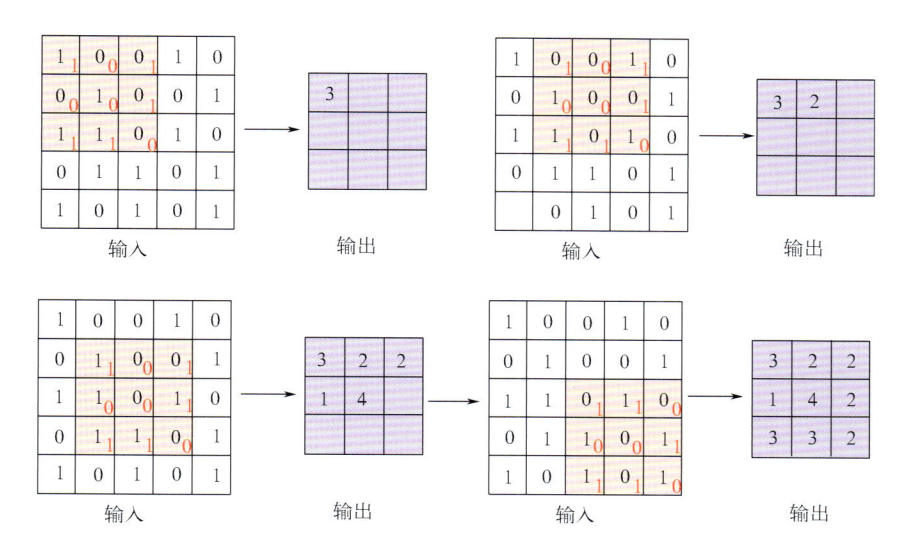

图 3.6 卷积层运算图

(a) US06&UDDS循环V组检验效果

$y1=0.9219x+0.09883$
$y2=0.1651x-0.2909$
$y3=0.7470x+0.2078$

(b) Highway数据检验效果

$y1=0.9624x+0.02986$
$y2=0.199x-0.0613$
$y3=0.7231x+0.5118$

- BIT-DIS 模型
- VT-CPFM2 模型
- VT-Micro 模型

—— BIT-DIS 模型检验效果拟合线
—— VT-CPFM2 模型检验效果拟合线
—— VT-Micro 模型检验效果拟合线

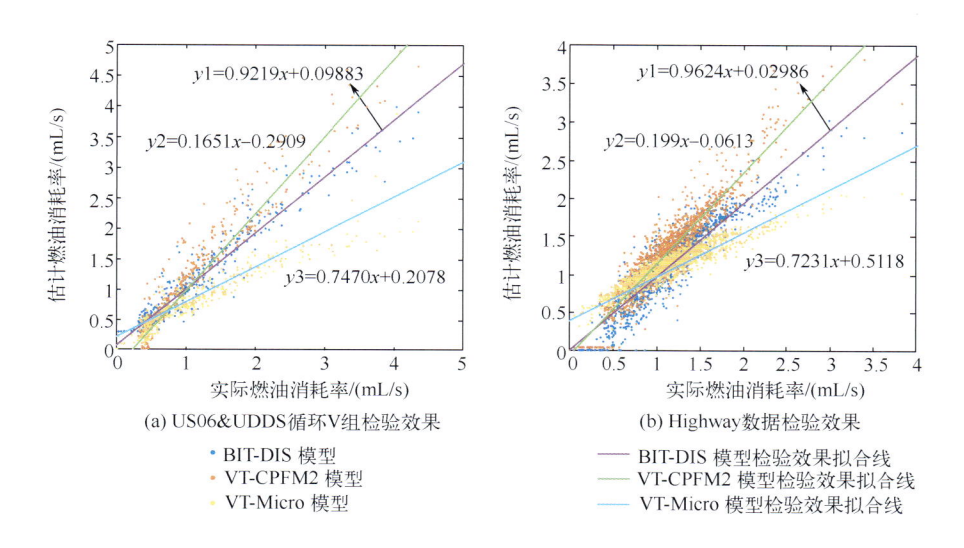

图 5.12 模型精度比较

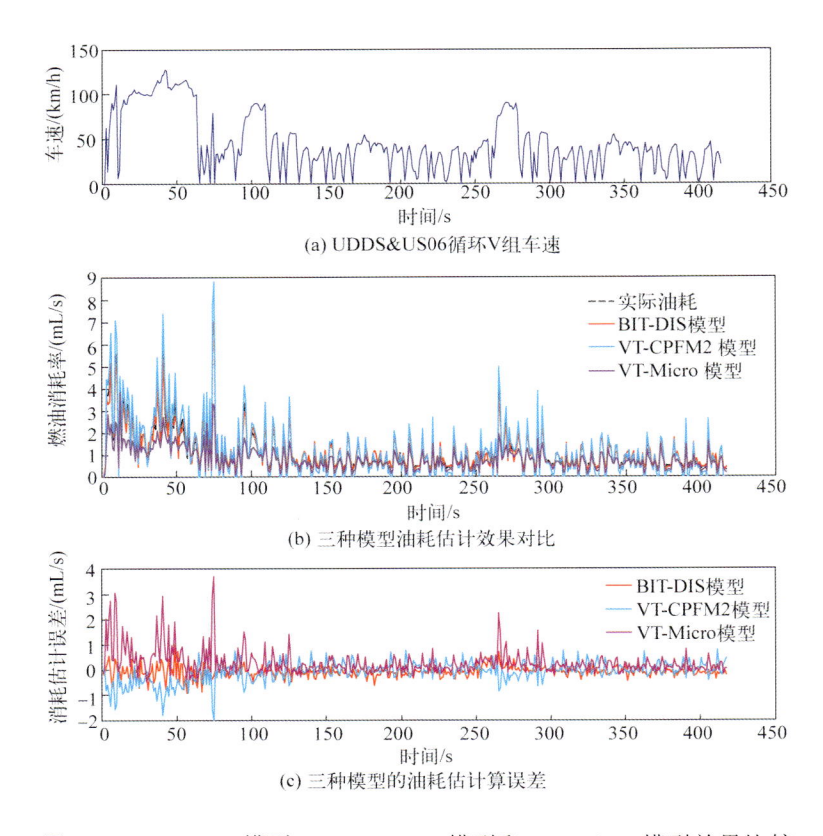

图 5.13　BIT-DIS 模型、VT-CPFM2 模型和 VT-Micro 模型效果比较

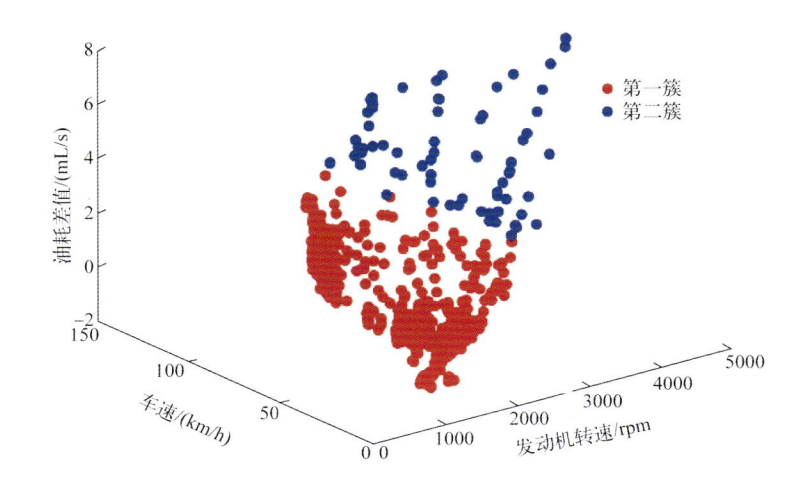

图 7.5　GMM 聚类分析结果